DÄNEMARK

«Die Deutschen und ihre Nachbarn» – unter diesem Titel geben Helmut Schmidt und Richard von Weizsäcker gemeinsam eine auf zwölf Bände angelegte Reihe heraus, die den Deutschen Geschichte, Politik, Gesellschaft und Kultur unserer europäischen Nachbarländer vorstellt. Ausgewiesene Kenner portraitieren darin auf ebenso persönliche wie informative Weise das Land, in dem sie leben oder das ihnen in oft jahrzehntelanger Beschäftigung besonders vertraut geworden ist.

Dänemark ist die älteste Monarchie der Welt und war einst eine europäische Großmacht, zu der nicht nur Norwegen und Island gehörten, sondern die sich auch weit auf heute schwedische und deutsche Gebiete erstreckte.Vor allem im 19. Jahrhundert hat das Land große territoriale Verluste hinnehmen müssen. Eine Erfahrung, die bis heute tiefe Spuren hinterlassen hat. Der Machtverlust war jedoch auch verbunden mit einer Zeit kultureller Blüte und hat Dänemark vor den verlustreichen Konfrontationen der europäischen Großmächte im 20. Jahrhundert bewahrt. So konnte sich eine zivile Gesellschaft entwickeln, die während der deutschen Besatzung im Zweiten Weltkrieg eine europaweit einzigartige Leistung vollbrachte: die Rettung der dänischen Juden.

*Bernd Henningsen,* geb. 1945, ist Professor für Skandinavistik und Direktor des Nordeuropa-Instituts an der Humboldt-Universität zu Berlin. Als hervorragender Kenner Skandinaviens ist er vielfach ausgezeichnet worden, etwa 2001 mit dem dänischen Verdienstorden, dem «Dannebrog-Orden». Seit 2005 ist er zudem Honorarprofessor an der Universität Kopenhagen.

15 ABBILDUNGEN, 5 KARTEN

DIE DEUTSCHEN UND IHRE NACHBARN

BERND HENNINGSEN

# DÄNEMARK

C.H.BECK

HERAUSGEGEBEN VON
Helmut Schmidt und
Richard von Weizsäcker

HELMUT SCHMIDT
RICHARD VON WEIZSÄCKER

# GELEITWORT

Zum ersten Mal seit vielen Jahrhunderten herrscht heute Frieden in Europa. Aus freiem Willen und ohne Zwang von außen haben wir uns als Nationen auf einen unumkehrbaren Weg gemacht, der weltweit ohne Beispiel ist. Im Jahre 1950 begann die europäische Integration zwischen sechs Ländern. Inzwischen hat sie sich zu einer Union von 27 Ländern entwickelt. Die Hälfte der Mitgliedsstaaten hat heute eine gemeinsame Währung.

Für Europa gab es auf diesem Weg große Erfolge und in Verbindung mit ihnen neue Schwierigkeiten. Immer mehr Länder suchten die Mitgliedschaft und wurden aufgenommen. Umso deutlicher wurde der dringende Bedarf nach gemeinsamer europäischer Handlungsfähigkeit, bis hin zum Fernziel einer gemeinsamen Außenpolitik. Zuletzt haben dies die Auseinandersetzungen um eine europäische Verfassung deutlich genug gezeigt.

Für eine weitsichtige politische Führung spielt das Bewusstsein der Bürger in unseren Ländern eine prägende Rolle. In Europa leben zahlreiche Völker mit ihrer zum Teil über tausendjährigen Geschichte. Sie haben vielfältige gemeinsame kulturelle und religiöse Wurzeln und sind zugleich durch eigenständige Sprachen und Heimatgefühle gekennzeichnet. Die Bildung eigener Nationen ist dabei zu einem Charakteristikum des europäischen Kontinents geworden.

Unsere Reihe «Die Deutschen und ihre Nachbarn» soll einen Beitrag dazu leisten, das Verständnis für die jeweiligen Nachbarländer in

Europa zu vertiefen. Dies gilt vor allem für uns Deutsche, die wir neun unmittelbare Nachbarnationen haben, mit denen wir heute zum ersten Mal in unserer Geschichte zusammenleben, ohne uns gegenseitig zu bedrohen. Ein besseres Verständnis unserer Nachbarn hilft uns auch, uns selbst besser einzuschätzen, indem wir uns durch die Augen unserer Nachbarn betrachten und uns vergegenwärtigen, welche historischen Erfahrungen sie mit uns gemacht haben.

Es geht uns in unserer Reihe darum, der Leserschaft auf knappe und anschauliche Weise Einblick in Politik, Gesellschaft und Kultur der jeweiligen Nachbarländer zu geben. In ihren nationalen Besonderheiten wird dadurch auch ihr Verhältnis zu Deutschland besser verständlich. Es gilt zu erkennen, was das nachbarliche Gemeinwesen ausmacht und in seinem Inneren zusammenhält, aber auch, welchen besonderen Herausforderungen es ausgesetzt ist. Dabei spielt die Geschichte eine besonders wichtige Rolle. Sie bedarf dort, wo sie Land und Leute bis heute nachhaltig prägt, der Erinnerung auch über die Landesgrenzen hinweg.

Es ist nicht das Ziel unserer Reihe, lexikalisches Grundwissen zur politischen Bildung zu vermitteln. Uns geht es vielmehr um lebendige Anschauung der Lebensverhältnisse bei den Nachbarn, auch um unsere Kenntnisse über das hinaus zu vertiefen, was wir auf vielerlei Reisen in uns aufnehmen. Es gilt, uns auch von mancherlei Vorurteilen untereinander zu befreien.

Wir freuen uns, dass hervorragend ausgewiesene Kenner für «Die Deutschen und ihre Nachbarn» zur Feder greifen und ihr in Jahrzehnten erworbenes Wissen weitergeben. Wir sind dankbar dafür, dass hier Publizisten und Wissenschaftler zusammenwirken und uns ihre unterschiedlichen Einsichten nahebringen. Gerade ihr persönlicher Blickwinkel erscheint uns besonders reizvoll.

Die Bände dieser Reihe zeigen uns, dass Europa weit davon entfernt ist, sich in eine Monokultur zu verwandeln. Es gilt, seine reichen historisch-kulturellen Ressourcen in unserem Jahrhundert für ein geeintes Europa politisch fruchtbar zu machen. Herausgeber und

Autoren verbindet die Überzeugung, dass der Weg zu einem wirklich handlungsfähigen und starken Europa nur durch vertiefte Kenntnisse über unsere europäischen Nachbarn und über uns selbst erfolgreich zurückgelegt werden kann.

# EINLEITUNG

Beziehungen zwischen Nationen sind wie Beziehungen zwischen Menschen. Und so wie diese unterliegen auch sie dem Wandel. Man liebt sich, man liebt sich nicht, man verehrt sich, man hasst sich, man weiß übereinander Bescheid, man ignoriert sich. Auch in den Beziehungen zwischen Deutschland und Dänemark lassen sich diese Schwankungen über die Jahrhunderte hinweg beobachten: Für Dänemark war Deutschland allerdings immer wichtiger als Dänemark für Deutschland – nicht wegen irgendwelcher nationaler oder kultureller Qualitäten, sondern aufgrund der schieren territorialen Größe: Große Nationen können sich die Arroganz des Unwissens über ihre kleinen Nachbarn leisten, für kleine Nationen und ihre großen Nachbarn gilt dies jedoch nicht. Hier ist Wissen überlebensnotwendig. Insofern ist Helmut Schmidts Satz, dass Dänemark ein schwieriger Nachbar für Deutschland sei, in all seiner Ambivalenz zutreffend.

Zu dieser Ambivalenz gehört die immer wieder kolportierte Einschätzung, Dänemark habe durch die Zeiten eine Brückenfunktion zwischen Deutschland und Skandinavien ausgeübt. Über die dänischen Inseln, über Kopenhagen sind deutsche Kultur und deutsches Denken in den Norden gekommen: Friedrich Gottlieb Klopstock lebte im 18. Jahrhundert viele Jahre auf Einladung des dänischen Königs in Kopenhagen, Willy Brandts erste Station ins Exil war 1933 Dänemark. Über Dänemark sind aber auch die nördlichen Nachbarn nach Deutschland gekommen, durchaus buchstäblich:

Georg Brandes, die große dänische Kulturpersönlichkeit vom Ende des 19. Jahrhunderts, brachte die modernen skandinavischen Dichter nach Deutschland, die Ibsens, Strindbergs, Jakobsens und wie sie alle hießen. Über diese Brücke wurden aber nicht nur Waren und Ideen ausgetauscht, über sie zogen auch Truppen. Im Dreißigjährigen Krieg kam Wallenstein bis Jütland. Während der Napoleonischen Kriege marschierten französische Soldaten bis nach Fünen und 1864 Preußen und Österreicher bis an die Spitze Jütlands. Im Zweiten Weltkrieg war Dänemark von deutschen Truppen besetzt. Die Erzählung von der nicht zuletzt militärischen Auseinandersetzung mit Deutschland ist fester Bestandteil der dänischen Identität. Die Abgrenzung nach Süden gehört zum politischen und kulturellen Verhaltens- und Argumentationsmuster des Landes.

Es gibt zwei sprichwörtlich gewordene polemische Fragen zur deutsch-dänischen Begegnungsgeschichte, in denen in mehr als nur übertragenem Sinne die Unwucht der Beziehungen zusammengefasst werden kann. Die eine lautet: Was weiß man eigentlich südlich der Elbe über Dänemark? Die Antwort: Nichts! Manch einer wird sicherlich versucht sein hinzuzufügen, dass die Markierungslinie zu weit im Süden gezogen ist, denn die Ignoranz beginne bereits weiter nördlich.

Die zweite Frage ist die nach der schleswig-holsteinischen Geschichte, jenes Landstrichs, der nicht nur zwischen zwei Meeren liegt, sondern auch zwischen Deutschland und Dänemark, zumindest solange es noch keinen deutschen Nationalstaat gab, also bis 1871. Die Antwort auf diese Frage wird dem britischen Premier Lord Palmerston zugeschrieben, einem nicht unwesentlichen politischen Akteur der europäischen Geschichte des 19. Jahrhunderts. Er soll Königin Viktoria erklärt haben, es habe nur drei Personen gegeben, die die schleswig-holsteinische Geschichte verstanden hätten. Die eine sei der Herzog von Augustenburg, der an der Spitze der schleswig-holsteinischen Rebellen gestanden habe, die sich von Dänemark lossagen wollten. Der sei aber inzwischen tot. Die andere sei ein deutscher Professor, der darüber wahnsinnig geworden sei. Die dritte Person sei er selbst, er habe aber die Details unterdessen vergessen. Auf einen besseren Nenner ist die deutsch-dänische Beziehungsgeschichte insgesamt eigentlich nicht zu bringen.

Dieses ist ein persönliches Buch, «mein Dänemark» sozusagen. Ich bin in den 40er- bis 60er-Jahren auf der deutschen Seite des Grenzgebiets aufgewachsen, als nach der deutschen Besetzung von ausgeglichenen Beziehungen zwischen den beiden Nationen trotz familiärer Grenzgängereien noch überhaupt nicht die Rede sein konnte, erst recht nicht gegenüber den jeweiligen Minderheiten jenseits der Grenzen, der deutschen in Dänemark, der dänischen in Deutschland. Die Animositäten gegenüber allem Dänischen in meiner Vaterstadt Flensburg, die auch nach den Bonn-Kopenhagener Erklärungen zur Minderheitenfrage von 1955 anhielten, sind der Grund für meinen jugendlichen Entschluss, Dänisch zu lernen, dänische Kultur zu verstehen – ich wollte es jetzt erst recht wissen, konnte dieses Wissen aber beispielsweise an meiner Schule nicht erwerben: Das Unwissen über den Nachbarn war ein recht gepflegtes.

Die Dänemark-Ignoranz meines Sozialisationsmilieus hat meine Dänemark-Liebe begründet. Dass Dänemark es besser hatte als wir im Süden, war offensichtlich. Die Demokratie war stabil, die Straßen hervorragend ausgebaut, die Streitkultur eine freundliche, das Essen üppiger, das Land überschaubarer. Manches mutete skurril, aber nett an: An öffentlichen Plätzen unabgeschlossen abgestellte Fahrräder blieben dort unangetastet, Haustüren konnte man offen stehen lassen; die Damen, nicht zuletzt die der besseren Kreise, rauchten Zigarillos.

Erst später entdeckte ich die historisch bis weit in das späte 18., vor allem aber 19. Jahrhundert zurückreichende Deutschfeindlichkeit der Dänen. Die Ressentiments, denen ich begegnete, waren nicht erst während der Besatzungszeit im Zweiten Weltkrieg entstanden. Sie hatten eine lange Vorgeschichte in den dänischen Erfahrungen mit dem südlichen Nachbarn, auf die im Folgenden noch einzugehen sein wird: etwa der Fall Struensee 1772, der schleswig-holsteinische Krieg im Zuge der Revolution von 1848, schließlich der Krieg von 1864. Nicht zuletzt hatte sie auch zu tun mit der dänischen Wahrnehmung des deutschen Geisteslebens im 19. Jahrhundert. Es waren die hervorragenden Köpfe der dänischen Kultur, die zum Teil recht rabiat gegen die deutsche Romantik und den deutschen Idealismus Stellung bezogen, weil sie deren politische Konsequenzen antizipierten. Nikolai Frederik Severin Grundtvig etwa, der Erfinder der Volkshochschule und Vater der dänischen Ziviltheologie, vor allem natürlich der Philosoph Søren Kierkegaard. Die Hegels und die Marx' bedachten sie mit sympathischer Verachtung; die ideologischen Streitigkeiten auf den deutschen politischen und philosophischen Flügeln beobachteten sie mit Unverständnis. Bereits in der frühen Arbeiterbewegung zur Mitte des 19. Jahrhunderts, dann aber vor allem bei den sozialdemokratischen Politikern am Ende des Jahrhunderts verstand man die theoretischen Debatten der Parteifreunde auf der anderen Seite der Grenze nicht. Praktischer Nutzen rangierte bei ihnen höher als theoretische Wahrheit – der Revisionismusstreit zwischen Karl Kautsky und Eduard Bernstein um die Reinheit der Marx'schen Lehre, die Notwendigkeit der proletarischen Revolution und die Chancen des Reformismus war eben ein typisch deutscher und nicht nachvollziehbar für die dänischen Genossen. Es gab so etwas wie eine Ideologieimmunität in dieser Gesellschaft, welche sie so demokratisch und so vorbildlich erscheinen ließ und sie abhob von den *querelles allemandes*.

Mein Dänemark-Bild wurde lebens- und wirklichkeitsnäher, als ich mit einer neuen, kritischen Debatte um die dänische Geschichte und das dänische Selbstverständnis in Kontakt geriet. Eine Generation jüngerer Historiker und Sozialwissenschaftler begann ab den späten 70er-Jahren, die überlieferten Erzählungen von der Vorbildlichkeit ihrer Demokratie zu hinterfragen. Nun wurde der imaginierte Charakter des dänischen Selbstbildnisses offenbar, die Vorstellung von der besten aller Nationen wurde von innen her infrage gestellt, der Schleswig-Holstein-Konflikt als Bürgerkrieg interpretiert, der Antisemitismus am Ende des 19. Jahrhunderts thematisiert, die Besatzungszeit wurde nicht mehr nur als nationaler und umfassender Widerstand interpretiert – die dänische politische Kultur wurde nicht mehr nur als antiautoritär und vorbildlich demokratisch wahrgenommen.

Hinzu kam der Einzug von europäischer politischer Normalität: Der Europäischen Gemeinschaft trat Dänemark 1973 *wegen* England und *trotz* Deutschland bei; es waren die *wirtschaftlichen* Abhängigkeiten vom großen Abnehmer im Westen, die seinerzeit über die als politisch unzuverlässig eingeschätzten Deutschen in der EG hinwegsehen ließen. Die offizielle politische Rhetorik sprach von hervorragenden Beziehungen zwischen beiden Ländern, und in der Tat, die Nachkriegsanimositäten hatten sich im Alltag verflüchtigt, man war sich so unsympathisch nicht. Doch es tat sich eine Kluft auf zwischen öffentlicher und veröffentlichter Meinung: Deutschland wurde als das Land der Pickelhauben dargestellt, es galt als militaristisch, undemokratisch und politisch unbelehrbar. Hakenkreuze schmückten die Karikaturen in den Medien zu aktuellen politischen Ereignissen. Dies wäre nicht weiter dramatisch oder gar aufregend gewesen, wenn es nicht an den politischen Entwicklungen in Deutschland vorbeigegangen wäre – mit anderen Worten: Es gab vieles, über das man sich ärgern konnte.

Seit 1989 ist wieder alles anders: Deutschland ist nicht mehr das, was es vorher gewesen war, aber Dänemark auch nicht. Die deutsch-dänische Begegnungsgeschichte wandelte sich. Sie muss nach der deutschen Wiedervereinigung neu geschrieben werden. Seit der Jahrtausendwende ist Deutschland in Dänemark *trendy*, insbesondere Berlin ist *hip*. Die deutsche Hauptstadt ist auch zu einer dänischen «Kultstadt» geworden, dänische Künstler stellen in Berlin die größte ausländische Künstlergruppe dar. Auch die Berichterstattung in den dänischen Medien über Deutschland ist ausführlicher, die Reisetätigkeiten haben zugenommen, der Kulturaustausch boomte geradezu –

und die Zahl der Dänen, die in Berlin eine Eigentumswohnung erworben haben, erreichte einen Höchststand. Eine dänische Journalistin stellte einmal eine «dänische Lust auf Deutschland» fest.

Die neue dänische Neugier auf das Deutsche und die Deutschen hat mit dem Generationenwechsel zu tun, ist also biologisch begründet; das ist banal. Sie hat aber auch damit zu tun, dass die von den dänischen Medien früher geschürten politischen Ängste durch die Wirklichkeit widerlegt wurden: Das häufig bemühte «Großdeutschland», das 1989/90 angeblich im Entstehen war, entpuppte sich eher als zahnloser Papiertiger, ökonomisch krank und nicht einmal in der Lage, die «Mauer in den Köpfen» einzureißen. Und der ewig unterstellte «deutsche Drang nach Osten» konnte bald nicht einmal mehr als Fata Morgana nachgewiesen werden. Augenreibend mussten die Nachbarn erfahren, dass aus den vermeintlich mit Pickelhauben bewehrten und eine Nazipolitik verfolgenden Deutschen postnationale Kriegsgegner, Pazifisten und europäische Multilateralisten geworden waren, die sich schwertaten, militärische Aktionen auf dem Balkan zu stützen, und die mit George W. Bush (und mit Dänemark!) partout nicht in den zweiten Irakkrieg ziehen wollten.

Die neue dänische Wahrnehmung Deutschlands und der Deutschen ist selbst dort zu spüren, wo die Beziehungen am schwierigsten waren – im süddänischen Grenzgebiet. In Nordschleswig, das zwischen 1864 und 1920 zu Preußen gehört hatte, markierte eine Vielzahl von königlichen, kaiserlichen und preußischen Denkmälern eine Zugehörigkeit zu Deutschland und Preußen, die es historisch so nie gegeben hatte. Auf dem Marktplatz von Hadersleben beispielsweise stand eine Statue Kaiser Wilhelms I., die man, als die französischen Besatzungstruppen nach dem Ersten Weltkrieg eingerückt waren, mit einem Sack verhängt hatte. Denn den Anblick derjenigen Person, die sich ausgerechnet auf französischem Boden zum deutschen Kaiser hatte ausrufen lassen, wollte man den französischen Soldaten nicht zumuten. Die Statue verschwand anschließend nicht in der Versenkung, sondern im Archiv des Haderslebener Stadtmuseums. Denn in der Folgezeit war es ja auch dem dänischen Publikum nicht zuzumuten, sie auf dem Marktplatz grüßen zu müssen. Heute steht der originale Wilhelm I. wieder aufrecht im Garten des Museums. Dort kann man nun seinen Kaffee trinken und zum Kaiser hinübergrüßen mit «Moin, Wilhelm», wie ein Journalist die Denkmalanekdote resümierte. Die Pointe der Geschichte ist, dass das alte Preußen-Bild und die alten Deutschland-Klischees inzwischen dort ein ungestörtes Leben führen können, wo sie berechtigterweise hingehören – im Museum.

Aber nicht nur die Dänen mussten erfahren, dass die Deutschen des 21. Jahrhunderts nicht mehr den Klischees der Großväter entsprachen, auch für die Deutschen hat sich – so sie informiert sind – Dänemark in den letzten Jahren geradezu dramatisch verändert: Es ist nicht mehr das gemütliche Legoland, es ist nicht mehr von der Tivoli-Leichtigkeit, nicht mehr von der Biedermeierlichkeit der Hans-Christian-Andersen-Epoche geprägt. Weder die philosophische Bissigkeit eines Søren Kierkegaard noch der Humor von Pat und Patachon oder der Olsen-Bande könnten in irgendeiner Weise noch als typisch dänisch gelten.

Wer die Dänen in den 50er-Jahren als ungemütlich, gar fremdenfeindlich bezeichnet hätte, der wäre schnell eines Besseren belehrt und zurechtgewiesen worden. Heute hingegen *ist* die Fremdenfeindlichkeit das am häufigsten genannte Attribut in den auswärtigen Debatten über Dänemark. Die dänische Asylpolitik *galt* als weltoffen, liberal und human – heute *ist* sie in Europa die rigideste, abweisendste.

1972 kam mit der populistischen Fortschrittspartei eine neue Dimension in die Politik des Landes, die man zunächst noch mit Humor nehmen konnte. Der überaus vermögende Parteigründer Mogens Glistrup (1926–2008) machte durch schlaue Sprüche von sich reden – und wurde 1983 wegen Steuerhinterziehung für knapp zwei Jahre ins Gefängnis gesteckt. Das ist lange her. Aus der Fortschrittspartei brachen 1995 Abtrünnige aus und gründeten die Dänische Volkspartei, die mit ihrer derzeitigen Vorsitzenden Pia Kjærsgaard und einem rechtskonservativ-populistischen Programm die gegenwärtige bürgerliche Regierung stützt.

Und auch dieses wurde weltweit beachtet: 2005 veröffentlichte eine dänische bürgerliche Provinzzeitung zwölf Mohammed-Karikaturen. Es kam darüber zu Protesten – Menschen kamen bei den Auseinandersetzungen zu Tode, dänische Botschaften nicht nur in der arabischen Welt brannten, die dänische Wirtschaft erlitt einen Millionenschaden. In der ganzen Welt diskutierte man, was in der Provinz gleichsam aus Daffke in Szene gesetzt worden war, eingehüllt in große Worte von Meinungs- und Pressefreiheit.

Mit anderen Worten: Dänemark ist ein ziemlich normaler Nachbar geworden – im Schlechten, aber auch im Guten. Die politisch gewollte Normalität und die über Jahrzehnte von der Politik bloß herbeigeredeten guten Beziehungen zwischen Deutschland und Dänemark sind auch zu einer gefühlten Normalität geworden. Die Feindbilder von gestern sind einer alltäglichen Gelassenheit gewichen. Davon handeln die folgenden Kapitel, sie folgen keiner Chronologie, sondern einer inneren Struktur, daher kann jedes Kapitel für sich gelesen werden.

Mein Dank geht an Hendriette Kliemann-Geisinger für redaktionelle Unterstützung, inhaltliche Hilfen und kritisches Gegenlesen des größten Teiles des Manuskripts. Aus der Freundschaft mit Steen Bo Frandsen sind viele Anregungen erwachsen, ihm danke ich für die emphatischen Kommentare zu meinen Kapitelentwürfen. Sebastian Ullrich danke ich für Aufmerksamkeit und große Geduld beim Lektorieren. Mit meinen Studierenden habe ich dänisch-deutsche Themen in den letzten Jahren immer wieder diskutiert – vielleicht entdecken sie sie hier wieder.

Berlin, im März 2009

# I

# ANNÄHERUNGEN AN EINEN NACHBARN

Als sich Deutschland 2006 im Umfeld der Fußballweltmeisterschaft mit der Kampagne «Deutschland – Land der Ideen» inszenierte, gaben eine große Wochenzeitung und eine namhafte Werbeagentur ein Buch heraus, in dem ausländische Intellektuelle, Journalisten, Politiker, Unternehmer in 44 Essays ihre Sicht auf Deutschland präsentierten: *My Idea of the Land of Ideas. How the World sees Germany*. Das Vereinigte Königreich war mit fünf Beiträgen vertreten, Frankreich mit sechs, die Elfenbeinküste war dabei, Luxemburg, Südkorea, Costa Rica – von den unmittelbaren Nachbarn fehlten Dänemark, Tschechien und die Niederlande, drei Anrainer immerhin, die ein besonderes Verhältnis zu Deutschland haben, die aber, so belegt nicht nur der erwähnte Band, gerne übersehen werden. Zwei Schlussfolgerungen sind möglich: Entweder gibt es keine dänischen, tschechischen oder holländischen Intellektuellen, die etwas über Deutschland sagen könnten, oder aber die Initiatoren hatten nicht genug Ausdauer, nach ihnen zu suchen. Wenn nicht, drittens, der Schluss zugelassen werden muss, dass aus diesen Ländern nichts Positives über den großen Nachbarn zu sagen gewesen wäre. Offenbar wird man Ähnliches annehmen müssen in Bezug auf Russland, das in dem Band ebenfalls nicht vertreten war – soll man solche Leerstellen als nachbarschaftliche Normalität oder als Skandal betrachten?

## STEREOTYPEN

Worüber soll man also reden, wenn man aus deutscher Sicht über Dänemark spricht? Über Hans Christian Andersen und seine Märchenfiguren oder doch lieber gleich über Tivoli, Lego, über dänische Gemütlichkeit, den großen Philosophen Søren Kierkegaard, über Arne Jacobsen oder *Danish Dynamite*, über *Flexicurity* und das Arbeitsmarktwunder, über *Wonderful Copenhagen*, die europäische Jazzhauptstadt, über den Erfinder der modernen dänischen Nation Nikolai Frederik Severin Grundtvig, über die große Asta Nielsen, über die Mohammed-Karikaturen, Karen Blixen, die in Deutschland penetrant Tanja mit Vornamen gerufen wird, über die Wikinger, die Olsen-Bande, über das nationale Gericht Frikadellen mit Gurken und brauner Soße, die legendäre und in manchen deutschen Landstrichen unvermeidliche Rote Grütze mit Sahne (*rød grød med fløde*), über Lars von Trier, den *Dannebrog*, Bang & Olufsen, Martin Andersen Nexø, Georg Brandes, die Königin, die Fußball-Europameisterschaft 1992, über Michael Laudrup, Morten Olsen oder Ebbe Sand? Wer oder was ist weltberühmt in Dänemark, wie die klassische Formel dort heißt, und weckte beim deutschen Nachbarn genügend Assoziationen, um das Schloss des Wissens und der Erinnerung zu öffnen?

Oder soll man doch lieber gleich über das nordische Grundelement sprechen, das sich nach Feststellung Martin A. Hansens, einer in Dänemark in der Tat weltberühmten Literaturpersönlichkeit, wie ein Urstrom durch die dänische Geschichte zieht, jedenfalls unabdingbar zur dänischen Kultur gehört: das Bier. Dänemark ist Bierland (und Schnapsland) – der deutsche «innere Schweinehund» hätte sozusagen in Dänemark seine Entsprechung im «inneren Bierhund». Eine dänische Journalistin brachte dieses einmal auf den Punkt, indem sie die Distanz, die den Dänen vom Boden trennt, auf dem man mit beiden Beinen zu stehen habe, auf die Höhe eines Bierkastens bemaß: «Der Bierkasten ist Dänemarks Fundament, und der ist kräftig zementiert ... Der dänische Mann steht keineswegs auf dem Boden, er sitzt vielmehr leicht erhöht auf einem Kasten Bier.»

Und so kann es denn auch nicht verwundern, dass ein dänisches Produkt, das wirklich weltweit gekannt und geschätzt wird, ein Bier ist: *Tuborg* – oder ist es heute *Carlsberg*? (Dass man in Dänemark «en bajer» ordert, wenn man «ein Bier» bestellt, ist einer der vielen Treppenwitze in der deutsch-dänischen Begegnungsgeschichte.)

**KUMMER MIT DEM ESSEN**

Apropos Trink- und Esskultur: So wenig dramatisch wie die dänische Landschaft, so wenig dramatisch ist die dänische Küche. Der nach Bier und Schnaps wesentlichste Beitrag, den Dänemark zur Ess- und Trinkzivilisation beigetragen hat, ist das Hotdog, ein spezielles, wenig konsistentes dänisches Fastfingerfood, das mit reichlich gerösteten Zwiebeln, Gurken, Senf und Ketchup nur vornübergebeugt genossen werden kann und sowohl vom Kalorienwert als in seiner Essästhetik dem Hamburger in nichts nachsteht. Und das Ding in der Mitte zeichnete sich vor allem in den Anfangsjahren dieser Erfindung durch eine aufregende Färbung ins knallig Rote aus – heute wird angeblich nur noch im Grenzgebiet und den Deutschen zuliebe künstlich Farbe beigegeben, Stereotypentradition sozusagen. An der Erfolgsgeschichte des charakteristischen dänischen Hotdogs – insbesondere unter deutschen Seglern in dänischen Gewässern eine zur Spezialität verklärte Attraktion – kann man eine dänische Eigenart studieren, die auch zu den Deutschen gehört: Man erfindet etwas Neues, vermarktet es aber nicht. Wie anders ist zu erklären, dass es der amerikanische Hamburger war, der einen weltweiten Siegeszug antrat, und nicht das dänische Hotdog, sind sie doch beide den frühen, den kindlichen Stadien der Nahrungsaufnahme sehr nahe und relativ einfach herzustellen. So ist es allein den *dänischen* Plätzen und Straßen vorbehalten, mit rot-weißen Würstchenbuden möbliert zu sein …

Nein, aufregend ist die dänische Esskultur nicht, sie fügt sich in die nordeuropäische Kultur, zu der auch die (nord-)deutsche und die rund um die Ostsee gehört – die größte Dramatik ist allenfalls in der zum Verzehr angebotenen Menge zu finden. Verfeinert wurde sie, genau wie die deutsche, erst durch den südeuropäischen und asiatischen Zivilisations- und Kulturimport. Auszunehmen hiervon ist allerdings die Kalte Küche, die mit einer Raffinesse zubereitet und angepriesen wird, wie es eleganter und üppiger auf kleinster Unterlage nicht geht. Dänemark ist wegen seines *Smørrebrød* jede Reise wert. Diese nationale Unverwechselbarkeit – das schwedische Pendant *Smörgås* nimmt sich dagegen anspruchslos aus – besteht keineswegs, wie es der Begriff suggeriert, aus Butter und Brot. Brot ist noch der geringste Bestandteil und dient allenfalls als stabilisierende Unterlage, um den sich darauf türmenden Krabben, Leberpasteten, Braten, Salamischeiben, Salaten, Eiern, Käsestücken oder Camemberts Halt zu geben. Nirgendwo ist für Auge und Gaumen offensichtlicher nachvollziehbar, dass die dänische Kultur im Agrarischen wurzelt. Nichts ist üppiger verfügbar als die veredelten Produkte von Ackerbau und Viehzucht. Etwas mehr als fünf Millionen Dänen produzieren Nahrungsmittel für ca. 15 Millionen Menschen.

In diesen Kontext gehört, dass bereits das dänische Frühstück eine «Mahlzeit» ist, jedenfalls ist so das Wort *morgenmad* zu übersetzen; und die in der Mittagszeit eingenommene Mahlzeit heißt Frühstück, *frokost*; die warme Mahlzeit nimmt man hingegen um 18 Uhr ein, das ist dann das Mittagessen – *middag*, gefolgt vom obligatorischen Kaffee. Eine Mittagesseneinladung ist also immer eine zum (selbstverständlich warmen) Abendessen.

Den Ursprung des Wortes «Kuchenschlacht» zu ergründen ist vielleicht eine müßige Aufgabe. Was den Kern der Sache allerdings ausmacht, kann man noch heute in Dänemark erfahren, Siegfried Lenz hat es in seiner Erzählung «Kummer mit jütländischen Kaffeetafeln» beschrieben: eine nachbarschaftliche (oder eine familiäre) Einladung für den Nachmittag (oder den Abend), bei der der genossene Kaffee noch die geringste Herausforderung darstellt. Butterschnitten dagegen, Torten, trockene und sahnige Kuchen im Überfluss, das menschliche Fassungsvermögen weit übersteigend, verweisen auf eine um Essen und Trinken zirkulierende Gemeinschaftserfahrung der Völlerei: «Beispielhaft ist die Nachbarschaftspraxis in Jütland, nichts als wohlgemeint sind die Einladungen zu einer jütländischen Kaffeetafel. Wir haben sie überstanden, wir haben sie bis heute überlebt ...» Der Blick in die Auslagen von dänischen Bäckereien gibt bereits genügend Hinweise darauf, dass diese Nation eine Symbiose mit recht appetitlichen Kalorien eingegangen ist. Auffallend ist dabei immer wieder, dass die nationale Vertrautheit mit den Erzeugnissen des Konditorhandwerkes immerhin so weit reicht, dass das gemeine Volk auch tatsächlich die vielen Namen der Kuchen kennt: Sarah-Bernhard, Napoleon, Wales, Medaille, Träume, Gänsebrust, Schnecke, Spandauer, Wiener Brot, Grammophon, Othello. Sie werden alle gewusst und auseinandergehalten ...

Das könnte erklären, warum das Land im Vergleich mit anderen Wohlstandsgesellschaften eine (relativ!) niedrige Lebenserwartung aufzuweisen hat. Eine überdurchschnittliche Kalorienaufnahme, signifikante Fettanteile in der Nahrung und exorbitanter Nikotingenuss werden als Ursachen angegeben. Vor Jahren gab es in Dänemark einmal einen öffentlich heftig ausgetragenen «Mayonnaisekrieg» – er wurde aber nicht geführt wegen des ungewöhnlich hohen Verbrauchs dieses nationalen Grundnahrungsmittels, sondern wegen der Rechtschreibung des Wortes.

## DANKE – BITTE

Dänemark ist, wie die übrigen skandinavischen Länder, zu den Danke-Gesellschaften zu rechnen. Es gehört zu den selbstverständlichen Umgangsformen, dass man sich bedankt, nicht nur für Nettigkeiten, erwiesene Leistungen und Dienste, nicht nur als Ausdruck von Dankbarkeit, sondern für Kommunikationen unter Menschen jeder Art. Kaum ein Wort dürfte häufiger in der Alltagskommunikation verwendet werden als dieses: *tak*, «danke»; gerne auch in der Verdoppelung: *tak tak*, «danke, danke». Dies mag an der Kürze der Vokabel liegen – das Wort «bitte» *vær så god* verlangt schon nach größerem sprachlichen Kraftaufwand –, ist aber viel eher Ausdruck für den stressfreieren Umgang miteinander und die gemeinschaftsstiftende Freundlichkeit von Menschen, die sich zunächst einmal ohne Misstrauen oder gar Feindschaft begegnen. Wer die dänische Danke-Kultur im Alltag nicht mitmacht und pflegt, verstößt gegen eine der elementarsten Regeln dieser Gesellschaft. Man setzt sich zu Tisch und bedankt sich. Viel strenger aber noch ist die Regel beim Ende der Mahlzeit. Wo der Deutsche am Beginn des Essens «guten Appetit» wünscht – eine im Skandinavischen vollkommen unbekannte Vokabel – und am Ende des Aktes einfach aufsteht und geht, da verlangen es die guten Sitten in Dänemark, dass man sich am Ende für die Mahlzeit bedankt: *tak for mad!* Jedes Kind bekommt dieses gleich nach der Geburt beigebracht, ja weiß es genetisch. In den guten alten Zeiten verlangte es der Komment, dass das Kind zur Hausherrin am oberen Ende des Tisches ging, ihr die Hand gab, sich gebührlich verbeugte und sich mit der Dankesfloskel für Speis und Trank bedankte. Und natürlich bedankt man sich für genossene Geselligkeit, wenn man sich das nächste Mal trifft: *Tak for sidst*! Auf der anderen Seite erschreckt das dänische akademische Personal (um nur dieses zu nennen) nichts so sehr wie die deutsche Sitte, nach einem Vortrag zu applaudieren, gar auf die Tischplatte zu klopfen. Dies wird nicht als Beifall, sondern als tunlichst zu vermeidender Krach interpretiert.

Über Jahrzehnte ist Dänemark in der dänischen Tourismuswerbung mit den Bildern aus und über Hans Christian Andersen vermarktet worden, seine Figuren, seine Milieus haben die ausländischen Vorstellungswelten, nicht zuletzt die der Deutschen, möbliert. Der Dichter des 19. Jahrhunderts, der dem Zeitalter des Biedermeier zuzurechnen ist, hat bis in die Gegenwart hinein die Bilder geliefert, die mit dem Nationalcharakter der Dänen assoziiert werden. Die kleine Meerjungfrau, der tapfere Zinnsoldat, Hans im Glück und wie sie alle heißen. Das so konstruierte Dänemark ist das der Idylle, der Gemütlichkeit, der Langsamkeit, das Landleben dominiert, das Bier und die Königsfamilie nicht zu vergessen. Die Tourismuswerbung liebt diese Bilder und hat sie noch ergänzt, etwa Matilde (das ist die Marke einer Vanillesauce). Dass sich hieraus ein ganz besonderes Problem entwickeln sollte, liegt eigentlich auf der Hand – Vorstellungswelten und kulturelle, soziale und politische Realität klafften immer weiter auseinander. Das touristische, biedermeierliche Dänemark-Bild passt nicht mehr zu einer hochtechnologisierten Dienstleistungsgesellschaft in einer globalisierten Welt.

## «EIN LIEBLICH LAND»: LANDESKUNDE – KULTURKUNDE

Wenn wir uns Dänemark annähern, dabei das Feld der Assoziationen verlassen, um zu den Tatsachen zu gelangen, dann sollte festgehalten werden, dass zum «Königreich Dänemark», so der offizielle Ländername, auch die autonomen Gebiete der Färöer (= Schafsinseln) im Nordatlantik gehören und Grönland, die größte Insel der Welt, sechsmal so groß wie Deutschland. Das eigentliche Dänemark umfasst reichlich 43 000 Quadratkilometer, die Färöer nur 1400, Grönland aber über zwei Millionen, davon 85 Prozent unter Inlandeis. Mit Fug und Recht kann man Dänemark daher zu den größten (Flächen-)Ländern der Welt rechnen – ein schwacher Trost dafür, dass das europäische Territorium Dänemarks einst ein Vielfaches der heutigen Größe hatte, doch darüber später. Im eigentlichen Dänemark leben heute etwa 5,5 Millionen Einwohner, auf den Färöern mit seiner Hauptstadt Thorshavn 48 000, auf Grönland (Hauptstadt: Godthåb / Nuuk) ca. 56 000 Menschen. Mit dem europäischen Kontinent hängt nur die Halbinsel Jütland zusammen, ansonsten haben wir es mit etwa 500 Inseln zu tun, 97 davon bewohnt; Seeland, Fünen, Lolland, Falster und Bornholm sind die größten. Dänemark hat etwa die Größe Niedersachsens und die Bevölkerungszahl von Hessen. Die einzige Landgrenze, die zu Deutschland, beträgt 67,7 Kilometer; 7400 Kilometer misst dafür die Küstenlinie, von keinem Punkt des Landes ist es weiter als 52 Kilometer bis zur Küste. Die Nord-Süd-Ausdehnung beträgt 365 Kilometer, die in Ost-West-Richtung 385 – überschaubare Verhältnisse also. Fast ein Drittel der Bevölkerung lebt

Die 1998 eröffnete Große-Belt-Brücke zwischen den dänischen Inseln Fünen und Seeland.

in der Hauptstadt Kopenhagen, am östlichen Rand des Landes, am Öresund (mehr als eine halbe Million in der Stadt, 1,2 Millionen in der Hauptstadtregion).

An diesen knappen Angaben zur äußeren, geografischen Struktur Dänemarks lassen sich Zustände und Probleme des Landes festmachen: Die stark gegliederte Küste und die zahlreichen Inseln sind die Voraussetzung für Dänemarks Rolle als Seemacht und Handelsnation in historischer Zeit. Fischerei und Schiffsbau kennzeichneten lange Zeit die Ökonomie des Landes, der Heringsfang war eine wesentliche Einnahmequelle – aber auch der Öresundzoll, der zwischen 1420 und 1857 von allen passierenden Schiffen zu entrichten war. Die Lage am Ausgang der Ostsee bestimmte Dänemarks wirtschaftliche und strategische Bedeutung, sie war über Jahrhunderte Grundlage für seine Machtposition – in der Auseinandersetzung mit Schweden, Preußen und Russland. Bereits im 17. Jahrhundert wird in Allegorien beschrieben, welches die zwei Säulen sind, auf denen

die dänisch-norwegische Herrschaft ruht: der Öresundzoll und die Kriegsflotte.

Problematisch war und ist die Insellage und Zerklüftung hingegen für die Kommunikation. Ihr sind natürliche Grenzen gesetzt, die nicht immer einfach zu überwinden sind. Brücken und Fähren bestimmen daher die Alltagsmobilität. Durch Brücken wurden Fahrzeiten verkürzt, die erreichbaren Regionen vergrößert, damit auch der Wirtschaftsraum und der Markt. Auf der anderen Seite bedeuteten die Fahrtunterbrechungen durch Fähren auch eine Entschleunigung. Warten gehörte zum Reisealltag in gleicher Weise wie die Fortbewegung.

1998 ist mit der Eröffnung der festen Brücken- und teilweisen Tunnelverbindung über den Großen Belt ein uralter Traum in Erfüllung gegangen. Mit der Einweihung der Öresundbrücke wurde am 2. Juli 2000 auch eine durchgehend feste Verbindung nach Schweden geschaffen – gegen teilweise heftigen Widerstand. Kopenhagen dürfte die einzige Metropole der Welt sein, die sich ihr Hinterland in der gegenüberliegenden Region eines Nachbarstaates gesucht hat – dafür gab es immerhin auch historische Gründe, gehörte Schonen doch einmal zu Dänemark (bis 1658). Und die Pläne zur Schließung der letzten Lücke auf der europäischen Nord-Süd-Achse, nämlich die Fehmarn-Belt-Querung, wurden im September 2008 von der dänischen und der deutschen Regierung gebilligt, der Bau über die 19 Kilometer breite Wasserstraße beschlossen. Eine durchgehende Landverbindung vom Nordkap bis an den Südzipfel Italiens soll ab 2018 vorhanden sein. Die Kosten des Brückenbaus liegen bei 5,6 Milliarden Euro und werden privat aufgebracht – der überwiegende Teil wird allerdings von Dänemark abgesichert.

Die dänische Landschaft, wie sie sich dem Betrachter heute darstellt, ist auf der Grundlage von eiszeitlichen Ablagerungen eine Kulturlandschaft im tatsächlichen Sinne, sie ist von Menschen geschaffen. Präglaziale und glaziale Ablagerungen türmen sich auf dem Urgestein – sie sind so gut wie frei von Bodenschätzen und geben keine Grundlagen für eine nennenswerte industrielle Verwertbarkeit: Kreide und Kalke, minderwertige Braunkohle, Ton, Salze legen immerhin für die Produktion von Düngemitteln, Ziegeln und für eine chemische Industrie die Fundamente.

«Es ist ein lieblich Land» – so lautet die erste Zeile der Nationalhymne, wie sie der Romantiker Adam Oehlenschläger (1779–1850) um 1823 sang. Das Land ist so lieblich, wie es nach der letzten Eiszeit vor etwa 10 000 Jahren hervortrat und dann von den Menschen kultiviert wurde. Die ersten Pioniere sind etwa um 13 000 v. Chr. versuchsweise auf «dänisches» Gebiet vorgedrungen. Von einer eigentlichen Besiedelung kann man aber erst 1000 bis 2000 Jahre später sprechen. Die sanften Hügel und die flachen Täler, die Einschnitte der Fjorde und die Inseln gehen auf die Ablagerungen des Eises zurück. Dänemarks höchster natürlicher «Berg» ist – seit 2005 nach neuesten Messungen – mit 170,86 Meter *Møllehøj* in Ostjütland; nebenan liegen die höchsten dänischen Erhebungen, die aber von

Menschenhand geschaffen sind: fünf Grabhügel aus der Bronzezeit deren höchster mit 172,52 Meter den natürlichen Berg also noch überragt.

Noch bis etwa 6000 v. Chr. hingen England, weite Teile der Nordsee, Dänemark und Südschweden mit dem übrigen Kontinent zusammen, Dänemark lag etwa 40 Meter höher als heute; die Ostsee war abwechselnd ein süßer Binnensee oder ein salziges Meer mit Zugang (oder Abfluss) zum Atlantik. Großer und Kleiner Belt waren breite Flussläufe, die ins Kattegatt mündeten. Als es in der nachfolgenden Periode wärmer wurde, sich das Land im Norden senkte und sich im Süden wie auf einer Wippe hob, wurden die nordjütischen Landesteile zu Inseln, die Nordseeinseln hingen noch mit dem Festland zusammen. Frederikshavn im Norden lag seinerzeit zwölf Meter höher als heute, Kiel dagegen neun Meter tiefer. Es gibt aus dieser Zeit reichliche Funde, die ein reges soziales Leben bezeugen, Werkzeuge für den Hausgebrauch sind erfunden, religiöse Riten werden von den Steinzeitmenschen praktiziert.

Das vom Eis zurückgelassene Geröll, von der folgenden Erosion geglättet, bildet die heutige Hügellandschaft und die welligen Ebenen, die spätestens seit den Romantikern als die typische dänische Landschaft besungen werden. Zwischen ihnen liegen die vom Schmelzwasser ausgewaschenen breiten Täler. Das westliche Jütland, vor dem lange die stabile Eisgrenze verharrte, wurde durch Ströme von abfließendem Wasser, die Sand und Schotter mit sich führten, aufgebaut. Diese älteste Landschaft, deren Erscheinung von den weiten Ebenen und durch Heide charakterisiert ist, widerspricht noch am ehesten jener viel besungenen «Lieblichkeit». Hier herrscht Kargheit.

Auch die weit ins Landesinnere hineinreichenden Förden der jütländischen Ostküste verdanken ihre Entstehung der Eiszeit: In die vom Schmelzwasser, teilweise unter dem Eis, ausgewaschenen Täler strömte bei der späteren Landsenkung bzw. der Hebung des Ozeanspiegels das Meerwasser und führte zur Bildung natürlicher Häfen. Und die Seenplatten in Ost- und Mitteljütland wurden durch die

Ströme von Schmelzwasser, die Sand und Schotter mit sich führten, aufgebaut. Eine Kette lang gestreckter, zusammenhängender Seen etwa bei Silkeborg, die zu den schönsten Landschaften Dänemarks zählen, ist auf diese Weise entstanden. Die Schmelzwassertäler sind heute die einzige Erinnerung an dänische Wasserläufe, denn Flüsse im eigentlichen Sinne hat das Land nicht. Nur die Gudenå, mit 158 Kilometern der längste «Fluss», der durch die Silkeborger Seenplatte fließt, ist erwähnenswert.

Moränen und die bewegten Sedimente der Schmelzperioden stellen nicht die günstigsten Voraussetzungen für landwirtschaftliche Nutzung dar, doch jahrtausendelange Kultivierung und ein relativ günstiges Klima haben die Bodennachteile ausgeglichen – drei Viertel der dänischen Landfläche werden heute landwirtschaftlich genutzt, dänische Hektarerträge sind überdurchschnittlich hoch, die Qualität dänischer Agrarerzeugnisse ist notorisch. Die dänische Landschaft ist insofern keine «natürliche» mehr, sie ist von Menschen geschaffen, kultiviert.

## DÄNEMARK – EIN WELTREICH

Wer heute von Dänemark spricht, muss wissen, dass nicht nur die dänische Landkarte einmal ganz anders ausgesehen hat, sondern auch das dänische Territorium sehr viel größer gewesen ist. In der historischen Perspektive zählten dazu Norwegen, Island und die Herzogtümer Schleswig, Holstein und Lauenburg – hierfür wird in Politik und Wissenschaft der Begriff «Gesamtstaat» (*helstat*) verwandt –, aber auch Dänisch-Ostindien, Dänisch-Westindien und die Dänische Goldküste. Ein wahres Weltreich fürwahr. Eines, das allerdings so zerklüftet war wie die dänische Küste: Weder haben wir es mit einem geschlossenen Raum zu tun, noch lagen die Grenzen unverbrüchlich fest, schon gar nicht für einen längeren Zeitraum. Auch wirtschaftlich gilt für das Königreich Dänemark, dass es zerklüftet war, dänische Wirtschaftsräume überschnitten sich mit schwedischen, englischen, vor allem deutschen.

Für ein Gebilde dieser Art hat sich der Begriff «Konglomeratstaat» eingebürgert, ein Staatsgebilde, das zusammengesetzt ist aus unterschiedlichen Territorien und Wirtschaftsräumen, selbst aus unterschiedlichen Sprach- und Rechtsräumen. Der König hatte unterschiedliche Titel: König, Herzog, Graf innerhalb desselben Reiches; es wurde in seiner Person und in seinem Erbrecht auf die unterschiedlichen Landesteile zusammengehalten. Der Konglomeratstaat war mindestens für die Zeit des 15. bis 18. Jahrhunderts in Europa die Regel. Das Habsburger Reich wäre ein gutes Exempel. Aber auch Dänemark ist ein passendes Beispiel. Das Land wurde über 415 Jahre vom Oldenburgischen Haus regiert, das 1863 ausstarb; seither regiert das Haus Holstein-Sonderburg-Glücksburg. Der Monarch stand einer Vielzahl von Ländern und Landschaften vor. Was sie einte, war sein Recht, über sie zu herrschen.

Schleswig und Holstein lagen auf der Grenze zwischen zwei Konglomeratstaaten, ja hier überschnitten sich politisch, wirtschaftlich, insbesondere aber auch kulturell und sprachlich verschiedene Räume, woraus sich wiederum das Gezerre um diese Landschaften, die deutsch und dänisch zugleich waren, im 19. und bis weit ins 20. Jahrhundert hinein erklärt. Es ist nicht allein die periphere Lage, die die Entwicklung Schleswig-Holsteins im 20. Jahrhundert beeinflusst hat, es sind auch die historischen und politischen Voraussetzungen. Altona war bis 1864 die südlichste und zugleich zweitgrößte Stadt im dänischen Reich. Eisenbahnverbindungen begannen oder endeten hier, der Altonaer Bahnhof wurde in der Umgangssprache der «dänische» genannt, hier musste umgestiegen werden; über Jahrzehnte endete vor Altona das elektrische Zeitalter der Bahn, es ging mit Kohle oder Diesel weiter.

Der Blick zurück macht aber auch deutlich, dass sich diese Zusammensetzungen von Herrschaft, Gesetzen, Traditionen und Sprachen immer in einem europäischen Kontext abgespielt haben. Interessensverschiebungen und Machtverlagerungen sind über die Jahrhunderte überwölbt von europäischer Nachbarschaft.

Konglomeratstaaten konnten zusammenwachsen, wie der Fall Frankreich zeigt, oder aber sie zerfielen spätestens während des Nationsbildungsprozesses im 19. Jahrhundert in unterschiedliche Staaten. Dafür ist der nordeuropäische Raum ein sehr gutes Beispiel. Aus dem Konglomeratstaat des späten Mittelalters und der frühen Neuzeit sind am Ende des Ersten Weltkrieges fünf souveräne Staaten geworden. Dänemark ist seit 1814 (Verlust Norwegens) bzw. 1864 (Verlust Schleswigs, Holsteins und Lauenburgs) kein Konglomeratstaat mehr. Man kann auch sagen, dass seither die dänische Staatsnation mit der Kulturnation identisch ist, dass seither der durch den König in seiner Herrschaft garantierte Zusammenhalt nicht mehr vonnöten ist, weil ab diesem Datum Raum, Volk, Kultur und Sprache identisch miteinander sind – auf kleinstem Raum ist größte Homogenität erreicht. Wenn man über heutige dänische Identitätsprobleme nachdenkt, muss man diese Debatten vor einer mittlerweile über 150-jährigen Homogenitätsgeschichte sehen. Multikulturell war Dänemark in historischer Zeit, für die heute Lebenden ist die kulturelle Vielfalt eine neue Erfahrung.

Die Färöer und Grönland bilden die letzten Reste des dänischen Reiches: Im Grunde gehören sie nicht mehr dazu, aber aufgeben will man sie auch nicht. Beide sind Hinterlassenschaften der wikingerzeitlichen Expansion gen Westen. Bereits diese frühen Kolonialisierungen über den Nordatlantik waren von dem Bedürfnis nach Befestigung und Ausweitung politischer Macht getrieben sowie durch die Suche nach ökonomischen Ressourcen – der Atlantik ist ganz schlicht eine Rohstoffreserve, Wal- und Fischfang dominierten die Interessen.

## VOM ANFANG UND ENDE DES DÄNISCHEN KONGLOMERATSTAATES ...

Von Grönland, das wissen wir heute mit Gewissheit, ging die erste, aber nicht dauerhafte Besiedelung des amerikanischen Kontinentes aus. Es war Erik der Rote, der von Island nach Grönland segelte und damit als Entdecker der größten Insel der Welt gilt. Sein Sohn Leif Erikson setzte um 1000 die Ausfahrt fort und landete in der Neuen Welt. Labrador und Neufundland waren die Anlaufgebiete. Adam von Bremen berichtet in seiner Chronik von dieser nordöstlichen Wikingerexpansion, archäologische Untersuchungen haben Belege für die Anwesenheit der Wikinger hervorgebracht.

Aus nicht ganz geklärten Gründen starb die europäische Bevölkerung Grönlands am Beginn des 15. Jahrhunderts aus. Über 300 Jahre versiegten die nordeuropäisch-grönländischen Beziehungen. Erst mit der protestantischen Missionierung durch Hans Egede (1686–1758) ab 1721 und dem gleichzeitigen Besuch von Walfängern wurde in Dänemark-Norwegen wieder ein politisches und ökonomisches Interesse an der Insel wach. Man gründete Niederlassungen und garantierte Handelsmonopole. Die «Grönlandfahrt» wurde zu einem festen Begriff. Vor allem Flensburg als zweitgrößter Hafen des Königreiches profitierte davon. Bei der Trennung Norwegens von Dänemark im Frieden von Kiel 1814 wurde Grönland Dänemark zugesprochen und verblieb auch nach einem Schiedsspruch des Internationalen Gerichtshofes in Den Haag 1933 beim Königreich (Norwegen hatte nach dem Ersten Weltkrieg seinen Anspruch auf Grönland angemeldet). Durch die Verfassungsänderung von 1953 wurde schließlich der Koloniestatus beendet. Grönland ist seitdem eine dänische Provinz mit zwei eigenen Abgeordneten im Kopenhagener Parlament. Die herausgehobene staatsrechtliche Position, die die Färöer 1948 erhalten hatten, ließ für Grönland aber noch auf sich warten.

Die Selbstverwaltungsbewegung auf Grönland erfuhr durch den dänischen Beitritt zur Europäischen Gemeinschaft einen weiteren Schub, sodass sich Dänemark schließlich nach einer grönländischen Volksabstimmung gezwungen sah, der Insel 1979 den Autonomiestatus zuzubilligen. Ein eigenes Parlament wurde gewählt und eine eigene Regierung gebildet. Dänemark ist weiterhin für die Außenpolitik zuständig und die Königin das Staatsoberhaupt der Insel. Zwei grönländische Abgeordnete sitzen im Kopenhagener Parlament, dem

Folketing. Die politisch logische Folge der Autonomie war eine Volksabstimmung, aufgrund deren Grönland zum 1. Januar 1985 aus der Europäischen Gemeinschaft austrat, allerdings in der Zollunion verblieb. Mit diesem Datum trat zum ersten (und bisher letzten) Mal ein Land aus der Gemeinschaft aus.

Mit der Hoffnung, die in den grönländischen Hoheitsgewässern vermuteten riesigen Energieressourcen – Öl und Gas – und die auf der Insel selbst vorhandenen Bodenschätze – Uran, Gold, Diamanten, Blei und Zink – ausbeuten zu können, wurde am 25. November 2008 auf Grönland eine Volksabstimmung abgehalten, bei der 75,5 Prozent der Wähler für die Unabhängigkeit von Dänemark votierten. Das Ergebnis wird als erster und wesentlicher Schritt in Richtung einer nationalen Souveränität gewertet. Dänemark würde dann in 13 Jahren, auf das Jahr 300 Jahre nach der dänischen Missionierung, 98 Prozent seines Territoriums verlieren. Die politischen Parteien stützen die Unabhängigkeitsbestrebungen, ohne dass heute jemand weiß, ob der erwartete Reichtum gleich um die Ecke oder hinter den sieben Bergen zu finden sein wird; jedenfalls sind die ökonomischen und die sozialen Probleme der Insel bereits seit Jahrzehnten himmelschreiend. Allein die populistische Dänische Volkspartei hält eine Unabhängigkeit Grönlands für den «größten Fehler in der Geschichte Dänemarks».

Auch auf den Färöern gibt es eine Unabhängigkeitsbewegung. Es bleibt abzuwarten, welche Auswirkungen die grönländische Politik hier hat. Die Inseln sind bereits seit 1949 autonom, bestimmen ihre Innenpolitik selbst, haben ein eigenes Parlament, eine eigene Regierung, sogar einen diplomatischen Vertreter in London und Dublin und entsenden zwei Abgeordnete in das dänische Parlament. Königin Margrethe ist Staatsoberhaupt der Inselgruppe. Mitglied der Europäischen Gemeinschaft waren die Färöer jedoch nie, sie hatten 1972 mit Nein gestimmt. Besiedelt wurden die Inseln zunächst von irischen Mönchen im neunten Jahrhundert, dann von Wikingern auf ihrem Weg nach Island – aufgrund dessen gelten die

Färinger als die Nachkommen der zurückgebliebenen seekranken Islandfahrer …

Grönland und die Färöer verursachen heute einige Kosten – Grönland hängt am Tropf des dänischen Finanzministers –, sie haben aber in der Vergangenheit Profite ins Land gebracht. Dies gilt erst recht für die dänischen Besitzungen in der Karibik, in Afrika, in Indien und in Ostasien. Nicht zuletzt haben die überseeischen Besitzungen auch ihre Spuren in der dänischen Literatur und Kultur hinterlassen. Dänemark schwamm in dieser Hinsicht vom 16. bis ins 18. Jahrhundert im europäischen Mainstream. Heute sind es gerade die ehemaligen Kolonien in der Karibik, die für den dänischen Tourismus einige Bedeutung haben.

Wenn Dänemark auch nach den ersten großen Entdeckungsreisen des 15. und 16. Jahrhunderts kolonialen Besitz in bescheidenem Umfang erwarb, so muss man hinter diese Bescheidenheit doch ein deutliches «Immerhin» setzen. 1620 eroberte Dänemark im Kampf gegen Portugal Besitzungen in Tranquebar, an der Ostküste des indischen Subkontinentes. Zu dieser Zeit wütete in Europa der Dreißigjährige Krieg, in den auch das dänische Stammland einbezogen war und der seine Auswirkungen auch in Übersee zeitigen sollte. Dansborg, wie die Gründung genannt wurde, wird in den dänischen Geschichtsbüchern als Hauptsitz der dänischen Kolonialmacht für die kommenden Jahrhunderte genannt; erweitert wurden die Eroberungen durch die Errichtung von Handelsstationen entlang der indischen Küste, darunter Serampore in der Nähe von Kalkutta. Dänemark entäußerte sich dieser Gebiete erst 1845 durch Verkauf an England. Auch die missglückte Kolonisation der Nikobaren oder «Neu-Dänemarks», einer Inselgruppe im Indischen Ozean, seit 1756 endete 1868 mit der Weitergabe an England. Die dänische Motivation für die doch relativ hohen Investitionen in die indischen Eroberungen lag insbesondere im Gewürz- und Teehandel begründet, die Ostindien-Kompanie, bereits 1616 gegründet, sollte sich zu einem frühen globalen Konzern entwickeln – im kleinen Stil und mit sehr wechselvollem Erfolg! –, dessen Kontakte bis nach China reichten, wo das Königreich Handelskontore errichtete, aber keine eigenen Kolonien.

Ziel der dänischen Expansion nach Afrika war in der Mitte des 17. Jahrhunderts die Goldküste (Ghana). Hier wurden in der Regel für kurze Zeit Forts und Niederlassungen eingerichtet, die meist schwer umkämpft waren; die letzte wurde 1850 Großbritannien überlassen, für einen Kaufpreis von 10 000 Pfund Sterling. Die Auseinandersetzungen mit den Eingeborenen, mit Piraten, Rebellionen der Sklaven, aber insbesondere die Ausbreitung von Krankheiten und Seuchen, nicht zuletzt aber auch eine miserable Administration machten den dänischen Kolonisatoren auf allen ihren Eroberungszügen schwer zu schaffen; viele Stationen mussten bereits nach kurzer Zeit wieder aufgegeben werden und/oder wurden in späteren Jahren wiedererobert. Das gilt für alle indischen, afrikanischen und amerikanischen Kolonien Dänemarks. Die Geschichtsbücher sind voll von grausamen – und erheiternden – Geschichten.

Ein knappes halbes Jahrhundert nach den indischen Eroberungen begann die dänische Kolonialexpansion auf Westindien auszugreifen, das heißt auf die Karibik. Dänemark hielt hier Besitzungen von 1666 bis 1916. Die Westindischen Inseln bildeten am Beginn der Neuzeit einen nicht unwesentlichen Stützpunkt für den europäisch-amerikanischen Handel: Vereinfachend gesagt, wurden im Dreiecksverkehr von Europa Waffen nach Afrika geschafft, von dort Sklaven nach Westindien und von dort wieder Zuckerrohr bzw. Rum nach Europa. Im Klartext: Auch die dänische Aristokratie und dänische Kaufleute verdienten prächtig am Sklaven- und Alkoholhandel. Der Reichtum beispielsweise der Holsteiner wie Graf Schimmelmann geht auf den Westindienhandel zurück. Die ersten 103 afrikanischen Sklaven, eingefangen im Landesinnern, verschifft von der Dänisch-Afrikanischen Kompanie an der Goldküste, wurden 1673 als Arbeiter auf den Zuckerrohrplantagen der Karibikinseln eingesetzt. Das Zuckerrohr wiederum wurde hauptsächlich in Flensburg (und in

Kopenhagen) zu Rum destilliert und verschnitten – den Ruf als «Rum-Stadt» verdiente sich Flensburg ab dem 18. Jahrhundert mit seinen bis zu 300 Destillerien. Es gibt in der Stadt noch heute eine Adresse «Ballastbrücke» und einen «Ballastkai», die daran erinnern, dass hier Steine als Ballast für die Westindienfahrer geladen wurden, die dann zum Häuserbau auf den Karibischen Inseln verwendet wurden. Ein Gutteil der noch heute in Kopenhagen zu besichtigenden Prachtbauten rund um Amalienborg, sowohl Adelspalais wie Kaufmannshäuser, bezeugen den aus dem Sklavenhandel stammenden Reichtum.

Man muss aber auch festhalten, dass Dänemark die erste Kolonialmacht der Welt war, die den Sklavenhandel verbot. Eine entsprechende königliche Verordnung wurde für das Stammland und alle überseeischen Besitzungen am 16. März 1792 erlassen und trat 1802 in Kraft. Österreich verbot den Sklavenhandel zwar bereits 1782 – besaß aber keine Kolonien. Die pragmatische Pointe dieses aus liberalem Geist erwachsenen Humanismus muss aber ebenfalls festgehalten werden: In der zehnjährigen Übergangszeit genehmigte der Staat großzügige Anleihen, sodass die karibischen Plantagenbesitzer sich mit ausreichend Sklaven versorgen konnten, bevor das Verbot griff …

1916 fand in Dänemark die erste Volksabstimmung statt. Die Frauen hatten ebenfalls Stimmrecht. Eine Mehrheit der Wähler entschied sich für den Verkauf der Westindischen Inseln an die USA – nachdem man über 50 Jahre lang darüber verhandelt hatte. Der Kaufpreis betrug 25 Millionen Dollar. Zum 31. Dezember 1916 wurde der Vertrag gültig. Am 31. März 1917 wurden St. Thomas, St. Croix und St. Jan den Vereinigten Staaten offiziell übergeben. Die dänische Kolonialära war damit nach 250 Jahren zu Ende – wenn man einmal absieht von Grönland, Island und den Färöern. Island, so muss noch ergänzt werden, wurde bereits 1918 unabhängig, allerdings in Personalunion mit Dänemark.

### ... UND DEN ELEFANTEN

Dass übrigens der höchste dänische Orden ausgerechnet «Elefantenorden» heißt, eine Tierart, die im Norden doch recht selten ist, hat nichts mit den ehemaligen kolonialen Besitzungen Dänemarks zu tun. Er ist zum einen älter als die dänische Kolonialtradition, zum anderen wird die Wort- und Symbolwahl des durch den ersten Oldenburger Monarchen, Christian I., 1462 gestifteten Ordens auf die dem Elefanten zugeschriebene Weisheit und Stärke zurückgeführt. Sein jetziges Design mit einem goldenen Elefanten an einer Kette erhielt der Orden 1693. Er ist der Aristokratie vorbehalten und wird ansonsten nur an Staatsoberhäupter verliehen – Richard von Weizsäcker ist Träger – sowie ganz selten an herausragende Persönlichkeiten vornehmlich aus Kultur und Wissenschaft. Dabei ist die Messlatte sehr hoch gelegt: Der Astronom Tycho Brahe (1546–1601) steht auf der Liste, auch der Physiker Niels Bohr (1885–1962) und – natürlich – der Reeder und Großindustrielle Mærsk Mc-Kinney Møller. Ein treffliches Beispiel für den ironischen dänischen Umgang mit Geschichte und mit Symbolen ist die Wahl des Elefanten als Werbeträger für die Biermarke Carlsberg: «Stark wie ein Elefant!»

# 2 DEMOKRATIE-TRADITIONEN: «DAS LAND IST EIN KLEINES LAND ...»

## VON DER BANALITÄT DES GUTEN

In ihrem 1964 auf Deutsch erschienenen Buch über den Prozess gegen Adolf Eichmann, der 1961 in Jerusalem stattfand und mit dem Todesurteil endete, empfiehlt Hannah Arendt allen Studenten der Politikwissenschaften die Geschichte der Rettung der dänischen Juden als Pflichtlektüre. Das Verhalten der dänischen Bevölkerung und der dänischen Regierung sei einzigartig gewesen: «Die Geschichte der dänischen Juden ist sui generis; im Kreise der Länder Europas – ob besetzt, Achsenpartner oder neutral und wirklich unabhängig.» Wer etwas erfahren wolle darüber, «welch ungeheure Macht in gewaltloser Aktion und im Widerstand gegen einen an Gewaltmitteln vielfach überlegenen Gegner liegt», der solle nach Dänemark schauen.

In Dänemark lebten etwa 6400 einheimische und 1400 exilierte deutsche Juden, berichtet Hannah Arendt. Dass am 1. und 2. Oktober 1943 die Deportation der dänischen Juden in deutsche Vernichtungslager bevorstand, wurde vom deutschen Diplomaten und Schifffahrtssachverständigen Georg Ferdinand Duckwitz (1904–1973) Ende September an den dänischen Oberrabbiner Marcus Melchior (1897–1969) weitergegeben, der die Benachrichtigung aller jüdischen Gemeinden organisierte. Dort wurde die Deportationsnachricht bei der jüdischen Neujahrsfeier in den Synagogen bekannt gegeben; zuvor hatte Duckwitz bereits in Schweden heimliche Gespräche über eine Aufnahme der Juden geführt. Dank seiner guten

Kontakte zu dänischen Reedern konnte er auch Weichenstellungen für die Überfahrten vornehmen. In einer Nacht-und-Nebel-Aktion verließen etwa 7000 dänische Juden nicht nur rechtzeitig ihre Wohnungen, sie wurden vielmehr während der Wartezeiten von dänischen Bürgerinnen und Bürgern aufgenommen, versteckt und versorgt. Anschließend wurden sie überwiegend von Fischern in ihren kleinen Booten über den Öresund und das Kattegat in das neutrale Schweden in Sicherheit gebracht. Der dänische Küstenschutz und die dänische Polizei haben bewusst nicht hingeschaut. Die Gestapo konnte nur 481 Juden gefangen nehmen, die nach Theresienstadt deportiert wurden; 116 von ihnen sind dort umgekommen. Ein Überlebender hat 2003 über die damalige Situation berichtet:

«Für die Bevölkerung waren wir zuerst Dänen und dann erst Juden. Auch der dänische Außenminister äußerte sich gegenüber dem Nazi Hermann Göring, dass es keine Judenfrage gebe. So haben die Dänen es bis 1943 geschafft, sich schützend vor die jüdische Minderheit zu stellen. Dann erzwangen die deutschen Besatzer die Deportation ... Spontan ergriffen viele, viele Dänen die Initiative – alle halfen mit, wo sie nur konnten, Verstecke oder Fluchtwege zu organisieren: in Krankenwagen, ja sogar in Müllwagen, alles, was fahren konnte. Auch Krankenhäuser und Kirchen waren wichtige Verstecke. Die Dänen haben sogar Geld gesammelt, um die Fischer für die gefährliche Fluchtüberfahrt zu bezahlen. Sie hatten ja während dieser Zeit keine Einnahmen. Selbst die dann Deportierten vergaßen sie nicht und sammelten Geld für Hilfspakete, die sie in die Lager schickten. Ich möchte behaupten, dass wir nur dadurch überlebt haben.»

Ist die Rettungsaktion, die sich über den ganzen Oktober hinzog, schon einzigartig, so auch der Umstand, dass es wohlhabendere Dänen waren, die die Überfahrten ihrer jüdischen Mitbürger bezahlten (ca. 100 Dollar pro Person), war es doch – so wieder Hannah Arendt – im Deutschen Reich und in anderen europäischen Ländern die Regel, dass die Juden sogar ihre Deportationen selbst bezahlen mussten. Immer wieder wird darauf hingewiesen, dass es die dänische Bevölke-

Ein deutscher Spähpanzer durchfährt eine dänische Ortschaft beim Vormarsch der Wehrmacht an die Spitze Jütlands, April 1940.

rung war, die den Juden half – nicht der Staat oder die Behörden oder Organisationen.

Der deutsche Generalbevollmächtigte während der Besatzung, Werner Best, meldete Anfang November seinem Führer, dass Dänemark «judenfrei» sei – womit er letzten Endes ja auch recht hatte.

Adolf Eichmann hat in Jerusalem über die fehlgeschlagene Aktion ausgesagt, dass «das danebengegangen ist aus irgendeinem Grund». In der Tat, dieses «Aus-irgendeinem-Grund» lohnte der weiteren Betrachtung. Studierende der Politikwissenschaften werden heute den Grund für die misslungene Deportation der dänischen Juden wohl mit dem Vorhandensein von zivilgesellschaftlichem Ethos in der umgebenden Gesellschaft, die sich diesen Ethos sogar noch etwas hat kosten lassen, begründen. Einzelfälle dieser Nicht-Verleugnung des humanen, zivilgesellschaftlichen Ethos hat es anderswo in Europa auch gegeben, nirgendwo war aber der ostentative Aufstand gegen die nationalsozialistische Politik so umfassend und zugleich noch erfolgreich.

Gehen wir im Folgenden auf die Suche nach den politisch-sozialen Gründen für das Vorhandensein einer kollektiven Banalität des Guten in Dänemark.

## EIN NORDISCHES MODELL?

Bis in das 19. Jahrhundert hinein entwickelte sich das demokratische Politikmodell in den nordischen Ländern analog zum übrigen Westen – Dänemark war in diesem Zusammenhang keine Besonderheit, gar Ausnahme, sondern der Norden Europas stellte hier eine kulturelle Gemeinschaft dar. Die europäische Aufklärung kam über die Vermittlung des norwegischen Dänen Ludvig Holberg (1685–1754) in einer moderaten, protestantischen Form nach Skandinavien, die Französische Revolution fügte dem politischen Denken weitere Modernisierungs- und Rationalisierungselemente hinzu. Zu Anfang des 19. Jahrhunderts zerfielen die absolutistischen Regime in Schweden und Norwegen. Dänemark gab sich 1849 eine liberaldemokratische Verfassung – die liberalste und demokratischste Verfassung der Zeit –, der Parlamentarismus wurde in Norwegen 1884, in Dänemark 1901 eingeführt. Mit der Unabhängigkeit Norwegens 1905, der Finnlands 1917 und Islands 1918 hatten sich die heutigen Staaten ausgebildet. Am Ende des Ersten Weltkrieges waren die Parteiensysteme, der Parlamentarismus, das Wahlrecht, aber auch die Nationalisierungsbewegungen so weit entwickelt, wie wir sie heute kennen.

Dieses Muster folgt, wie gesagt, den zeitlichen und inhaltlichen Routinen der europäischen politischen Geschichte ziemlich exakt. Dennoch hat es sich nicht zuletzt in den skandinavischen Ländern selbst eingebürgert, von einer besonderen Demokratieform zu sprechen, von einem nordischen politischen «Modell», das sich von anderen Beispielen abhebt und eine besondere, menschenwürdigere Gesellschaftsform hervorgebracht hat. Insbesondere unter den EU-Skeptikern und -Gegnern im Norden wird gerne die Vorstellung der eigenen demokratischen Tradition gepflegt, die sich angeblich abhebt von der südlichen politischen Realität. Gesellschaft und Politik seien egalitär ausgerichtet, demokratischer, friedlicher. Diese Selbsteinschätzung ist nicht neu, sie zieht sich durch die dänisch-skandinavische Politik- und Geistesgeschichte hindurch. Mit einem Beitritt zu dieser Gemeinschaft würden die Frauen ihre sozialen Rechte und Errungenschaften einbüßen, der Wohlfahrtsstaat würde eingeschränkt werden, die nationale Souveränität würde einer vom Kapital gelenkten Fremdbestimmung weichen müssen und dergleichen mehr. Auch aus diesem Grunde lohnt es, der Frage nachzugehen, worauf sich diese Diagnose gründet, ob es in der skandinavischen Politik erkennbare Besonderheiten gibt, die für die Richtigkeit des Modelletikettes sprechen. Ist es berechtigt, von einem «dänischen», von einem «skandinavischen Sonderweg» zu sprechen, einem harmonischen, einem menschenfreundlicheren?

Die herausragende politische Besonderheit in der modernen Geschichte Dänemarks und der nordischen Länder ist ihr bruchloser Verlauf. Zwar haben auch die skandinavischen Länder die politischen, vor allem aber die ökonomischen und sozialen Eruptionen der Moderne erfahren, sie verliefen hier aber in abgemilderter Form. Die europäische Revolutionsgeschichte vollzog sich an anderen Stellen. Vor allem: Es hat keine Regimewechsel gegeben, die dänische Monarchie beruft sich auf eine über eintausendjährige Geschichte – eine Kontinuität seit dem Anfang des Mittelalters –, das politische Regime ist in seinen Grundzügen immer noch dasselbe wie zu Beginn des 20. Jahrhunderts.

## GESCHICHTE OHNE BRÜCHE

Die Geschichte der skandinavischen Massenauswanderung nach Amerika im 19. Jahrhundert, das Verschwinden ganzer Sozialstrata aus der Gesellschaft in wenigen Jahrzehnten um die Jahrhundertwende – etwa in Dänemark und Norwegen die Häusler, in Schweden die *torpare* und die ökonomischen Veränderungen im Zuge der

Industrialisierung sind für sich genommen zwar gewaltige Einbrüche in der jeweiligen Geschichte, doch sind ihre Dimensionen verglichen mit denen anderer Länder eher marginaler Art: Die Industrialisierung in England hat weit mehr Opfer gefordert, die politische Modernisierung in Frankreich hat viel tiefer gegriffen. Vergleicht man allein den Prozess der Industrialisierung, so fällt auf, dass aufgrund des Fehlens von Rohstoffen die dänische Industrielandschaft geradezu aseptisch erscheint: keine Kohle, keine Erze – kein Rauch, kein Dreck, die Sonne blieb und bleibt immer sichtbar.

Vergleicht man alleine die moderne politische Geschichte Dänemarks mit der Deutschlands, so springen die Unterschiede und ihre politischen und sozialen Dimensionen ganz besonders ins Auge: Während wir es, wie erwähnt, im Norden im Grunde immer noch mit den gleichen politischen Regimen zu tun haben, erlebte Deutschland in den letzten etwa 100 Jahren Kaiserreich, zwei Revolutionen, zwei demokratische Republiken, zwei Diktaturen; Deutschland war verantwortlich für zwei Weltkriege wie für den bis dahin größten politischen Massenmord in der Menschheitsgeschichte – es grenzt an ein politisches Wunder, dass es Deutschland auf der politischen Landkarte überhaupt noch gibt. Einen Regimewechsel hat es im Norden dagegen allenfalls in Finnland gegeben, das 1917 im Zuge der Oktoberrevolution als russisches Großfürstentum in eine freie Republik entlassen wurde.

Dass es zu dieser bruchlosen nordeuropäischen Geschichte kommen konnte, ist nur im europäischen Vergleich erklärbar. Zeichnen sich doch die skandinavischen Gesellschaften insbesondere dadurch aus, dass in ihnen in den letzten 200 Jahren keine ideologischen Massenbewegungen aufgetreten sind, wir haben es hier mit einer Art Ideologieimmunität zu tun: Während in fast allen europäischen Ländern seit dem Ende des 19. Jahrhunderts linke wie rechte politische Bewegungen sich zu Massenphänomenen ausweiteten, wurde Skandinavien von diesen Ideologien so gut wie gar nicht infiziert. Zwar gab es auch dort kommunistische und faschistische Parteien;

nie hingegen sind sie über marginalste Wahlergebnisse hinausgekommen. Der Nationalsozialismus blieb sogar auf dem Höhepunkt der Hitler'schen Machtpolitik eine Randerscheinung; selbst in Finnland, wo im skandinavischen Vergleich die höchsten Ziffern erreicht wurden, ist der Zuspruch zur kommunistischen Partei nach dem Zweiten Weltkrieg nicht über ein Fünftel der Wählerstimmen hinausgekommen.

Die fehlenden Brüche in der politischen Geschichte sind deswegen so wichtig, weil sich mit der Politik-, Geschichts- und Institutionenkontinuität ein Gutteil der Wesensmerkmale der dänischen und nordischen Demokratien erklären lässt. Die Kontinuität der Institutionen und der Regime begründet ganz wesentlich die politische und nationale Identität, die Übereinstimmung der Bürger mit ihrer Regierung. Zu dieser politischen Kontinuität ist die Kontinuität im Ideenhaushalt der Nationen zu rechnen. Als sich zum Ende des 18. und zu Beginn des 19. Jahrhunderts die modernen Nationalstaaten herausbildeten, taten sie dies auf der Grundlage ihrer jeweiligen Geschichte, ihrer jeweiligen Literaturen und Mythologien. Die Entdeckung des *Eigenen* resultiert insofern erheblich aus der Entdeckung des *Anderen*. Für Dänemark waren die Anderen, an denen man sich gerieben hatte, die Schweden. Mit dem Ende des 18. Jahrhunderts, vor allem aber dann im 20. Jahrhundert übernahmen die Deutschen diese Rolle. Die leidige Gewissheit, dass *wir* anders sind als unsere Nachbarn, ist zwar nicht neu, sie wird aber seit dem Zeitalter der Romantik hochpolitisch, denn seither sind *wir* «besser» als die *anderen*.

## IDEOLOGIEIMMUNITÄT

Es ist das Besondere der nordischen Demokratien, und Dänemark ist das klassische Beispiel, dass sich nicht nur die politischen und kulturellen Eliten einig waren in der Ablehnung der ideologischen Bewegungen, sondern dass sich auch im Wahlverhalten der Bürger diese Abneigung spiegelt. Natürlich gab es und gibt es auch im Ideenhaushalt der nordischen Gesellschaften politische Utopien, die sich aus dem europäischen Gedankengut messianischen und gnostischen Denkens speisen. Was mit der Ideologieimmunität gemeint ist, ist das definitive Beharren auf dem Individualismus, dem Evolutionismus und dem Empirismus. Nie ist in den politischen Programmen der großen Parteien oder im politischen Handeln im Alltag die Grenze zum romantischen Endzeitdenken überschritten worden. Selbst die als «radikal» einzustufenden Parteien haben eher auf «Reformation» denn auf «Revolution» gesetzt. Von Holberg über Grundtvig bis zu den sozialdemokratischen Wohlfahrtspolitikern der Nachkriegszeit galt der Grundsatz: «Der Mensch im Zentrum». Was die italienische, die spanische, die deutsche, ja auch die polnische und andere osteuropäische Nationen in eine Geschichte von Brüchen führte, das blieb nicht nur den angelsächsischen, sondern auch den skandinavischen Ländern erspart – das Denken in systematischer, von der «Wirklichkeit» abstrahierender Rigorosität. In den politischen, philosophischen und theologischen Reden in Skandinavien wird man immer wieder den Satz finden: «Wie das Leben zeigt». Mit ihm ist der Rückbezug von politischem Denken und Handeln auf eine nachvollziehbare Realität gemeint. Dass diese Pragmatik, um nicht zu sagen Banalität ausgerechnet von dem größten Denker, den Dänemark hervorgebracht hat, gerne benutzt wird, spricht für die Kontinuitätsthese – von Søren Kierkegaard (1813–1855).

Es wird bei der Charakterisierung der dänischen, aber auch der nordischen Demokratien insgesamt gerne auf ihre Verwandtschaft mit den angelsächsischen Ländern verwiesen. Im 18. Jahrhundert war es der Historiker, Philosoph und Komödiendichter Ludvig Holberg, der die Affinität zu England herstellte, im 19. Jahrhundert Grundtvig, der eine Vorliebe für den englischen Pragmatismus und Liberalismus entwickelte. Beide hatten eine Zeit in England studiert und gelebt, beide propagierten den englischen *Common Sense* in ihrer Heimat. Seine drei Besuche in England (1829–1831) und seine Begegnung mit englischem liberalen Denken haben Grundtvig die Inspiration für sein politisches, nicht zuletzt sein kirchenpolitisches

Agieren gegeben: «In England lernte ich nämlich zuerst in Hinsicht auf *Freiheit*, wie auf alles Menschliche, das ganze Gewicht auf die *Wirklichkeit* zu legen, mit tiefer Verachtung für den leeren Schein und für die Federnschleckerei und das Bücherwurm-Wesen in alle Richtungen.» Freiheit ist für Grundtvig zuallererst Religionsfreiheit, ist kirchliche Freiheit, und dazu gehört die Redefreiheit. Seine Liberalismusvorstellung und sein Toleranzdenken hat er in einem Gedicht zusammengefasst, dessen erste zwei Zeilen in Dänemark jedes Kind zitieren kann, ja das zu einer Art Verfassungsartikel im dänischen politischen Credo geronnen ist:

Frihed lad være vort Løsen i Nord,
Frihed for Loke saavelsom for Thor

*Freiheit der Norden als Losung erkor,*
*Freiheit für Loke so gut wie für Thor*

Loke und Thor sind die beiden feindlichen Antagonisten aus der nordischen Mythologie, deren Lebensrecht erst dann zur Gültigkeit kommt, wenn sie sich in der Auseinandersetzung messen können. Der vorherrschende Freiheitsbegriff begrenzte dieselbe durch Vernunft und Moral; für Grundtvig aber ist es der Streit erst, der den Liberalismus produktiv macht – nicht nur der Nächste hat ein Anrecht auf die Aktualisierung von Freiheit, sondern auch sein Feind. Grundtvig wusste aus Erfahrung, wovon er sprach, er hatte zwölf Jahre unter Zensur gestanden; bei den Verhandlungen zum Pressefreiheitsartikel der neuen Verfassung sagte er 1849: «Geistes- und Redefreiheit sind die vorzüglichsten von allen, die der Mensch genießt.»

Wenn die dänischen Politiker der Gegenwart sich etwas mehr mit Grundtvig und seiner Auffassung von Freiheit beschäftigt hätten, müssten sie eigentlich Abbitte tun für ihre gegenwärtige Ausländerpolitik – «Freiheit für Loke so gut wie für Thor», von dieser Maxime ist in den populistischen Parolen der sich auf das Dänentum berufenden Partei(en) wenig zu spüren.

## VOLKSBEWEGUNGEN: SCHULEN DER DEMOKRATIE

Ganz wesentlich für die Kennzeichnung des politisch-kulturellen Milieus ist eine soziale und kulturelle Erscheinung, die, ausgehend von Dänemark, zum Typischen der skandinavischen Ländern gerechnet werden muss und die nachhaltige Wirkungen gehabt hat, für die es aber auch Parallelen in England und in Amerika gab und gibt: die Volksbewegungen seit dem Ende des 18. Jahrhunderts. Traten sie erstmals als religiöse Erweckungsbewegungen auf – hier ist der Methodist John Wesley (1703–1791) das englische Beispiel –, häufen sich in Skandinavien seit der Mitte des 19. Jahrhunderts die Felder, auf denen es zu Massenmobilisierungen der Bürgerinnen und Bürger kommt: Einem skandinavischen Publikum muss man diese Bewegungen nicht aufzählen, ihre politischen, sozialen und kulturellen Bedeutungen sind evident, allein schon durch die schlichten Mitgliederzahlen, die ganz enorm waren und sind. Dass man die Erweckungsbewegung, die Temperenzlerbewegung, die Arbeiterbewegung, die Frauenbewegung, die Antiatombewegung und – natürlich – die Volkshochschulbewegung zu «Volksbewegungen» rechnet, mag einem deutschen Publikum fremd klingen – obwohl es diese Bewegungen auch hier gab und gibt, sie haben es aber selten oder nie zu so durchgreifender Bedeutung gebracht wie im Norden, sie sind dort aus dem politisch-gesellschaftlichen Leben nicht wegzudenken.

So stellen die «Volksbewegungen» für die dänische Nation ein Ferment im politisch-gesellschaftlichen Leben dar, das ein besonderes Merkmal des Demokratisierungsprozesses seit dem 19. Jahrhundert war und das auch heute die Demokratie kennzeichnet. Sie entstanden als Massenmobilisierung in der Frühphase der modernen Demokratien, durch sie lernten die Bauern, aber auch die weiteren Unterschichten, sich zu artikulieren, zu diskutieren, mit Widerspruch umzugehen, ja sie lernten durch sie zu einem großen Teil zunächst einmal lesen und schreiben. Durch sie wurde versucht, die Bildungsabstände zwischen Bürgern und Bauern, zwischen Stadt und Land abzubauen.

Die Erweckungsbewegungen kamen zunächst von Deutschland nach Dänemark. Es waren die Herrenhuter, die maßgeblichen Einfluss auf das religiöse Leben Dänemarks nehmen sollten. In Christiansfeld im südlichen Jütland kann man noch heute ihre Nachwirkungen aufspüren. Das asketische, schmucklose, aber gottgefällige Leben in der Gemeinde von Gleichen spiegelt sich in der Architektur der Kirchen, in der Anlage der Friedhöfe. Die Erweckungsbewegungen entstanden aufgrund der Glaubensentfremdung zwischen Amtskirche und Gemeinde, die Pastoren predigten von der Kanzel einen Glauben, der zwischen Idealismus und Rationalität vermittelte – und sehr wenig zu tun hatte mit dem Glaubensalltag der Gemeinde, der Menschen. Die bodenständigen, erweckten Laienprediger dagegen konnten rasch eine Massengemeinde um sich scharen, man berichtete von den persönlichen Glaubenserfahrungen und gab diese an die Gemeinde weiter. Die Bewegung war so erfolgreich und umfassend, dass einige Landstriche in Dänemark den Beinamen «das gelobte Land» erhielten – dort hatte die Amtskirche keine Chance bei der Einhegung ihrer Gemeinde. Sie blieb auf das Funktionale von Kirche und Gemeinde beschränkt: Geburtsregister, Taufe, Konfirmation, Heirat, Beerdigung. Glaubensinhalte erzählten sich die Gemeindemitglieder dagegen *nach* dem Gottesdienst in den Versammlungen bei den Laienpredigern. Bei den Kopenhagener Kierkegaards, bei denen der Bischof von Seeland der Hauspastor war, war es üblich, dass man am Sonntagvormittag in die Kirche ging und sich danach in der Versammlung der Erweckten traf.

Den religiösen Erweckungsbewegungen folgten andere. Die Volkshochschulbewegung Grundtvigs ist zu einer der nachhaltigsten zu rechnen. Es sind zwei Erfahrungen, die ganz wesentlich das Grundtvig'sche Bildungskonzept befördert haben: zum einen seine schlechten Erfahrungen mit dem, was er die schwarze Pädagogik nannte – die Zucht der lateinischen Schule, die Bücherwissen vermittelte und nach seinem Verständnis keine praktischen Fähigkeiten für das Leben förderte. Und da ist zum anderen die Erfahrung, dass am

Beginn des demokratischen Zeitalters, in dem er lebte und wirkte, die Bildungsdifferenz der Bauern und der Menschen des Landes gegenüber den Städtern und Bürgern nur aufgeholt werden konnte, wenn es spezielle pädagogische Einrichtungen für gerade diese Volksschichten gab. Kristen Kold (1816–1870) übernahm den Gedanken und begründete mitten im Nationalitätenstreit 1848 im nordschleswigschen-deutsch-dänischen Grenzgebiet die erste Volkshochschule, der bald weitere folgen sollten. Hier lernten die erwachsenen Schüler im wahrsten Sinne Weltanschauung: lesen, schreiben, rechnen, singen und beten. Später nahmen sich die Volkshochschulen auch der ökonomischen Ausbildung der Bauern an und beeinflussten die Bildungskonzepte und die Strategien der Genossenschaftsbewegung. Viel wichtiger aber war, dass die gemeinen Leute in diesen Einrichtungen, wie in allen Volksbewegungen, lernten, das Wort zu gebrauchen, zu diskutieren und Widerworte wie Kritik auszuhalten. Der Ausgangspunkt für das dänische Demokratieverständnis, wie es im 20. Jahrhundert, nach einigen Jahrzehnten der guten Erfahrungen, von dem Theologen Knud Ejler Løgstrup (1905–1981) formuliert wurde, ist hier zu finden: Demokratie ist eine anständige Form, geteilter Meinung zu sein. Mit Fug und Recht kann man sagen, dass die Grundtvig'sche Volkshochschulbewegung den breiten Massen die Bildung brachte, die sie verwerten konnten. Bis heute zeichnen sich die Bewegung und die Aktivisten dadurch aus, dass sie das freie Wort pflegen und gebrauchen können. Von ihm erfunden, wird im Grundtvig'schen Alltag der Begriff vom «lebenden Wort» gebraucht: In den Veranstaltungen wird wirklich *gesprochen* und nicht *abgelesen*.

Der Durchschlagskraft der Volkshochschulen kam entgegen, dass sie als Internat konzipiert waren: Hier kamen die (zumeist wohl jungen) Bauern zusammen, wenn der Alltag es zuließ – im Winter, wenn die Felder bestellt waren und sie für eine längere Zeit von Haus und Hof entbehrlich waren. Dieses Prinzip unterscheidet die skandinavische Volkshochschule bis heute von der deutschen. Sie ist keine Abendschule. Heimvolkshochschule ist dann auch der treffendere

Name für das deutsche Äquivalent. Hal Koch (1904–1963), seit 1937 Professor für Kirchengeschichte an der Kopenhagener Universität und eine zentrale Gestalt im dänischen Kulturkanon, nennt die Volkshochschulen «praktische Schulen der Demokratie»: Hier «lernte man, was es heißt … zu verhandeln; hier lernte man, andere Standpunkte zu verstehen und sich mit ihnen abzufinden, hier lernte man vor allem die Kunst der Zusammenarbeit, man lernte in gewissem Grad auf das Interesse des Ganzen zu sehen.»

Dass die Volksbewegungen des 19. Jahrhunderts zu *den* Schulen der Demokratie wurden, ist auch in den Kontext zu stellen, dass Dänemark und die skandinavischen Länder Weltmeister der Lesefähigkeit sind: In keiner Region der Welt war der Alphabetisierungsgrad in der Bevölkerung so früh so hoch wie in Dänemark und im europäischen Norden. Schon zur Mitte des 19. Jahrhunderts überstieg die Zahl der lese- und schreibfähigen Dänen bei Weitem die in den südlichen Ländern. Und so beruhen auch die neuesten Ergebnisse auf einer langen und tief verwurzelten Bildungstradition: Auf dem *Human Development Index* der Vereinten Nationen, aufgrund dessen 179 Nationen verglichen werden und in den nicht nur das Bruttosozialprodukt eingeht, sondern auch die Lebenserwartung und der Bildungsgrad der Bevölkerung, rangieren 2008 Island und Norwegen auf Platz 1 und 2, Schweden auf Platz 7, Dänemark nimmt Rang 13 ein, Deutschland folgt erst als Nummer 23.

Mit den Volksbewegungen erhält das Öffentlichkeitsprinzip eine andere, eine neue Qualität. *Dass* sich die Öffentlichkeit im 19. Jahrhundert wandelte – Zeitungen, Buchmarkt, Theater, Telegrafie, Bildung –, ist nicht von den Volksbewegungen hervorgerufen, sondern durch die Modernisierung der Gesellschaft insgesamt. Dass aber gerade im Zuge dieses Modernisierungsprozesses Volksbewegungen aufkamen und Einfluss auf die weitere Ausgestaltung von Politik und Gesellschaft nahmen, ist das wichtige Moment im Zusammenhang mit der Genese der dänischen, der skandinavischen Demokratie.

Das *deutsche* Wort «Subsidiarität» blieb in Dänemark und den skandinavischen Ländern ein Fremdwort. Es hebt ab auf die Selbstverantwortung des Einzelnen, die *vor* dem staatlichen Handeln zu stehen hat. Auf die Sozialpolitik bezogen, bedeutet es: Erst wenn sich die Möglichkeiten des Individuums und der Familie erschöpft haben, springt die Gemeinde, springt der Staat ordnend und helfend ein. Dieses Denken von unten nach oben ist der Sozialpolitik der skandinavischen Länder fremd. Politisches Denken in subsidiärer Form und die entsprechende Begrifflichkeit sind unskandinavisch, denn es ist nach allgemeiner Auffassung die Aufgabe des Staates (!), für die Wohlfahrt der Bürger zu sorgen, nicht die nachgeordneter Organisationen. Familie spielt in Dänemark und in Skandinavien überhaupt eine viel geringere Rolle als in der deutschen Politik, erst recht wenn es um Vor- und Fürsorge geht. Das hat nicht nur damit zu tun, dass «Subsidiarität» aus dem katholischen Milieu kommt und in den protestantischen Ländern des Nordens Misstrauen provoziert, sondern dass mit den Volksbewegungen ein soziales Verhalten, ein kultureller Habitus und ein politisches Denken eingeübt worden sind, die in der Tat sehr viel mit «Subsidiarität» und Selbstorganisation zu tun haben, nur dass sie die «katholische» Konnotation vermeiden, *und* dass die sozialpolitische Verantwortung frühzeitig an den Staat weitergegeben wurde. In der dänischen Übersetzung des Vertrages von Maastricht ist die jetzt für das kommende, politisch geeinte Europa festgeschriebene «Subsidiarität» mit *nærhedsprincippet* (= «Näheprinzip») übersetzt worden. Damit haben die dänischen Interpreten zum Ausdruck gebracht, dass sie den demokratischen Geist der Volksbewegungen in die moderne, ja die modische Terminologie übertragen konnten. Das «Näheprinzip» ist im Dänischen ein eingeübter, ein vertrauter Begriff.

Man kann diese dänischen Selbstverständlichkeiten auf der Liste der «Prinzipien», mit denen das Kopenhagener Sozialministerium den dänischen Wohlfahrtsstaat beschreibt, nachverfolgen, taucht dort doch etwa die Familie als sozialer Akteur überhaupt nicht auf.

Stattdessen wird betont, dass es die Aufgabe des Staates ist, sich um die soziale Fürsorge zu kümmern, und dass alle sozialen Ausgaben steuerfinanziert sind. «Nähe» wird hier interpretiert als «Dezentralisierung», lokale Nähe der zuständigen Behörden und Ämter zum Bürger.

### HOMOGENITÄTSELEMENTE

Dänemark ist ein kleines Land, keine Frage! Politik und Gesellschaft sind übersichtlich, man kennt sich. Es kommt hinzu, dass das Land aus der europäischen Perspektive – wie die übrigen skandinavischen Länder auch – politisch, sozial und kulturell häufig als außerordentlich homogen angesehen wird: Sprachlich, ethnisch und religiös scheint es nur wenige Momente zu geben, die die Homogenität dieser Gesellschaft einschränken – jedenfalls will es das dänische Selbstbild so. Was nicht zur Homogenitätsthese passte, wurde gerne übersehen: der Multikulturalismus bis in die Mitte des 19. Jahrhunderts etwa.

Die deutsche Minderheit in Nordschleswig war bis in die 70er-Jahre des 20. Jahrhunderts hinein die einzige Minderheit, die im Lande als eine solche wahrgenommen wurde. Mit der Einwanderung aus dem Süden Europas, dann aus anderen Konfliktregionen der Welt änderte sich dieses Bewusstsein – «die Anderen» waren sichtbar geworden, die sprachliche, ethnische und kulturelle Homogenität gestört, die Dänen waren nicht mehr unter sich. Die Konfusionen begannen in dieser Zeit, die Suche nach der dänischen politischen und nationalen Identität hat in dieser Immigration ihren Ursprung – und in der Auseinandersetzung um den europäischen Vereinigungsprozess.

Dänemark ist relativ spät und dann noch relativ liberal christianisiert worden, pagane Reste blieben noch lange nach der Christianisierung, die in Dänemark um 1000 herum datiert wird, erhalten. Erst der Religionswechsel vom Katholizismus zum Protestantismus im 16. Jahrhundert war umfassend, er wurde durch den König als eine

«Revolution von oben» im klassischen Sinne durchgeführt, war also politisch motiviert. Eine Gegenreformation hat nicht stattgefunden, die Jesuiten durften sich erst im 19. Jahrhundert niederlassen. Der Übergang vom Katholizismus zum Protestantismus war begleitet von dem Niedergang der Hanse, das politische und ökonomische Gewicht der Akteure in der Ostseeregion verschob sich also beträchtlich. Mit dem Jahr 1536 gilt die Reformation in Dänemark und Norwegen als abgeschlossen. Die Kirche hat zwar immer wieder versucht, politischen Einfluss zu gewinnen, jedoch vergebens. Die Vereinigung von Staat und Kirche hat dieses verhindert. Nach einem zweijährigen Bürgerkrieg, der sogenannten Grafenfehde, kam Christian III. (1534–1559) und seinen Offizieren die durch die europäische Reformation bedingte Schwächung der Kirche gerade recht; sie ließen alle Bischöfe des Landes festsetzen und konfiszierten die nicht unerheblichen Besitztümer der Kirche zur Sanierung der Staatsfinanzen. Mit der neuen Kirchenordnung von 1537, die Luther von Wittenberg aus noch genehmigt hatte – Philipp Melanchthon scheute die Fahrt über die Ostsee –, wurden weltliche und geistliche Macht praktisch in eine Hand gelegt: Der dänische Monarch ist Oberhaupt der Kirche, die Bischöfe und Pastoren wurden zu besoldeten Staatsbeamten.

Juden gab es in Dänemark nur sehr wenige, die im europäischen Vergleich allerdings früh rechtlich abgesichert wurden, nämlich ab dem Beginn des 19. Jahrhunderts. Von sicherlich 95 Prozent der Bevölkerung oder mehr mit lutherischem Glauben konnte man ausgehen. Seit der Reformation ist die Kirche keine politische Macht mehr, sehr wohl aber eine soziale und vor allem eine kulturelle geblieben: Die Mehrzahl der dänischen Intellektuellen, insbesondere im 19. Jahrhundert, entstammte dem protestantischen Pfarrhaus, der Protestantismus hält diese Gesellschaft zweifellos zusammen und bildet eines der wichtigsten Fermente in der dänischen Demokratie. Das Überleben der lutherischen Kirche als kulturelle Kraft, ohne nennenswerte Herausforderungen durch andere Glaubensrichtungen, hat die Homogenität des Landes stark befördert. Die moderne Gemeinschaft hat hier nicht zuletzt auch ihren rituellen Rahmen – das Gesangbuch, die Liedtradition wären zu nennen.

Diese Homogenität der dänischen Gesellschaft bekommt dann ihre besondere politische Dimension und wird zu einem Ausweis der politischen Kultur des Landes, wenn man sie mit den übrigen europäischen Gesellschaften vergleicht: Es gab keine nennenswerten Auseinandersetzungen mit Minderheiten; einen politischen Sprachenstreit hatte man nicht; die religiöse Konfrontation entfiel. So trug diese politische, soziale und kulturelle Homogenität ganz erheblich zur sozialen Stabilität und politischen Kontinuität bei.

## SKANDINAVISMUS

Die Ausformung der für spezifisch gehaltenen dänischen, ja skandinavischen Demokratievorstellungen hat auch zu tun mit einem im europäischen Vergleich bemerkenswerten Prozess des *nation building* im 19. Jahrhundert. Wie in vielen anderen Regionen regte sich in Skandinavien eine heftige Einigungsbewegung unter dem Namen «Skandinavismus». Als es Dänemark zu Beginn des 19. Jahrhunderts politisch mehr als schlecht, ökonomisch desaströs, aber kulturell blendend ging, stießen die Kopenhagener Intellektuellen eine anfangs literarische, dann politische Einigungsbewegung an, die rasch ganz Skandinavien erfassen sollte. Ihr Traum war die Vereinigung der drei skandinavischen Länder. Der Skandinavismus als politische Idee endete 1864 im Zweiten Schleswigschen Krieg, den Dänemark gegen den Deutschen Bund verlor – denn die versprochene nachbarschaftliche Hilfe aus Schweden-Norwegen war ausgeblieben.

Der Skandinavismus mündete nicht in der Schaffung eines einheitlichen skandinavischen Nationalstaates innerhalb eines geografisch abgegrenzten Raumes mit Stockholm (oder Kopenhagen) als Hauptstadt, einer schwedisierten skandinavischen Nationalsprache, einer einheitlichen Armee und einer Gesamtstaatsfahne, sondern im Partikularismus, wie wir ihn heute kennen. Das 19. Jahrhundert erlebte nicht den Skandinavismus als Einheitsbewegung, sondern die Schwedisierung Schwedens, die Dänemarkisierung Dänemarks, die Norwegisierung Norwegens, die Finnlandisierung Finnlands. Hätte der Skandinavismus zu einem mit Deutschland und Italien vergleichbaren Erfolg geführt, dann hätten die Europäer mit ihrer heutigen Homogenitätssicht auf den Norden – die es aber schon im 19. Jahrhundert gab – recht behalten. Die Geschichte verlief, wie wir wissen, anders.

Die nationale Selbstbehauptung der skandinavischen (Teil-)Nationen machte es nötig, die jeweiligen politischen und kulturellen Unterschiede hervorzuheben, die wiederum ebendadurch verstärkt und im kulturellen Gedächtnis verfestigt wurden. Die verpasste Chance der Sammlung im 19. Jahrhundert – die ja in der Tat auf den historischen Erfahrungen und auf jahrhundertealten Träumen basierte – wurde zu einer *selffulfilling prophecy*. Hinter dem dänischen Gebietsverlust von 1864 verbirgt sich die weitere, die skandinavistische Niederlage. Dänemark beendete das 19. Jahrhundert an der europäischen politischen Peripherie und im Norden als relativ isolierte Nation. Daran änderte auch die hervorgehobene Stellung des dänischen Monarchen in der europäischen Adelsgemeinschaft nichts: Christian IX., der von 1863–1906 regierte und nach dem Aussterben der Oldenburger Linie der Erste aus dem Hause Holstein-Sonderburg-Glücksburg war, gilt als «Europas Schwiegervater» – seine Kinder waren in die regierenden Häuser von Schweden, England, Russland und Griechenland verheiratet worden; sein zweiter Sohn wurde 1905 König von Norwegen.

### «DAS LICHT KOMMT AUS DEM NORDEN»

Was ich kurz vorgestellt habe, sind wesentliche Elemente der dänischen, der nordischen Demokratien in ihrer Genese und in ihrer Bedeutung – verglichen mit dem übrigen Europa. Wohl auch nicht ganz unwichtig dabei ist, dass dies ein Deutscher erzählt. Meine Erzählung stimmt bisher weitgehend überein mit dem gesellschaftlichen und kulturellen Selbstverständnis der dänischen Nation: Revolutionen und Bürgerkriege kommen in der Geschichte (fast) nicht vor, in den Weltkriegen ist man ebenfalls relativ glimpflich davongekommen, man lebt in einer funktionierenden Demokratie, die Gesellschaft wird als liberal, egalitär, offen und wenig hierarchisch wahrgenommen, der heutige Wohlstand ist vergleichsweise hoch, die eigene Kultur wird als einmalig interpretiert.

Dieses Selbstbild fügt sich ein in die lange Perspektive der europäischen Dänemark-Beschreibungen. Diese reichen von den Berichten des Tacitus kurz nach der Zeitenwende, dem Diktum Voltaires aus dem 18. Jahrhundert zur dänischen Wohlfahrt, dass das Licht nun aus dem Norden komme, *«la lumière vient du Nord»*, über die Legenden Montesquieus von den Ursprüngen der modernen Demokratien in den germanischen Wäldern bis zum romantischen Arkanum im Norden, der Heroisierung des Nordisch-Germanischen ab der Mitte des 19. Jahrhunderts und der insbesondere deutschen Vorstellung am Ende des 19. Jahrhunderts von einer ländlichen, präkapitalistischen Idylle hinter den seeländischen Hügeln, den Fjorden, Bergen und Wäldern des europäischen Nordens.

Nation ist ein tägliches Plebiszit, sagte Ernest Renan, und Peter Høeg erzählt in seiner «Vorstellung vom zwanzigsten Jahrhundert», dass Geschichte immer eine Erfindung ist. Und so verhält es sich auch mit dem Reden von der Demokratie und der je nationalen Vorbildlichkeit Dänemarks und Skandinaviens. Es ist ein Reden von der Banalität des Guten, zu der die Maximen gehören, «die das Leben lehrt». Die alltägliche Pragmatik des gesunden Menschenverstandes, dem die Praxis wichtiger ist als die Theorie, das «Das tut man nicht!», ist insofern eine selbstverständliche Grundeinstellung zur Politik und im Alltagshandeln. Doch: Die europäische Geschichte, auch die der Demokratien des 20. Jahrhunderts, ist eine Geschichte von Schuld und Scham. Dass die Deutschen in diesem Jahrhundert vorwiegend die Täter waren, entlässt die anderen nicht aus ihrer jeweils eigenen Schuld.

Die nordischen Länder nehmen in *dieser* Geschichte Europas nur einen relativ würdigeren Platz ein, auch sie sind in die Geschichte von Schuld und Scham verwoben – es gibt insofern keinen dänischen, keinen skandinavischen «Sonderweg». Die nordischen Demokratien sind dem europäischen politischen Erbe entsprungen, sie sind ganz «normale» Fälle: Ein dänischer Konzern betrieb während des Zweiten Weltkrieges in Estland eine KZ-Fabrik; die jüngere Generation beginnt zu realisieren, dass es in Dänemark während des Krieges 900 Widerstandskämpfer gegeben hat und 7000 Menschen, die für die Nazis in den Krieg gezogen waren. Mads Mikkelsen, der Hauptdarsteller in dem jüngsten großen dänischen Spielfilm über die dänische Widerstandsbewegung im Zweiten Weltkrieg, «Tage des Zorns», verwies auf diese Zahlenrelation – Aussage und Film hätten vor zehn, fünfzehn Jahren in Dänemark einen Proteststurm hervorgerufen, sie wären in den 50er-Jahren undenkbar gewesen: Als der dänische Historiker Aage Trommer 1971 seine Doktorarbeit über die dänische Eisenbahnsabotage während des Krieges verteidigte, erschienen zum Termin eintausend Zuhörer in der Universität – es hatte sich der «Skandal» herumgesprochen, dass Trommer die Wirkung der Sprengungen durch den Widerstand in Zweifel gezogen hatte. Der Historiker Claus Bryld resümiert: «Trommers Arbeit war solide und kann auch heute noch bestehen ..., er dekonstruierte die Mythen um die Eisenbahnsabotage, und das konnte man nicht akzeptieren. Viele Veteranen der Widerstandsbewegung wurden mobilisiert.»

Derzeit darf man den Konstruktionen und Mythen der dänischen Geschichte widersprechen, auch denen des Widerstandes gegen die deutsche Besetzung. Die Gegenerzählungen – wie der Film «Tage des Zorns», aber auch die Forschungen zur dänischen Wirtschaft im Zweiten Weltkrieg, die Kollaboration bei der Entwicklung von Impfstoffen, die dann in deutschen KZ ausprobiert wurden, oder die Behandlung deutscher Flüchtlinge nach dem Krieg – haben eine größere Offenheit erzeugt, ohne dass nun die alten Erzählungen in ihr Gegenteil verkehrt worden wären. Dänemark wurde wegen der neueren Befunde nicht zu einer Mitläufernation ausgerufen. Vielmehr darf heute darüber gesprochen werden, dass auch das dänische Schuldregister relativ lang ist, dass es höchste Zeit sei, ein Dänisches Zentrum für Kollaborationsstudien einzurichten. Nichts anderes ist im Grunde passiert, als dass die Erzählung von der besonderen, harmonischeren, menschenwürdigeren Demokratie des Nordens sich als eine kulturelle Konstruktion enthüllt hat, die man genauso aus der umgekehrten Perspektive heraus erzählen könnte, aus der Perspektive der Schuld nämlich. Mit Blick auf die deutschen Debatten der Nachkriegszeit spricht man auch in Dänemark von der Notwendigkeit einer Vergangenheitsbewältigung.

Das Korrektiv, das gleichwohl besteht und das eine Umkehr in der Beurteilungsperspektive verbietet, ist von Søren Kierkegaard auf Dänemark bezogen formuliert worden (man kann es auf den ganzen Norden übertragen): «Das Land ist ein kleines Land. – Gemütlichkeit ist die sine qua non. Im gleichen Augenblick, in dem man eines großen Landes Proportionen anlegt, ist Dänemark gesprengt.»

### DIE ÄLTESTE NATION – DIE ÄLTESTE FAHNE

Dänemark ist eine der ältesten staatlichen Gemeinschaften, wenn nicht überhaupt die älteste, die immer noch existiert. Allerdings ist Vorsicht geboten bei der Anwendung heutiger Begrifflichkeiten auf zurückliegende Verhältnisse: Was wir heute Staat nennen, entspricht nicht dem, was im Mittelalter existierte, von der Bedeutung von Grenzen ganz zu schweigen. Der lange Bestand Dänemarks als Staat ist begleitet von einer verblüffend langen Spanne der Anwendung, Pflege, ja Verehrung der Nationalfahne als Gemeinschaftssymbol, und zwar einer weitgehend gleich gebliebenen Fahne. Die vergleichsweise bruchlose politische Geschichte Dänemarks gründet sich nicht zuletzt in der Tradition der Monarchie, dessen Zeichen ab dem Mittelalter der «Dannebrog» (=«Tuch der Dänen») war. Das heutige landesweite, obsessive Heraushängen der Nationalfahne wird als

**Der «Dannebrog» fällt während der Schlacht bei Lyndanisse vom Himmel. Gemälde von Christian August Lorentzen (1749–1828), 1809.**

die putzigste Manifestation nationaler Gläubigkeit gerne beschrieben, hat jedoch bemerkenswerte Gründe.

Die dänische Fahne ist die wohl älteste Staatsflagge der Welt, als solche dürfte sie vor ca. 700 Jahren in Gebrauch gekommen sein, zu einem ähnlichen Zeitpunkt wie die schweizerische – allerdings: Sie fiel am 15. Juni 1219 während der Schlacht bei Lyndanisse in Estland vom Himmel und half dem dänischen König Waldemar II. (1170–1241), die heidnischen Esten zu besiegen ... Mit dieser Erzählung bezieht sich die dänische Geschichtstradition auf Konstantin den Großen: Am 28. Oktober 312 erschien, so die Überlieferung, vor der

Schlacht an der Milvischen Brücke vor den Toren Roms Kaiser Konstantin im Traum eine Offenbarung, signalisierend, dass er den Kampf gewinnen könne unter einem christlichen Symbol: *In hoc signo vinces*, unter diesem Zeichen wirst du siegen – es war das Zeichen Christi, das Staurogramm. Konstantin gewann die Schlacht, der Weg des Christentums zur Staatsreligion war bereitet. Der Herrschaftsanspruch Waldemars, der den Beinamen «der Sieger» bekam, griff also auf die Christianisierung des römischen Kaisers zurück und stützte sich auf die symbolische Begründung von politischer Macht und zugleich auf die lange Überlebenskraft symbolischer «Taten». Zwischen beiden Ereignissen liegen fast tausend Jahre, aber im Mittelalter war Anciennität ein wichtiges politisches Argument, nicht zuletzt im peripheren Nordeuropa.

Die dänische Fahne, das christliche Symbol aufgreifend, ein weißes Kreuz auf rotem Grund, war das Vorbild für alle skandinavischen Flaggen, sie wird die «Mutterfahne» der nordeuropäischen Nationen. Insofern liefert die Fahne in der Tat den symbolischen Anschluss an Märtyrertum, christlichen Glauben und Missionisierung – und zugleich ist die Fahne die Essenz des Nationalen. Als die Grönländer nach Erreichen der Autonomie in den frühen 80er-Jahren eine eigene Fahne bekommen sollten und nicht das Kreuz, sondern die Sonne bzw. den Mond wählten, war eine leichte Enttäuschung der Skandinavier zu beobachten.

Die lange Geschichte des Dannebrog ist eine Geschichte der symbolischen Bedeutungsverschiebung und des symbolischen Bedeutungszuwachses. War die Fahne ursprünglich das Symbol der Königsherrschaft und eignete sich insofern vorzüglich zur Demonstration des Zusammenhalts im Konglomeratstaat mit seinen weit auseinander liegenden Territorien und unterschiedlichen Rechts- und Politiksystemen, so wird die Flagge schließlich zum Symbol des dänischen Staates. Spätestens mit dem Aufkommen von Nationalismus und Nationalstaat im 19. Jahrhundert wird sie zum Symbol des Zusammenhaltes des dänischen Volkes, der Dannebrog erlangt Kultur-, ja Kultstatus. Die Geschichte des Dannebrog ist insofern eine Geschichte der dänischen Kultur. Der öffentliche, sozusagen bürgerliche Gebrauch nimmt zum ersten Mal nationale Dimensionen an, als die Engländer 1801 auf die Reede vor Kopenhagen ziehen und die dänische Flotte attackieren – vor den Augen der Kopenhagener Bürger. 1807 wiederholt sich die Konstellation, als wiederum die Engländer von Land und von See Kopenhagen beschießen – die Fahne wird nun zum ersten Mal offiziell als «Dannebrog» im Flottenreglement von 1806 erwähnt.

Mit den Schleswigschen Kriegen wird der Dannebrog ab 1848 das Symbol der nationalen Einheit, aber auch das zusammenhaltende Symbol im Kampf um diese Einheit. Ab diesem Zeitraum wird die Fahne immer sichtbarer im Alltag, aber zunehmend auch in Kunst und Kultur. In die Verfassung wurde sie jedoch nicht aufgenommen.

Noch im späten 19. Jahrhundert erteilte der König das Privileg, die Fahne bei Feiern und auf Profangebäuden heraushängen zu dürfen, die Fahne also auch außerhalb eines monarchischen Zusammenhangs zu verwenden. Heute schert sich niemand in Dänemark mehr um eine Flaggenerlaubnis: Die Fahne wird auf das Smørrebrød gesteckt, sie wird selbstverständlich im Schrebergarten aufgezogen, sie hängt bei Geburt, Taufe, Konfirmation und Hochzeit auf dem Balkon, bei Todesfällen auf Halbmast, der Weihnachtsbaum wird mit Dannebrog-Girlanden geschmückt. Die dänische Fahne ist innerhalb von nur ein paar Jahrzehnten zur nicht hinterfragbaren Folklore geworden.

Die rot-weiße Fahne gehörte zu 1920, als Nordschleswig nach der deutschen Niederlage im Ersten Weltkrieg mit dem Königreich wiedervereinigt wurde, so gewiss wie zur Manifestation des Dänischen während der Besatzungszeit und an deren Ende: Der 4. und 5. Mai 1945 zeigte ganz Dänemark in Weiß und Rot. Christian X. sagte am 5. Mai in seiner Radioansprache: «Frei können wir wieder unsere alte Fahne hissen und selbst unser Schicksal bestimmen.»

Und natürlich – das hat ein internationales Publikum erlebt – wird die dänische Fahne orgiastisch bei Sportereignissen eingesetzt. Wenn Hunderttausende die Fahne schwenken, sich die Gesichter rot-weiß anmalen, die T-Shirts und die Kopfbedeckungen ebenso, dann wundert sich der Betrachter, wenn skandiert wird: «We are red, we are white, we are Danish Dynamite!» Im internationalen Vergleich sind die Dänen dabei durch ihre fehlende Aggressivität aufgefallen. Erwarben sich im Sporttourismus die Briten den Beinamen der «Hooligans», so gelten die Dänen als «Roligans» – Krawalle und Gewalttätigkeiten sind von ihnen nicht zu erwarten. Der Begriff «roligans» wurde während der Erfolgsjahre des dänischen Fußballs in den 80er-Jahren geprägt, im Kontrast zu Hooligans; er leitet sich ab vom dänischen *rolig* (= ruhig) und zielt damit auf die guten Manieren der dänischen Fußballfans. Zum 50. Geburtstag König Margrethes 1990 beschloss der Brøndby-Kopenhagen Sportverein, auch in deutschen Fußballkreisen nicht unbekannt, den höchsten Fahnenmast Dänemarks zu errichten. Er wurde 50 Meter hoch, die Fahne misst 132 Quadratmeter und muss elektrisch gehisst werden ...

Die Nationalfahne war das Symbol der liberal-demokratischen Nationsbildung, die aufkommende Arbeiterbewegung hatte mit ihr zunächst Schwierigkeiten, widersprach die Nationalisierung doch der eigenen Internationalisierungsprogrammatik. Mit zunehmender Wählersympathie entwickelte die Linke dann aber auch eine Sympathie für die Nationalflagge, söhnte sich aus mit den Symbolen des Nationalstaates – über die Wiedervereinigungsereignisse 1920 in Nordschleswig und die Besatzungszeit im Zweiten Weltkrieg. Dass ausgerechnet die überwiegend links orientierten Europa-Skeptiker zur Belebung des Flaggenkultes beitrugen, bleibt jedoch ein unauflösbarer Widerspruch. Die kulturelle und nicht nur nationale Verankerung des Dannebrog in der dänischen Gesellschaft erklärt auch, warum die Europa-Fahne in Dänemark nicht sichtbar ist: Dänemark ist die älteste Nation Europas, rühmt sich der ältesten Nationalflagge der Welt und der älteste Monarchie der Welt – von der traditionellen

Überzeugung, die beste aller Demokratien zu repräsentieren, nicht zu reden –, was bedeutet da in einem der globalisiertesten Länder der Welt schon ein nur 50 Jahre altes Symbol?

3

# DIE ÄLTESTE MONARCHIE DER WELT

## MONARCHISCHE IDENTITÄTSSTIFTUNGEN

Die «königlich dänische Monarchie», wie die Staatsform unseres nördlichen Nachbarn im Lande selbst häufig augenzwinkernd genannt wird, dürfte die älteste der Welt sein: Die gegenwärtig regierende Monarchin, Margrethe II., 1940 geboren, wenige Tage nachdem deutsche Truppen das Land besetzt hatten, kam 1972 als die Nummer 53 auf den dänischen Thron, acht Monate bevor Dänemark Mitglied der Europäischen Gemeinschaft wurde. Im Hinblick auf das dänische Verhältnis zu Deutschland steht sie also für gleich mehrere schwierige Epochen: Besatzung und Kriegszeit, Ressentiment und Wiederannährung, Europäisierung und deutsche Wiedervereinigung. Alles begann vor mehr als tausend Jahren.

Harald Blauzahn, der Norwegen hinzugewann und der einte, was man seinerzeit Dänemark nannte, regierte von etwa 940 bis 986 nach unserer Zeitrechnung. Von ihm stammt «Dänemarks Taufattest», der monumentale Runenstein von Jellinge in Jütland, auf dem er nach seiner Bekehrung zum Christentum seinem Vater Gorm und seiner Mutter Thyra huldigte (vornehmlich aber sich selbst). Harald könnte man als ersten ambitionierten und über einen regionalen Horizont hinausgreifenden Machtmenschen in Dänemark bezeichnen. Sein Name steht für Herrschaft, für Vereinigung, für Christianisierung. Und es ist seiner steinernen Marketingstrategie zu verdanken, dass Gorm auf den heutigen bunten Tourismusplakaten als die Nummer 1 den langen Monarchenreigen anführt, welcher mit Margrethe II.

**Dänisches Taufzeugnis: Der von Harald Blauzahn errichtete Runenstein von Jellinge in Jütland.**

endet – ohne den Jellinge-Stein wüssten wir nicht den Zeitpunkt der ersten Bekehrung eines dänischen Herrschers. Über die Platzierungsziffern in der Galerie darf gestritten werden, da die Ahnenfolge in sehr dunkler Zeit beginnt, und es gab auch Perioden ohne König bzw. solche mit mehreren; gleichwohl ist sie für Monarchisten, Traditionalisten und Touristen äußerst wichtig.

Mit Harald wird aber noch eine weitere – monarchisch-symbolische – Traditionsbrücke geschlagen, die sich die Witzbolde unseres virtuellen Zeitalters ausgedacht haben: Als Hommage an Haralds kommunikative Begabung einerseits und die starke Präsenz der skandinavischen Firma Ericsson beim Entwicklungsprozess der modernen Datenübertragungstechnologien andererseits nannten die Informatiker in den 90er-Jahren des 20. Jahrhunderts den neuen Industriestandard zur kabellosen Datenübermittlung nach dem norwegisch-dänischen Wikingerhäuptling: «Bluetooth». Sicherlich durften auch sie gewusst haben, dass der Name wohl im Laufe der Jahrhunderte zu einer Verballhornung geriet, dass seine Zähne ganz sicher alles andere als blau waren.

Gorm und seine unmittelbaren Nachfolger (und Rivalen!) muss man zur Klasse der Wikinger rechnen. Die erste historisch nachweisbare dänische Regierungsform war folglich ein Ting-Parlamentarismus freier Bauern mit einem gewählten König, wobei es sich nicht um das exklusive Recht eines Einzelnen gehandelt haben wird, sich König zu nennen, denn davon gab es gleichzeitig viele. Sie kamen weit herum, plünderten Schottland und die Normandie, trieben Handel im Mittelmeerraum und netzwerkten bis nach Nordamerika und in den Orient hinein. Sie als Häuptlinge zu bezeichnen käme der Realität sehr viel näher.

Die Wikingerzeit war eine fürchterliche – wenn man den von ihnen heimgesuchten und schreibkundigen Mönchen glauben darf. Die Hollywood-Filme haben diesen Mythos verstärkt. Die Wikingerzeiten waren die «Flegeljahre des Nordens», wie der dänische Dichter und Nobelpreisträger von 1944, Johannes V. Jensen (1873–1950), die Epoche genannt hat, der selbst viel Bewunderung für Tatendrang und Heldentum hatte und aus dem trotz entsprechender wortgewaltiger Begabung und politisch-ideologischer Veranlagung kein dänischer Knut Hamsun wurde.

Die Wikinger aber trugen weder gehörnte Helme, noch waren sie ausschließlich den Tod verachtende Mordgesellen, wie das 19. Jahrhundert und die späteren Comics es uns weismachen wollen. Sie waren auch Handelsreisende, Erfinder, Entdecker, Stadtgründer und Gelehrte. Man wird von ihnen wohl zu Recht sagen können, dass sie neugierig waren, unternehmungslustig – und manchmal schlugen sie über die Stränge, wie bereits 793 bei ihrem ersten, vollkommen überraschenden Überfall auf das Kloster Lindisfarne im Schottischen. Die europäische Überlieferung von der besonderen Brutalität der Wikinger kann jedoch auch noch weiter zurückgreifen, waren es doch die Kimbern, also ein dänisch-germanischer Volksstamm aus Jütland, dem heutigen Himmerland, der ab etwa

120 v. Chr. das Römische Reich attackierte und in erhebliche Bedrängnis brachte.

Königin Margrethe nennt sich eine «konstitutionelle Monarchin» – eine Titulatur allerdings, die dem historischen Wandel, der momentanen institutionellen Bedeutung und der politischen Funktion im System nicht ganz gerecht wird. Ein kurzer Blick zurück sei erlaubt, er ist notwendig.

Waldemar I. der Große (1157–1182) und sein Sohn Waldemar II. der Sieger (1202–1241) stehen für eine wichtige Epoche der dänischen Geschichte, die bis heute ausstrahlt. Der Erste – er war verheiratet mit Sophie von Nowgorod – wurde durch Kaiser Friedrich Barbarossa protegiert und befand sich in Gegnerschaft zu dessen welfischem Gegenspieler Heinrich dem Löwen. Er wurde zum Alleinherrscher in Dänemark, zu dem bereits das heute südschwedische Schonen gehörte; mit ihm begann die dänische Herrschaft in Schleswig und in Norwegen. Der Papst erkannte das dänische Erbkönigtum an, Rügen wurde dänisches Lehen. Das bis ins 19. Jahrhundert als Bollwerk gegen die Feinde im Süden interpretierte Befestigungswerk geht auf ihn zurück: das Danewerk («Waldemarsmauer») bei Schleswig. In der Zeit der Waldemare entstand ein Großreich. Dänemark sollte ab jetzt und für mehrere Jahrhunderte durch dynastische und politische Vernetzungen eine wichtige Rolle im europäischen Konzert der Mächte spielen.

Waldemar II., jüngster Sohn von Waldemar und Sophie, eroberte zusammen mit seinem Bruder, Knud VI., Holstein, Mecklenburg, Pommern und Pommerellen; Lübeck und Hamburg erkannten seine Herrschaft an, ab 1219 griff er auf Estland über, auf Schweden und Norwegen, bis er schließlich 1225 gefangen gesetzt wurde und die dänische Großmacht damit zusammenbrach. Die Schlacht von Bornhöved vom 22. Juli 1227, die er verlor, steht in ihrer symbolischen Bedeutung auf einer Ebene mit der Schlacht auf dem Amselfeld vom 15. Juni 1389, der serbischen Niederlage gegen die Osmanen, und mit der vom Deutschen Orden verlorenen Schlacht bei Tannenberg vom 15. Juli 1410, dem Anfang vom Ende seiner Herrschaft in Ostpreußen: Die Niederlage wird zu einem Mythos vom Heldentum gegen den überlegenen äußeren Feind zu einem inneren Triumph verklärt. Mit Bornhöved endet die dänische Oberherrschaft in Holstein und Mecklenburg.

Waldemar steht aber noch für eine andere ganz wesentliche politische und juristische Entwicklung Dänemarks: Er ließ ein Steuererfassungsbuch anlegen, eine erste königliche Buchführung sozusagen. Und es wurden die ersten dänischen Gesetzesbücher verfasst: das *Skånske Lov* (Schonische Recht), das *Sjællandske Lov* (Seeländische Recht) und 1241 das bedeutendste, das *Jydske Lov* (Jütische Recht). Letzteres blieb im Landesteil Schleswig bis zur Einführung des Bürgerlichen Gesetzbuches im Jahr 1900 in Kraft.

Mit dem Jütischen Recht ist im Norden erstmals eine Tradition dokumentiert, die eine auf Freiheit und Gleichheit fundierte Gesellschaftsordnung rechtlich und auch politisch begründete. In der Folgezeit, insbesondere dann im 19. Jahrhundert, eignete sich diese Konstruktion hervorragend zur rhetorischen Verdeutlichung der Besonderheiten des skandinavischen Politik- und Demokratiemodells, welches den Norden vom übrigen Europa unterscheidet – als die kritisch-historische Nachfrage eher die Ausnahme denn die Regel war. Wesentlich ist, dass das nordische Rechtssystem in seiner Naturrechtstradition von «ererbten» Freiheitsrechten spricht, nicht von «angeborenen». Im Jütischen Recht von 1241 – und in den zahlreichen Landschaftsrechten des übrigen Skandinavien – heißt es entsprechend:

«Das Gesetz soll ehrbar, rechtlich und duldsam sein, nach Landesgewohnheit bequem und nützlich und deutlich, sodass alle Menschen erkennen und verstehen können, was das Gesetz sagt. Das Gesetz soll nicht gemacht und geschrieben werden nach dem sonderlichen Wunsch irgendeines Menschen, sondern für den Nutzen aller Menschen, die im Lande wohnen ... Das Gesetz, das der König gibt und das Land annimmt, das kann er auch nicht ändern oder abschaffen ohne Willen des Landes, es sei denn, er ist offensichtlich gegen Gott.»

Was ganz konkret damit gemeint ist, sagt der berühmte erste Satz dieses Jütischen Rechts, er gehört zum Traditionsbestand von Recht und politischer Ordnung im Norden, er steht in fast allen mittelalterlichen Rechtstexten und gehört zu den Selbstverständlichkeiten von Rechts- und Politikpraxis bis heute, er prangt über dem Portal des Obersten Gerichts Dänemarks, markiert damit den Grundsatz von Recht und Politik: *Mit dem Gesetz soll man das Land bauen.* Nicht die Willkürherrschaft eines Einzelnen, sondern die überlieferte, von allen verstehbare und nachvollziehbare Tradition bildet die Grundlage des Gemeinschaftslebens.

Wie ein Mantra zieht sich durch die dänische politische Rhetorik der Bezug auf die rechtliche und demokratische Verfasstheit dänischer Politik *und* auf die gelebte Demokratie bis in die letzten Winkel des gesellschaftlichen Lebens. Der nicht reibungslose, aber am Ende friedliche Übergang vom Absolutismus zur Demokratie 1849, schon als «samtene Revolution» bezeichnet, gehört dazu, der als «Systemwechsel» bezeichnete Übergang zum Parlamentarismus 1901 und die friedliche Bewältigung der politischen, vor allem aber ökonomischen Krise der 1930er-Jahre.

Aber auch weiter zurückreichende Daten sind für die Legitimität politischer Herrschaft noch heute von Bedeutung: Die 1282 beginnende Tradition der «Handfesten», die durchaus in Fortsetzung des Jütischen Rechts zu sehen sind, in denen die Könige erstmals Freiheitsrechte garantierten, zum Beispiel, dass niemand ohne gerichtliche Verurteilung gefangen gehalten werden darf – eine Tradition, die mit der englischen *Magna Carta Libertatum* von 1215 vergleichbar ist. Dänemark ist auch das einzige europäische Land, in dem der Absolutismus mit einem förmlichen Gesetz eingeführt wird, der *Lex Regia* («Kongeloven») von 1660/65; das Gottesgnadentum der Monarchen war, sehr stark vereinfacht, mit Zustimmung der Stände in einer Abstimmung zugestanden – was ja eigentlich dem Gottesgnadentum widersprach. Die Handfesten bestimmen eine Tradition der Rechtssicherheit. Die erste demokratische Verfassung von 1849 wurde am 5. Juni verkündet, seither ist dies dänischer Nationalfeiertag, seither werden Verfassungsänderungen immer auf diesen Tag datiert: 1863, 1866, 1915 und 1953.

### VERFASSUNG UND VERFASSUNGSWIRKLICHKEIT

Die letzte Revision der dänischen Verfassung datiert aus dem Jahre 1953, als unter anderem die Erste Kammer des Parlamentes (*landsting*) abgeschafft und die weibliche Erbfolge auf den Thron eingeführt wurde – Margrethes Vater, Frederik IX., hatte drei Töchter, keinen Sohn. Auf den Sprachgebrauch hat die Einführung der weiblichen Erbfolge allerdings keinen Einfluss gehabt: Im Text wird durchgehend die männliche Form benutzt, ausschließlich vom «König», vom «Thronfolger» gesprochen. Er war insofern bereits 1953 *political incorrect*. Die Änderungen betreffen allenfalls ein Drittel des Textes, die überwiegende Substanz stammt vom «Grundgesetz», so die offizielle Bezeichnung des Jahres 1849. Betrachtet man die politische Wirklichkeit des Landes und die Wirkweisen des politischen Systems vor dem Hintergrund dieser in ihren wesentlichen Bestimmungen noch heute gültigen Verfassung, so tut sich eine erhebliche Kluft auf zwischen dem Regelwerk und der politischen Realität. Zu einem guten Teil – und das aus politischer Klugheit – ist diese Kluft von Margrethe selbst noch vergrößert worden, indem sie auf die monarchische Prärogative verzichtet und politische Symbole verändert, sie der Zeit angepasst hat.

Das «Grundgesetz» ist ein sehr kompaktes und zugleich vorbildlich knappes Schriftstück mit nur neun Kapiteln und 89 Paragraphen. Gleichwohl: Die Lektüre des Verfassungstextes lässt diesen als hoffnungslos veraltet erscheinen, nicht nur im Hinblick auf Rechte und Pflichten der Königin: Zum Beispiel werden die politischen Parteien überhaupt nicht erwähnt, von Volksherrschaft ist ebenfalls nicht die Rede; das Wort «König» kommt hingegen 36-mal vor, die

Bürger- und Menschenrechte stehen erst ganz am Ende des Kodex. Man kann diesen monarchischen Überfluss mit der Irritation der Verfassungsväter erklären, die zur Mitte des 19. Jahrhunderts, am Ende des Konglomeratstaates, die schwindende politische Macht des Königs in irgendeiner Weise kompensieren mussten, aber nicht recht wussten, wie.

Das Regierungssystem wird als «beschränkt monarchisch» bezeichnet, die Königsmacht vererbt sich auf Männer und Frauen (Paragraph 2); König und Parlament (*folketing*) bilden gemeinsam die Legislative, der König stellt die Exekutive dar (Paragraph 3). Bereits in Paragraph 6 ist bestimmt – und dieses ist eine, wenn nicht *die* unumstößlichste Verpflichtung für den Monarchen –, dass der König der evangelisch-lutherischen Kirche anzugehören hat, weil er Oberhaupt der Staatskirche ist, die in Dänemark seit der Abschaffung des Absolutismus mit der Verfassung von 1849 «Volkskirche» heißt. Die Königin bestimmt über den Glauben, ernennt die Bischöfe. In Schweden wurde mit dem Jahr 2000 das Staatskirchentum abgeschafft, in Norwegen diskutiert man darüber – in Dänemark hingegen gibt es keine Anzeichen für eine Revision dieses seit der Reformation im 16. Jahrhundert geltenden Zustands.

Dass, wie es im Grundgesetz formuliert ist, das Staatsoberhaupt die exekutive Gewalt ist, hat heute nur mehr formale Bedeutung: «Der König hat ... die höchste Gewalt in allen Angelegenheiten des Königreiches und übt diese durch die Minister aus.» (Paragraph 12) In der politischen Wirklichkeit ist es allerdings so, dass die Monarchin an praktisch keinen politischen Entscheidungen teilnimmt, sie ist – nicht mehr und nicht weniger – die symbolisierte Staatsgewalt, im konkreten dänischen Falle: Leviathan als Frau, thronend in einer der demokratischsten Gesellschaften der Welt, deren politischer Alltag Stabilität gewinnt durch die Balance einer Vielzahl von konkurrierenden politischen Parteien – davon aber ist in der Verfassung nicht die Rede. Die Königin symbolisiert und repräsentiert die maternalistische/paternalistische gute und effektive dänische

Regierung in einer chaotischen, parlamentarisch-gesellschaftlichen Welt.

Die Minister, die im Namen des Monarchen agieren, sind verantwortlich, der Regent selber ist es nicht. Der König ist sakrosankt, aller Verantwortung frei, ist immun (Paragraph 13). Der folgende Paragraph liest sich wie aus absolutistischen Zeiten übernommen und keineswegs den demokratisch-konstitutionellen Gepflogenheiten angepasst, die bereits im Jahre 1953 gegolten haben: «Der König ernennt und entlässt den Staatsminister und die übrigen Minister. Er bestimmt ihre Anzahl und die Verteilung der Geschäfte» unter ihnen (Paragraph 14) – «Staatsminister» heißt der Regierungschef in Skandinavien, im Deutschen würde man ihn als «Ministerpräsident» bezeichnen. Nach der Verfassung ist es zudem der König, der das Parlament auflöst und Neuwahlen ausschreibt (Paragraph 32). Auch hier tut die Verfassung so, als gäbe es keine parlamentarischen Prozesse und parteilichen Auseinandersetzungen.

Frederik IX. hat sich noch relativ dicht an diesen Paragraphen entlang verhalten; Margrethe dagegen lässt sich nach Parlamentswahlen von den Parteisprechern, die in der Verfassung nicht vorkommen, informieren und nominiert formal einen Verhandlungsführer für die Regierungsbildung. Die Politik verhandelt also über die neue Regierung und den Regierungschef ohne das Staatsoberhaupt; die Politik nimmt eine Informationspflicht gegenüber der Monarchin wahr, wovon auch nichts in der Verfassung steht, die Regentin hält sich im Gegenzug an die politische Kräfteverteilung, ihre Rolle bei der Regierungsbildung ist also eine neutrale, mediatisierende. Dieses Verfahren wird in Dänemark seit dem politischen «Systemwechsel» von 1901 praktiziert, als der Übergang von der etwa 30-jährigen autoritären Monarchenherrschaft gegen die Parlamentsmehrheit zur liberalen parlamentarischen Regierungsform mit Ministerverantwortung gegenüber dem Parlament tatsächlich vollzogen wurde. Der revolutionäre Prozess, der um die Jahrhundertwende zum Parlamentarismus führte und seither dauerhaft praktiziert wird, wurde nur zweimal in den folgenden hundert Jahren durchbrochen: in der sogenannten Osterkrise von 1920, als der Monarch, Margrethes Großvater, erfolglos zu einer Regentschaft gegen das Parlament zurückzukehren versuchte, und während der Zeit der deutschen Besetzung 1940 bis 1945, als überhaupt keine eigenständige Politik betrieben werden konnte, sondern die simple Anpassung an die Besatzungsgegebenheiten die Realität bestimmte – die Macht hatten andere.

Zur Besonderheit des dänischen politischen Systems – wie dem der anderen skandinavischen Länder – gehört die Institution des «Staatsrates». Er umfasst die gesamte Exekutive, also den Ministerpräsidenten und die Minister einschließlich des Monarchen und des Thronfolgers (Paragraph 17). Im Staatsrat werden alle Regierungsgeschäfte verhandelt. Es sind dies aber eher formelle Akte. Das eigentliche Regierungsgeschehen findet woanders statt: bei informellen Mittagessen, auf den Fluren der Ministerien, in der Lobby des Parlamentes, aber auch im «Ministerrat», dem Kabinett im gebräuchlichen Sinne, der in Abwesenheit des Königs verhandelt und Beschlüsse fasst. Im Staatsrat und im Ministerrat wird Protokoll geführt, bei den anderen Versammlungen nicht unbedingt. Auch für die auswärtige Politik ist der König nach der Verfassung zuständig und verantwortlich, allerdings kann er nur mit der Zustimmung des Parlamentes handeln (Paragraph 19).

## POLITISCHE KULTUR UND MONARCHISCHER STIL

Diese im Kontext des modernen Parlamentarismus auffallende Diskrepanz zwischen Verfassung und politischer Wirklichkeit wird nur vor dem Hintergrund begreiflich, dass die politische Praxis der skandinavischen Länder insgesamt eine andere ist als die vergleichbarer moderner Verfassungsstaaten. Begriffe im Grundgesetz wie «der König», «der Staatsrat», «der Ministerrat» stehen als Substitute für den Begriff «Staat», der der politischen Kultur Nordeuropas fremd ist, erst recht in seiner rechtspositivistischen, seit Hegel geltenden deutschen

Tradition. Eine Figur wie «Vater Staat» ist in Skandinavien undenkbar. In älteren Texten findet man den Staatsbegriff so gut wie gar nicht, dort ist vielmehr vom «König» die Rede, wenn «der Staat» gemeint ist. Damit konnte der Steuereintreiber gemeint sein oder der das Einwohnerregister verwaltende Pastor, immer eine konkrete Person, keine abstrakte. Die Hobbes'sche Anthropomorphisierung staatlicher Gewalt in einer Person ist dem skandinavischen Verständnis von Politik also gar nicht so fremd. In moderneren Zusammenhängen – und das kann man bei den Philosophen bereits im 19. Jahrhundert lesen – ist das Denken in staatlichen, institutionellen Bezügen in dem Begriff «Gesellschaft», ja im Begriff der «Gemeinschaft» eingeschlossen – *samfund, selskab*. Der Staat, das sind wir, die Gemeinschaft der BürgerInnen und Bürger!

Zur Anthropomorphisierung von Politik kommt in Dänemark ganz zweifellos die Humanisierung von Politik, wenn man menschliche Nähe und demokratische Entscheidungsrituale so nennen darf. Schon Großvater und Vater der heutigen Monarchin zeichneten sich durch ihre Volksnähe aus. Vom Großvater Christian X., der auch während der deutschen Besetzung ohne Begleitung auf dem Pferd durch Kopenhagen ritt, sind hohe Popularitätswerte überliefert. Dass er sich allerdings den Judenstern aus Loyalität mit den Verfolgten und Geächteten ans Revers gesteckt bzw. damit gedroht habe, selbiges öffentlich zu tun, ist ein hartnäckig kolportiertes Gerücht – aber wenn auch unwahr, so ist es doch eine hübsche Geschichte.

Auch sein Sohn Frederik IX. war ein volksnaher Landesvater, in seiner Jugend zur See gefahren, daher üppig tätowiert, wie man tuschelte, war insbesondere als (heimlicher) Konzertdirigent hoch geschätzt. Margrethe hat sich als studierte Archäologin und dilettierende Wissenschaftlerin, insbesondere aber als Künstlerin höchsten Respekt auch in dänischen Fachkreisen erworben; ihre Buchillustrationen, Bühnenbilder und Kostüme sind von hohem ästhetischen Wert. Wenn ihre Ansprache zu Neujahr übertragen wird, sitzt buchstäblich ganz Dänemark vor den Geräten, die Zeitungen drucken die Rede ab, und es hebt alljährlich ein öffentlicher Diskurs über ihre Botschaften an. In eine Metapher gekleidet: Die Überlebensgarantie der königlich dänischen Monarchie liegt darin, dass sie glaubhaft auf dem Fahrrad (oder dem Pferd) daherkommt, nicht im Rolls-Royce.

## DIE ZUKUNFT DER DÄNISCHEN MONARCHIE

Die Monarchie abzuschaffen gehört als Forderung zum programmatischen Ritual der politischen Parteien des linken Spektrums, einschließlich der Sozialdemokraten seit ihrer Gründung 1871 – aber eben nur, wenn man in die Programme schaut. Politische Mehrheiten hätten sich im Parlament für den Wechsel der Regierungsform in den letzten Jahrzehnten gegebenenfalls finden lassen, wenn, ja wenn die Parteien ihre Forderung ernst gemeint hätten. Es sind aber noch nicht einmal Versuche in dieser Richtung unternommen worden, was man als ein politisches Paradox traditioneller Demokratien bezeichnen muss. Eine Abschaffung der Monarchie wäre auch politisch zu keinem Zeitpunkt vermittelbar gewesen. Mit ironischem Unterton spricht man im Lande daher von der «königlich dänischen Sozialdemokratie».

Symbolik hin oder her – das politische Verhalten der Könige und des Königshauses in der jüngeren Vergangenheit hat mit großer Sicherheit die Überlebenskraft der dänischen Monarchie gestärkt. Damit ist nicht nur die ganz offensichtlich gesuchte Volksnähe gemeint, nicht nur beispielsweise das unvergessene Verhalten Christians X. während der deutschen Besetzung, sondern auch die Tatsache, die in der politischen Rhetorik allerdings gern überhöht wird, dass der Demokratisierungsprozess dänischer Politik und Gesellschaft in den letzten etwa 150 Jahren durch die Monarchen nicht oder nur selten infrage gestellt oder behindert wurde – ganz im Gegensatz zu anderen Nationen. Und auch in diesem Zusammenhang hat das dänische Königshaus zumindest symbolisch vorgesorgt: Nur drei Namen stehen in neuerer Zeit für das Staatsoberhaupt zur Verfügung: Chris-

Die dänische Königsfamilie auf dem Balkon von Schloss Amalienborg im Mai 2008.
(v. li.: Prinz Henrik, Kronprinzessin Mary, Kronprinz Frederik, Königin Margrethe)

tian, Frederik oder Margrethe, die beiden männlichen Namen immer im Wechsel.

Margrethes wirklich große Vorgängerin gleichen Namens, die einzige Frau auf dem dänischen Thron vor ihr, war die zentrale Einigungsgestalt, die die drei Reiche Norwegen, Schweden und Dänemark in der Kalmarer Union (1397–1523) zusammenführte. Margrete I. (1353–1412) war eine begnadete, machtbewusste Persönlichkeit. Sie wirft noch auf ihre heute «regierende» Nachfolgerin politischen Glanz. Das dänische Königshaus gehört inzwischen – kein Zweifel – zum festen Berichterstattungsreservoir der internationalen *Yellow Press*, an ihr kann man die monarchischen Trivialisierungen und medialen Hagiografisierungen ablesen.

Die nachweisliche Kraft zur Erneuerung, die Fähigkeit zur politischen Anpassung, nicht zuletzt das glaubhaft vorgelebte Verantwortungsbewusstsein für das Gemeinwesen (es gibt – fast – keine Skandale im dänischen Königshaus) lassen es als höchst unwahrscheinlich erscheinen, dass in absehbarer Zeit ein Wechsel der Staatsform stattfinden wird. Volksnähe und Popularität sind durch die Verheiratung der beiden Söhne mit Bürgerlichen noch einmal verstärkt worden. Die applaudierenden, ja jubelnden Massen werden es auch in Zukunft verhindern, dass die Politik die Monarchie abzuschaffen versucht.

Zum 50. Geburtstag Margrethes schrieb 1990 die linksgerichtete Tageszeitung «Information» in einem ausführlichen Leitartikel, dass sich die Republikfrage mangels Alternative nicht stelle: Vorstellbare Kandidaten für das Präsidentenamt umgibt die Aura der Mediokrität, «M2» überstrahlt sie als geistige und moralische Autorität weit. Sie ist eine starke und symbolgesättigte Personifizierung des Dänischen; mit ihrer Thronbesteigung ausgerechnet im dänischen Europajahr 1972 wurde die Monarchie zur nationalromantischen Alternative des Europaprojekts: Wer gegen Europa ist, und das ist in Dänemark ein mehrheitsverdächtiger Anteil der Bevölkerung, *muss* Monarchist sein, das schließt ironischerweise die Linke, selbst Maoisten, ein. Wenn Dänemark *im Prinzip* den Gedanken des Nationalstaates 1973 mit dem Beitritt zur EG aufgegeben hat, dann wird das protestantische Königshaus in Kopenhagen zur demokratisch-liberalen Vision vis-à-vis dem kapitalistisch-katholischen-bürokratischen Brüssel ... Dass kaum ein europäisches Königshaus «europäischer» ist als das dänische, erscheint im politischen Alltag nicht einmal als eine ironische Pointe. Margrethe ist mit einem Abkömmling aus niederem französischen Adel verheiratet!

Seit 2004 liegt dem Parlament, mit gelegentlichen Verweisen auf Schweden und Norwegen, ein Vorschlag der Linksparteien zur Totalrevision der dänischen Verfassung vor, der wie folgt begründet wird:

«Das dänische Grundgesetz ist für ein demokratisches Land das unzeitgemäßeste. Der Abstand zwischen dem Grundgesetz, wie es 1953 geschrieben wurde, und dem, was die Verfassung Dänemarks [heute] ausmacht, ist sehr groß.»

Es wird im erläuternden Text darauf verwiesen, dass «König» im gültigen Grundgesetz in der Mehrzahl der Fundstellen «Regierung» meint und dass schon aus diesem Grunde die Unzeitgemäßheit erwiesen sei. Der Monarchie sollen mit der Revision alle politischen Funktionen genommen werden; der Monarch wird, dem Vorschlag folgend, keine Gesetze mehr unterschreiben, er wird nicht mehr im Staatsrat sitzen, mit der Regierungsbildung wird er nichts mehr zu tun haben – mit anderen Worten: Der Text soll der Verfassungswirklichkeit entsprechen. Interessant ist nun allerdings die Kompromissbereitschaft der Antrag stellenden, antimonarchistischen Politikerinnen und Politiker. Sie denken (und schreiben) nämlich im Hinblick auf die Monarchie radikal, trauen sich aber nicht, radikale Beschlüsse durchzusetzen. Der Passus sei hier in extenso zitiert:

«Die Monarchie ist in jeder Hinsicht unzeitgemäß. Die Monarchie ist ein Anachronismus in einer demokratischen Gesellschaft. Das einzig Logische heute wäre, die Republik einzuführen. Aber die Abschaffung der Monarchie ist nicht besonders aktuell – nicht weil es nicht richtig wäre, sondern weil die Zustimmung zur Monarchie in Dänemark überwiegt. Die Abschaffung der Monarchie ist auch nicht wesentlich im Verhältnis zu einer Reihe anderer Fragen, die viel wichtiger sind in Verbindung mit einer Änderung des Grundgesetzes ...»

Wenn die Wählerinnen und Wähler nicht so wollen, wie die Politikerinnen und Politiker denken, dann gibt sich die Politik also antizipierend selbst auf. Allerdings könnte in zwei Generationen die Situation eintreten, dass Entscheidungszwang aufkommt, weil es keinen Thronfolger gibt. Dann und nur dann, so schlagen die Initiatoren vor, muss es eine Volksabstimmung über die Einführung der Republik geben, wie dies in Norwegen bereits einmal stattgefunden hat – 1905, damals entschieden die Norweger sich für die Monarchie.

Das Paradox, dass sechs der ältesten und vitalsten Monarchien ausgerechnet im nördlichen Europa liegen, in der Weltregion, die am weitesten demokratisch-parlamentarisch entwickelt, am politisch stabilsten und am wohlhabendsten ist, belegt trefflich, dass Politik mehr ist als Wirtschaft, Verfahren und Institutionen. Politik hat auch mit Riten, Symbolen und Metaphern zu tun – mit Sprache und mit Bildern. Die Künstlerin auf dem dänischen Thron lebt dieses vor.

# 4 ZU GROSS FÜR DÄNEMARK?

## VON EINER AGRARGESELLSCHAFT …

Dänemark ist mit 129 Einwohnern pro Quadratkilometer das am dichtesten besiedelte Land Nordeuropas (in Norwegen kommen nur 15 Einwohner auf einen Quadratkilometer, in Schweden 22). Bis zur Mitte der 50er-Jahre des 20. Jahrhunderts war Dänemark ein Agrarland, wenn man die Beschäftigtenzahlen oder die Anteile am Bruttosozialprodukt zugrunde legt; erst dann – und dies ist im internationalen, westlichen Vergleich sehr spät – holte der Industriesektor auf und überflügelte den primären Sektor. Die industrielle Wertschöpfung war aber weiterhin sehr stark agrarisch orientiert: Konservenindustrie, Verarbeitung landwirtschaftlicher Erzeugnisse und landwirtschaftlicher Maschinenbau, einschließlich der diesbezüglichen Dienstleistungen.

Nur 1,6 Prozent der nationalen Wertschöpfung kommen noch aus der Landwirtschaft, 26,3 Prozent aus der Industrie und 72,1 Prozent aus dem Servicesektor. Drei Prozent der Erwerbstätigen arbeiten in der Landwirtschaft, 21 Prozent in der Industrie, 76 Prozent in Dienstleistungsunternehmen. Gleichwohl haben sich in der dänischen Bevölkerung noch viele Verhaltens- und Wertorientierungen bewahrt, die so recht nicht zu einer Industrie- und Dienstleistungsgesellschaft passen. Und auch das Image, das Dänemark im Ausland hat, ist noch stark geprägt von der Vorstellung, die Landwirtschaft sei die wesentliche Wirtschaftsgrundlage. Übrigens werden die Wälder Dänemarks nicht forstwirtschaftlich genutzt, sie sind Naturreservate.

Heute leben 86 Prozent der dänischen Bevölkerung in Städten – wobei «Stadt» hier eher eine Kleinstadt meint. Dänemark ist inzwischen zu einer hoch industrialisierten Dienstleistungsgesellschaft geworden, deren Wertschöpfung durch Veredelung geprägt ist, und zwar nicht nur in der landwirtschaftlichen Produktion. Die dänische Wirtschaftsstruktur ist eine klassisch mittelständische und daher im Grunde eine wenig aufregende – wenn man davon absieht, dass die dänische Wirtschaft hoch spezialisiert und exportstark ist und technologisch zur Weltspitze gehört. Exportiert werden landwirtschaftliche Erzeugnisse wie Milch- und Fleischprodukte, Fisch, Möbel, chemische Produkte, Maschinen, Textilien; drei Viertel des gesamten Exports machen Maschinen und Industrieprodukte aus. Importiert werden Erdöl, Fahrzeuge und Maschinen sowie Papier. Haupthandelspartner sind nach der Bundesrepublik Deutschland (2007: 17 Prozent Exportanteil, 22 Prozent Import) Großbritannien, die nordischen Länder und die Vereinigten Staaten. Knapp 70 Prozent des Exports gehen in die EU-Staaten, beim Import sind es 74 Prozent. Dänemark, immer schon ohne nennenswerte Bodenschätze, ohne Kohle und Erzvorkommen, ist heute Zulieferer für alle großen Volkswirtschaften und produzierenden Gesellschaften. Die dänische Wirtschaft ist integriert in die Strukturen der europäischen Wirtschaft, ist aber auch – in beschränktem Maße sicherlich – ein Global Player. Wenn die Produktbeschreibung auf einem drahtlosen Kommunikationssystem lautet: «Danish Interpretation Systems. Danish Design & Quality» und dann der Nachsatz folgt: «Made in China», so ist damit die Integration des Landes in das weltweite Wirtschaftssystem treffend beschrieben.

Dänemark importiert Rohstoffe, die es selbst nicht besitzt, und exportiert Fertigprodukte. Dazwischen liegt die Veredelung, fast möchte man sagen, dies war schon immer so: Dänemark produzierte Getreide, veredelte dieses zu Milch- und Fleischprodukten, die dann exportiert wurden und werden. Dass zudem auch «dänische» Produktionsstätten heute im fernöstlichen Ausland (und nicht nur dort) liegen, kann als Beweis dafür gedeutet werden, dass Dänemark immer schon vom Handel abhängig war und es dies heute erst recht ist. Dänemark ist auf das Ausland angewiesen, in Außenwirtschaftsstrukturen eingebunden und daher auf eine größtmögliche Freizügigkeit des Handels orientiert. Die britische Dominanz in der dänischen Handelsbilanz hatte früher eine für Dänemark irritierende ideologische Gegenseite, neigte doch die britische Wirtschaftspolitik eher dem Protektionismus zu, war jedenfalls nicht auf größtmögliche Freizügigkeit ausgerichtet. Vor diesem ideologischen, natürlich interessegeleiteten Hintergrund müssen die Verschiebungen in der dänischen Außenhandelsbilanz nach dem Beitritt zur Europäischen Gemeinschaft 1973 gesehen werden. Seither ist die dänische Wirtschaft in besonderem Maße nicht nur mit der deutschen verflochten, sondern geradezu von ihr abhängig. So wie sich die dänische Wirtschaft in den letzten Jahren im Takt mit der deutschen zunehmend erholte, so wird sie auch zukünftig an diese gebunden sein – schon aufgrund ihrer schieren Größe.

Dänemark hat keine eigene Autoindustrie, arbeitet aber weltweit den Autobauern zu – wenn Mercedes oder Volkswagen husten, bekommt die dänische Volkswirtschaft Schnupfen. Auch hat Dänemark keine eigene Rüstungsindustrie, produziert aber relevante Komponenten für ausländische Fabriken. Positiv sind in der Wirtschaftsbilanz seit einigen Jahren die Gas- und Ölvorkommen in der Nordsee zu Buche geschlagen. Die Hälfte des inländischen Energiebedarfs kann das Land selbst decken, der Windenergieanteil deckt mittlerweile 20 Prozent des eigenen Stromverbrauchs.

### … ZUR GLOBALISIERUNG

Dänemark ist, wie gesagt, das Land der kleinen und der mittelgroßen Unternehmen. Es gibt nur wenige wirklich auffallende dänische Global Player: A. P. Møller-Mærsk ist einer der richtig Großen. Das *Manager-Magazin* titelte 2006 über den Konzern: «Zu groß für Dänemark?» Das Konglomerat mit vielen Tochterunternehmen und Stiftungen ist (mit Schachtelbeteiligungen) im Familienbesitz, beschäftigt weltweit 110 000 Mitarbeiter, machte 2007 einen Umsatz von 37,4 Milliarden Euro und einen Reingewinn von ca. 2,5 Milliarden Euro. Der Konzernumsatz entspricht etwa zehn Prozent des dänischen Bruttosozialproduktes.

Im Juni 2008 feierte der Firmenchef Mærsk Mc-Kinney Møller seinen 95. Geburtstag, ein Ereignis von nationaler Bedeutung, denn der Patriarch steht einem Unternehmen vor, das nur in Superlativen beschreibbar ist: größtes Unternehmen Dänemarks, größte Schiffscontainerreederei der Welt, zweitgrößtes globales Logistikunternehmen (nach der Deutschen Post), führender dänischer Supermarktbetreiber («Netto», mit Filialen in Deutschland, Polen und Schweden), eine Fluggesellschaft gehörte einmal zum Konzern, aber auch die Stralsunder Volkswerft ... Der Jubilar ist der reichste Mann Dänemarks. 2008 besaß er 17,8 Milliarden Euro. Das Unternehmen wurde 1904 in Svendborg als Dampfschifffahrtsgesellschaft von Peter Mærsk Møller und seinem Sohn Arnold Peter Møller gegründet. 1962 erhielt die Firma die Konzession zur Ausbeutung der dänischen Öl- und Gasvorkommen in der Nordsee und hält seither das Monopol. 1964 wurden die Geschäftsaktivitäten auf den Einzelhandel ausgeweitet, und 1974 begann für das Unternehmen das Containerzeitalter. Die weltweite Wirtschaftskrise hat 2008 dem Konzern einigen Kummer bereitet, er wird in kurzer Zeit auch nicht weniger werden – die Frachtraten und die Containernachfrage befinden sich im Keller, Prognosen sind nur noch Makulatur. Die Reedereien sind von der Krise mit am härtesten betroffen, auch Mærsk hat 2008 Teile seiner Flotte stillgelegt.

Der Einstieg in die Ölförderung in der Nordsee, erst recht aber der Einstieg in die Containerschifffahrt waren mit hohem Risiko behaftete Aktivitäten, viele Warnungen wurden ausgesprochen – doch die Geschäfte liefen prächtig, so prächtig, dass Mærsk Mc-Kinney Møller zu einem der wichtigsten nationalen Stifter wurde. Zuletzt spendierte er 2005 der Stadt Kopenhagen für 335 Millionen Euro ein neues Opernhaus vis-à-vis dem königlichen Schloss Amalienborg, neben dem 1979 die Konzernzentrale errichtet wurde. Der prächtige Bau, dessen Ausgestaltung ohne Ausschreibung und Wettbewerb von Møller selbst entschieden wurde, fand nicht jedermanns Sympathie. Selbst den Architekten desavouierte der Bauherr mit seinen Eingriffen. In kaum einem Bericht über den Senior fehlt der Hinweis darauf, dass er in den späten 90er-Jahren seine Anteile an der ältesten dänischen Tageszeitung, der konservativen Berlingske Tidende, ohne lange zu fackeln verkaufte, als diese kritisch über die Kriegsgeschäfte seines Vaters berichtet hatte. Er selbst lebte in den Kriegsjahren in den Vereinigten Staaten.

2005 geriet ein anderer dänischer, multinationaler Konzern in die Schlagzeilen der Weltpresse – wegen Millionenverlusten und Boykotten in der arabischen Welt: Arla Foods, der dänisch-schwedische Molkereikonzern, war von einem Boykott durch die arabischen Staaten unmittelbar betroffen, als die Provinzzeitung *Jyllands-Posten* zwölf Mohammed-Karikaturen veröffentlichte. Die Umsatzeinbußen der Firma wurden auf mehrere hundert Millionen Euro beziffert. Arla ging 2000 aus einer dänisch-schwedischen Fusion hervor, hat seinen Sitz in Dänemark und ist heute Europas größter Produzent von Molkereiprodukten. 40 Prozent des Umsatzes werden in Dänemark und Schweden gemacht, in Großbritannien hält Arla 35 Prozent des Frischmilchmarktes, Saudi-Arabien ist der wichtigste Absatzmarkt in Übersee, mit China betreibt man ein Joint Venture. Deutschland ist der wichtigste Markt für Arla in Kontinentaleuropa. Dem deutschen Publikum dürften vielleicht die Marken Castello, Danablu, Høng, Buko, Lurpak, Havarti oder Esrom bekannt sein. Der Konzern macht einen Umsatz von sechs Milliarden Euro (2006), davon 227 Millionen in Deutschland; 18 000 Mitarbeiter weltweit erwirtschaften einen Gewinn von 125 Millionen Euro.

Zu groß für Dänemark – das wird man mit Fug und Recht auch sagen können für einen der größten Bierbrauer Europas: die Carlsberg-Gruppe mit ihren mehr als 33 000 Mitarbeitern und über sechs

Milliarden Euro Umsatz (2007). Die Firma wurde 1847 von Jacob Christian Jacobsen (1811–1887) in Kopenhagen gegründet. Heute gehören die Tetley-Brauerei in England, die Orkla-Brauerei, die Holsten-Brauerei in Deutschland dazu sowie überseeische Firmen. Die sensationellste Übernahme gelang 1970, als Carlsberg sich den Hauptkonkurrenten Tuborg einverleibte. In Deutschland ist Tuborg verbreiteter als Carlsberg, das mittlerweile in Nordeuropa Marktführer ist. Im Baltikum und in Russland hat es beherrschende Marktanteile, aber auch in vielen anderen Regionen Europas und in Übersee.

Lego, als Firma bereits 1932 gegründet, unvermeidlicher Bauklotz in den Kinderstuben seit den 60er-Jahren und über Jahre die profitabelste Firma im Lande, dürfte am ehesten als dänisches Produkt identifiziert werden. Mit knapp über 4000 Mitarbeitern machte das Unternehmen 2007 einen Umsatz von mehr als acht Milliarden Kronen (über eine Milliarde Euro). Dass Dänemark aber mit Danfoss Weltmarktführer bei Thermostaten und technischen Steuergeräten ist, einer Firma, die auch auf der deutschen Seite der Grenze produziert, dürfte sich öffentlich nicht weit herumgesprochen haben. Danfoss hat heute weltweit über 22 000 Mitarbeiter und machte 2007 einen Umsatz von knapp drei Milliarden Euro. Man wird den Konzern mit Fug und Recht als einen der innovativsten bezeichnen dürfen, das galt in der Vergangenheit für sein soziales Mitarbeiterengagement, und das gilt in der Gegenwart für die Ausrichtung der Produktion auf umweltfreundliche Komponenten, etwa für Hybridautos. Dänemark ist aber auch führend in der Entwicklung und Produktion von Hörgeräten, auf dem bio- und medizintechnologischen Sektor, bei Arzneien und pharmazeutischen Produkten. Velux, 1943 gegründet, gehört ebenso in die Klasse der Großen, ist mittlerweile ein weltweit operierender Hersteller von Dachfenstern, stellt aber auch Oberlichter und Sonnenkollektoren her.

Dänemark hat, wie gesagt, keine eigene Automobilbranche, produziert keine Waffen und verfügt über keine Atomkraftwerke. Es gibt nur eine Energie, über die Dänemark unbegrenzt verfügt und bei der

**Dänisches Design: Poul Henningsens Lampe «PH5», die zu der Standardlichtquelle der Dänen wurde.**

es das Land mittlerweile zum Marktführer gebracht hat: Wind. Die Aktiengesellschaft Vestas Wind Systems, 1945 im jütländischen Randers gegründet, verkauft seit 1979 Windenergieanlagen, beschäftigt heute mehr als 15 000 Mitarbeiter und bringt es auf einen Umsatz von 4,8 Milliarden Euro (2007). Der weltweite Marktanteil beträgt 22,8 Prozent, Tendenz steigend. In Deutschland ist Vestas Marktzweiter mit einem Anteil von 24,1 Prozent; 35 500 Anlagen, sagt die Firma, hat sie in 63 Ländern errichtet. Dänemark will bis zum Jahr 2030 die Hälfte seines Energiebedarfs aus Wind decken.

Endprodukte im hochpreisigen Segment (Georg Jensen, Königlich Porzellan, Holmegård, Bang & Olufsen) werden gerne als dänische vermarktet – es war schon immer etwas teurer, einen guten, dänischen Geschmack zu haben. So gehört es sich auch für einen ordentlichen dänischen Haushalt, dass man das eine oder andere (sehr) teure Stück anschafft, eine B&O-Anlage, Designermöbel oder -lampen. Gerade diese Sparte verweist aber auch darauf, dass die dänische Wirtschaft eine Wohlfühlökonomie ist – aufgrund des Mangels an Rohstoffen ist sie relativ sauber, Industriegebiete, wenn man solche überhaupt findet, sind in Dänemark nicht in der Weise durch Dreck und Umweltsünden belastet, wie wir dies aus den traditionellen Industrieländern kennen.

## SÜNDEN DER VERGANGENHEIT

Die wirtschaftlichen Sünden der Vergangenheit waren politische Sünden. Die dänische Gesellschaft und die dänische Wirtschaft der Nachkriegszeit waren von einer hohen Konsumfreudigkeit und einer hohen Abschreibungsmentalität gekennzeichnet: Darlehenszinsen waren direkt von der Steuerschuld abzugsfähig – womit erklärt ist, weshalb ein so unerhört hoher Anteil von Dänen in eigenen vier Wänden lebt und nicht zur Miete. Schuldenmachen lohnte sich, der Wert der eigenen Immobilie stieg mit der Inflationsrate. Diese Politik der Anreize zum Schuldenmachen und des Konsums führte sukzessive zu einer hohen Auslandsverschuldung und zu Handelsdefiziten: In den 70er-Jahren war Dänemark bekannt für seine wirtschaftlich so gut wie ausweglose Situation.

Die rigide Haushalts- und Wirtschaftspolitik eines bis 1992 regierenden bürgerlichen, konservativ geführten Kabinetts haben die Bedingungen der dänischen Ökonomie und Politik dann grundlegend verändert. Die chronische Auslandsverschuldung und die defizitären Staatsfinanzen wurden saniert, die Arbeitslosenzahlen verringert, die seit 1974 grassierende schwere Wirtschaftskrise beigelegt. Poul Schlüter, seit 1901 der erste konservative Regierungschef und als solcher über zehn Jahre im Amt, und sein liberaler Außenminister Uffe Ellemann-Jensen haben maßgeblichen Einfluss auf Politik und Gesellschaft der 90er-Jahre genommen; gleichzeitig haben sie, als sich die europäische Politik nach 1989 neu formierte, diese mit ihrer Handschrift versehen.

Die von den Schlüter-Regierungen betriebene wirtschaftliche Sanierungspolitik fand ihre Fortsetzung in den sozialpolitischen Reformen der sozialdemokratisch geführten Kabinette ab den 90er-Jahren: Aufgrund der Erfolge etwa in der Arbeitsmarktpolitik gilt Dänemark heute als ein Modell für eine postwohlfahrtsstaatliche Reformpolitik. So betrug die Arbeitslosenrate 1998 nur noch 6,9 Prozent, und die Inflation lag bei unter drei Prozent, im ersten Jahrzehnt des neuen Jahrhunderts halbierte sich die Arbeitslosenquote noch einmal. Über die Gründe dieses Erfolges wird an anderer Stelle zu sprechen sein. Hier gilt es festzuhalten, dass Dänemark sich seit den 90er-Jahren in die Spitzengruppe der europäischen Wirtschaftsnationen emporgearbeitet hat. Es zählt heute zu den weltweit reichsten Nationen, die europäischen Maastricht-Kriterien erfüllt das Land bereits seit 1998, die Voraussetzungen zur Einführung des Euro sind gegeben. Die Sünden der Vergangenheit sind längst vergeben. Von den Bremsspuren der globalen Finanz- und Wirtschaftskrise seit 2007 wird Dänemark allerdings nicht ausgenommen bleiben.

### VERGANGENE UND VERGESSENE SÜNDEN

Bis weit ins 19. Jahrhundert hinein stellte der Öresundzoll den Lebensnerv Dänemarks dar. Kriege und die höfische Lebenshaltung kosteten ihren Preis – und im Gegensatz zu den Schweden hatte man keine Kupfer-, Silber- oder Erzvorkommen, mit denen man eine europäische Expansionspolitik finanzieren konnte. Je nach der königlichen Machtstellung und den politischen Verhältnissen schwankten die Finanzen zwischen Verschwendung und Sparsamkeit, zwischen Konsolidierung und Konkurs. Noch im 12. Jahrhundert wurde Dorothea von Brandenburg, die 18-jährige Witwe des dänischen Königs Christoffer von Bayern (1140–1148), der auch die Kronen Norwegens und Schwedens auf seinem Haupt vereinte, mit dessen Nachfolger Christian I. (1148–1181) wiederverheiratet, um die Unterhaltskosten zu sparen. Im 14. Jahrhundert dagegen war bereits fast ganz Dänemark an holsteinische Grafen verpfändet. Frederik II. (1559–1588) wiederum brüstete sich, dass der zehnjährige Um- und Ausbau von Schloss Kronborg, der wohl imposanteste Renaissancebau des Nordens, den Steuerzahler nicht belastet habe, da die 430 000 Taler aus dem Öresundzoll gedeckt waren, der der königlichen Privatschatulle zufloss. Sein Nachfolger Christian IV., mit 60 Jahren Regierungszeit ist er der «dienstälteste» unter den dänischen Monarchen, schaffte dann wieder fast den Konkurs: Da er Dänemark in den Dreißigjährigen Krieg verwickelte, wurden weite

Teile des Landes geplündert und verwüstet, sogar die Königskrone musste nach Hamburg verpfändet werden. Als er das Zeitliche segnete, waren auch die Staatsfinanzen am Ende. Der Abtritt Dänemarks von der europäischen Großmachtbühne hatte sich politisch, aber eben auch finanziell vorbereitet.

Großzügig gab sich ebenfalls Frederik VI. (1808–1839), in dessen Amtszeit der Staatsbankrott von 1813 und ein Jahr später der größte Gebietsverlust des Landes, nämlich Norwegen, fielen. Seine Trösterin auf dem Wiener Kongress erhielt bis zu ihrem Tod 1891 von Dänemark eine Staatspension – sie war allerdings auch die letzte Mätresse, mit der man das monarchische Luxusleben illustrieren konnte. Überprüfbar wurden die dänischen Finanzen ab 1835, als der erste öffentliche Haushalt aufgestellt wurde (ab 1841 dann jährlich). Die Staatsschulden beliefen sich auf 260 Millionen Kronen, das Haushaltsvolumen betrug dagegen nur 28,5 Millionen Kronen, zur Schuldentilgung waren 11,5 Millionen Kronen angesetzt, also mehr als 40 Prozent des Budgets. Für die Hofhaltung waren 3,5 Millionen veranschlagt, immerhin über zwölf Prozent, aber 1835 befand man sich bereits an der Schwelle zum demokratischen Zeitalter.

### HOCHSTEUERLAND

Wie anders lesen sich die Zahlen und die Relationen heute. Seit 1997 zeigt die dänische Bilanz regelmäßig Haushaltsüberschüsse, die sich vor allem durch die Einnahmen aus dem Ölexport und den Kapitaleinkünften der Alterssicherungsfonds speisen. Bereits 2005 war die Auslandsverschuldung vollständig abgebaut; gegenüber der Vergangenheit hat sich das Blatt inzwischen komplett gewendet – Dänemark hat heute Nettoforderungen gegenüber dem Ausland.

Das dänische Bruttoinlandsprodukt belief sich 2007 auf 230,8 Milliarden Euro, pro Kopf der Bevölkerung waren das rund 42 200 Euro; fünfzig Prozent entfallen auf den Staat, 32 Prozent der Erwerbstätigen arbeiten im öffentlichen Dienst. Wie bei anderen Wohlfahrts- und Sozialstaaten westlicher Prägung auch wird der größte Teil des

Staatsbudgets für sozialpolitische Maßnahmen aufgewendet. Dänemark ist Hochsteuerland: Die Mehrwertsteuer liegt bei 25 Prozent, der Einkommens-Spitzensteuersatz bei 63 Prozent, der durchschnittliche Satz bei 45 Prozent. Es heißt, dass der Spitzensteuersatz bei relativ vielen Steuerpflichtigen zu entrichten ist. Gleichwohl ist von einer allgemeinen Steuerrebellion im Lande nichts zu merken – Ausländer stellen dies immer mit Verwunderung fest. Immerhin aber gab es in den 70er-Jahren den politisch ungemein erfolgreichen Steuerrebellen Mogens Glistrup – der wegen Steuerhinterziehung ins Gefängnis musste.

Der Flexibilität, Innovationskraft und Wettbewerbsfähigkeit der dänischen Wirtschaft hat die hohe Besteuerung keinen Abbruch getan. Der Bürger weiß, dass er für seine Steuern auch etwas geboten bekommt. Zufriedenheit und Sicherheit haben ihren Preis, sie sind aber auch wesentliche Voraussetzungen für Wohlstand und Wohlfahrt, wie sich mit einigen sozialen Besonderheiten der dänischen Gesellschaft belegen lässt.

## EIN REICHES, EIN GLÜCKLICHES LAND

Die Dänen, so stellte der Politikwissenschaftler Bent Greve Anfang des Jahrtausends fest, glauben oft, dass sie im Hinblick auf Wohlfahrt und Soziales den Weltmeistertitel innehaben – darunter kann es ja auch nicht gehen ... Er kommt dann zwar mit seinen empirischen Belegen zu dem Schluss, dass das Land in seiner Selbsteinschätzung etwas bescheidener sein sollte, aber nur etwas. Auf einigen Sozial- und Wohlfahrtsfeldern ist Dänemark in der Tat Spitzenreiter: Gleichheit, Kinderbetreuung, wenig Schadensfälle. In den OECD-Studien liegt das Land dagegen in der Regel im Mittelfeld.

Die neueste «historisch-soziologische» Veröffentlichung über «Dänemark in der Welt» beginnt unter Berufung auf sozioökonomische Untersuchungen seit Mitte der 90er-Jahre ebenfalls mit der Feststellung: «Es geht ja gut in Dänemark.» Das Land habe sich international ganz «vornehm» entwickelt, die Schlüsselzahlen zeigten stabiles Wachstum, es herrsche seit Jahren eine niedrige Arbeitslosigkeit, die soziale Ungleichheit sei gering, die Staatsfinanzen gesund und die Produktivität gut. «In materieller Hinsicht ist Dänemark ein reiches Land.» Dem Wohlstand und den wichtigsten Wirtschaftskennzahlen nach, gemessen am Bruttonationalprodukt, ist Dänemark in der Tat unter den europäischen Spitzenreitern zu finden. Global zählt es zu den 14 reichsten Nationen. Die Zusammenstellungen der Weltbank zeigen, dass das Bruttonationalprodukt von 160 Milliarden Dollar im Jahr 2000 auf 308 Milliarden Dollar im Jahr 2007 gestiegen ist, bei nur geringer Inflationsrate.

So ist es kein Wunder, dass Dänemark in internationalen Vergleichsstudien häufig auf dem ersten Platz rangiert, wenn es um Fragen der Zufriedenheit und des Glücks geht. «Lebensqualität» heißt dies in den Sozialwissenschaften. Das dänische Volk ist statistisch das glücklichste der Welt: Aber was ist Glück? 2008 veröffentlichte die Europäische Union die Ergebnisse einer Umfrage unter 30 000 EU-Bürgern in den 27 Mitgliedsstaaten. Die zentrale Frage lautete: «Alles zusammengenommen, wie glücklich würden Sie sagen, sind Sie auf einer Skala von 1 (sehr unglücklich) bis 10 (sehr glücklich)?» Die Dänen nehmen bei der Auswertung den ersten Rang auf der Glücksskala ein, die Finnen folgen ihnen gleich nach, Schweden und Norweger sind ebenfalls auf den oberen Rängen; am unglücklichsten sind die Ungarn und die Bulgaren. Die ewigen Jammerdeutschen nehmen immerhin einen mittleren Platz 14 ein. Überrascht es, dass die als temperamentlos, melancholisch und schweigsam geltenden Nordeuropäer das Ranking anführen – und die sonnigen, sanguinischen Südländer sich am Ende der Glückshierarchie einordnen? Vorwiegend gutes Wetter scheint also das Wohlbefinden nicht sonderlich zu beeinflussen. Was ist es dann?

Wohlstand und Geld spielen eine Rolle, *mehr* Geld aber nicht. Eine relativ gleiche Gesellschaft, gute Lebens- und Arbeitsbedingungen, Gesundheit, eine sinnvolle Tätigkeit, eine saubere Umwelt, geringe Kriminalität, wenig Lärm, gute, ja hervorragende Bildung –

das sind die Faktoren, die das Gefühl für eine besondere Lebensqualität bestimmen. Bildung spielt in diesem Zusammenhang sicherlich eine wichtige Rolle.

Wer sich in der Geschichte des Wohlfahrtsstaates auskennt, den kann die dänische Spitzenreiterrolle nicht überraschen. Denn abgesehen davon, dass Dänemark ein traditionell gut ausgebildetes Bildungssystem aufgebaut hat, das zudem noch auf wenig Hierarchie und nicht unbedingt auf formale Abschlüsse abstellt, ist das Land bereits seit den Anfängen des modernen Sozial- und Wohlfahrtsstaates in den Spitzenpositionen gewesen. Es wurde und wird weiterhin zwar vom «schwedischen Modell» gesprochen und geschrieben, wenn die spezifisch skandinavische Sozialpolitik gemeint ist – aber unter Experten war immer schon unumstritten, dass das dänische Sozialsystem das effektivere ist, es ist dem einzelnen Bürger am nächsten. Das gilt schon für die Anfänge in den 30er-Jahren, es gilt umso mehr nach den Reformen der 70er-Jahre: Die Sozialverwaltung ist dezentral organisiert und nicht in Sparten sortiert: Wer soziale Probleme hat – seien es Arbeitslosigkeit, Behinderung, Schulden, Pflege –, der hat es mit *einer* Betreuungsperson in *seiner Nähe* zu tun. So ist gewährleistet, dass individuelle Problemlösungen gefunden werden können, der Sozialarbeiter, die Sozialarbeiterin kennt seine/ihre Klientel.

Seit Jahrzehnten werden die Arbeitsmarktmaßnahmen in Dänemark und Deutschland nach einer offenbar unterschiedlichen Philosophie praktiziert: Über den breiten Daumen gerechnet, liegen die Ausgaben für den Arbeitsmarkt in Dänemark anteilsmäßig höher. Auch wurden die Mittel zur Bekämpfung der Arbeitslosigkeit in Dänemark zu einem höheren Anteil für aktive Maßnahmen (Qualifizierung, (Um-)Schulung, Bildung und Ähnliches) verwandt als in Deutschland. Der Anteil für passive Maßnahmen (Arbeitslosengeld o. Ä.) ist in Deutschland dementsprechend anteilsmäßig höher. 2004 wurden hier 3,46 Prozent des Bruttoinlandproduktes für arbeitsmarktpolitische Maßnahmen ausgegeben (davon 1,14 für aktive und

2,31 für passive Maßnahmen), in Dänemark waren es 4,49 Prozent (davon 1,83 für aktive und 2,66 für passive).

Schon in den 80er- und 90er-Jahren konnte man zu dem Schluss kommen, dass die aktive Arbeitsmarktpolitik Dänemarks bei der Bekämpfung der Arbeitslosigkeit erfolgreicher war als die passive in Deutschland. Die Arbeitslosenquote war jedenfalls erheblich niedriger. 2004 nahmen 24,6 Prozent der dänischen 25- bis 64-jährigen an einer Weiterbildungsmaßnahme teil, in Deutschland waren es nur sechs Prozent (der EU-15-Durchschnitt betrug 10,1 Prozent). Anteilig waren in Dänemark mehr Menschen in Arbeit: Etwas unterhalb von 80 Prozent der 16- bis 66-jährigen nehmen am Arbeitsmarkt teil, die dänische Beschäftigungsquote zählt damit zu den höchsten in Europa.

Zur aktiven Steuerung des Arbeitsmarktes kommt hinzu, dass das weibliche Arbeitskräftepotenzial in Dänemark, aber auch in allen anderen nordeuropäischen Ländern besser ausgeschöpft wird als im Süden. Der Anteil männlicher und weiblicher Arbeitskräfte ist deutlicher angeglichen, als es in Deutschland oder gar in Europa der Fall ist: Die Erwerbsquote der Frauen liegt bei 80 Prozent, das sind nur etwa vier Prozent weniger als bei den Männern, wobei weniger als ein Viertel in Teilzeitverhältnissen arbeitet; und Mutterschaft hat nur eine marginale Folge für die Beschäftigungsquote – knapp 90 Prozent der Frauen mit einem Kind nehmen am Erwerbsleben teil. Das setzt natürlich auch eine aktive, die Frauenerwerbstätigkeit unterstützende Arbeitsmarktpolitik voraus. Im internationalen Vergleich kann Dänemark exorbitant hohe Betreuungsrelationen für Kinder vorweisen; bereits Mitte der 90er-Jahre hatte der Ministerpräsident einen Betreuungsplatz für alle Kinder zugesagt. – Was für Frauen gilt, gilt auch für ältere Arbeitnehmer: Waren in Deutschland 2005 nur 46 Prozent der Arbeitsbevölkerung tatsächlich in abhängigen Arbeitsverhältnissen beschäftigt, so waren es in Dänemark immerhin 65 Prozent.

## FLEXIBLE SICHERHEIT

Diese Fakten einer aktiven Arbeitsmarktpolitik und einer relativ gleichen Teilhabe der Bevölkerung am Arbeitsmarkt muss man in Erwägung ziehen, um angesichts der Tatsache, dass heute in Dänemark 25 Prozent aller Arbeitnehmer pro Jahr den Job wechseln, nicht in Erstaunen zu verfallen. Anders gewendet: Alle vier Jahre ist, statistisch gesehen, die Belegschaft beim jeweiligen Arbeitgeber ausgewechselt. Dem Glücksgefühl der Dänen, ihrer Zufriedenheit, scheint diese hohe Mobilität keinen Abbruch getan zu haben; der Verdacht könnte sogar aufkommen, dass die Mobilität eine Voraussetzung der Zufriedenheit ist. Die Gründe hierfür sind in einem seit den frühen 90er-Jahren verwendeten Begriff zu suchen, der allerdings, das deutete ich an, auf eine lange soziale Tradition zurückgeht – und darum auf andere Länder schwer oder kaum zu übertragen ist: *Flexicurity*. Der ehemalige sozialdemokratische Ministerpräsident Poul Nyrup Rasmussen (er regierte von 1993–2001) sagt es auf diese Weise: «Moderne soziale Sicherheit bedeutet nicht, die lebenslange Erhaltung eines Arbeitsplatzes zu garantieren, sondern die Sicherung eines einfachen und schnellen Zugangs in die Beschäftigung.»

Die Politik der Flexicurity wird heute in allen europäischen Sozialministerien diskutiert, die Europäische Union stellt sie in den Mittelpunkt ihrer Sozialpolitik – ohne dass der dänische Ursprung immer deutlich wird. Arbeitspapiere werden verfasst, Strategien entwickelt, Konferenzen und Workshops dazu veranstaltet. Es scheint, dass die von den Dänen gefundene Lösung der Arbeitsmarktprobleme – und dazu zählt natürlich in erster Linie, aber nicht nur die Arbeitslosigkeit – als ein goldener Lösungsweg betrachtet wird, der auch für andere Attraktivität besitzt. Es scheint, dass die jahrelange politische und strategische Hilflosigkeit angesichts der internationalen Massenarbeitslosigkeit eine dänische Lösung gefunden hat. Seit einigen Jahren jedenfalls drehen sich die Diskussionen nicht mehr so sehr um Ideologien – von Ausnahmen abgesehen –, sondern um Interessen, die der Arbeitnehmerinnen und Arbeitnehmer, so jedenfalls in einem Bericht einer EU-Expertengruppe zur Flexicurity.

Flexibilität und Sicherheit sind zwei Säulen der dänischen Arbeitsmarktpolitik, eine dritte ist die schon erwähnte aktive Arbeitsmarktpolitik. Sie sind nicht unbedingt Gegenstand der Tarifvereinbarungen oder gar der Gesetzgebung, gleichwohl sind es natürlich die Tarifparteien und der Gesetzgeber, die die Akteure auf den sozialpolitischen Feldern stellen. Unter den Tarifpartnern herrscht aber ein politischer Konsens, der die unabdingbare Voraussetzung für das Funktionieren der Arbeitsmarktmechanismen ist: Es sind die traditionellen Umgangs- und Wertvorstellungen einer langen sozialen Praxis, die die Flexicurity funktionieren lassen. Sie gehören in ihren Grundzügen zum Kernbestand des dänischen Wohlfahrtsstaates. Wann immer die dänischen Akteure das Spezielle der Flexicurity beschreiben, heben sie insbesondere auf das Vertrauen ab, das zwischen den Tarifparteien existiert und das nur selten gestört wurde. Dass 87 Prozent der dänischen Arbeitnehmer gewerkschaftlich organisiert sind, erhöht die Legitimität der Arbeitnehmerorganisationen – in Deutschland sind es nur 28 Prozent.

Flexicurity gibt dem dänischen Arbeitgeber ein nahezu unbeschränktes Anstellungs- und Kündigungsrecht, einschließlich nicht oder selten hinterfragter betriebsbedingter Kündigungen. Es ist allgemein akzeptiert. Kündigungsschutz gibt es in Dänemark praktisch nicht, jedenfalls sind die dänischen Regelungen nicht mit denen anderer Wohlfahrts- und Sozialstaaten vergleichbar, bestenfalls «willkürliche Kündigungen» sind generell verboten. Auf der anderen Seite, sozusagen als kompensatorische Komponente, ist die soziale Sicherung des Arbeitnehmers umfassend: Er kann sich auf aktive Arbeitsmarktmaßnahmen verlassen, er wird aktiv vermittelt, gegebenenfalls weiterqualifiziert oder umgeschult. Vor allem aber sind ihm 90 Prozent seines früheren Gehalts für vier Jahre sicher, nach einem Jahr spätestens *muss* eine Qualifizierungsmaßnahme angetreten werden. Wer 75 Prozent eines Durchschnittslohnes im verarbeitenden Gewerbe verdiente, erhält im Falle der Arbeitslosigkeit 79 Prozent seines früheren Einkommens, wer doppelt so viel verdiente wie der Durchschnitt, erhält nur 37 Prozent, die niedrigeren Einkommensschichten profitieren also stärker vom System der Ersatzzahlungen als die höheren.

Kontinentalen Gewerkschaften ist diese dänische Politik ein ordoliberaler Graus, aus den Gewerkschaftshäusern im Süden schallt Kritik und Unverständnis – trotz des großen Erfolges der dänischen Arbeitsmarktpolitik, trotz der relativ niedrigen Arbeitslosenzahlen und trotz der breiten Zustimmung in der dänischen Bevölkerung: Es dauert im Durchschnitt 17 Wochen, bis ein Arbeitsloser wieder bezahlte Arbeit hat, in Deutschland sind es 40 Wochen. In Dänemark, bei 2,8 Millionen Beschäftigten, fallen jährlich 300 000 Stellen weg, 300 000 Stellen werden aber auch neu geschaffen.

Zu den besonderen Regeln des dänischen Arbeitsmarktes gehört auch, dass Gehalts- und Lohnverhandlungen in den Betrieben unter Friedenspflicht stattfinden; Mindestlöhne können vereinbart werden, einen gesetzlichen Mindestlohn gibt es aber nicht.

## SOZIALE SICHERHEIT UND VERTRAUEN

DIE ZEIT stellte 2007 fest, dass es in Dänemark *ein* Arbeitsgericht gibt – in Deutschland 103. In Dänemark würden im Jahr 400 Arbeitsgerichtsprozesse von sechs nebenamtlichen Richtern geführt, in Deutschland 147 000 – pro Jahr. Dänemark ein glückliches, ein konfliktfreies Land … Diese Zahlen, aber auch das erwähnte Glücksranking drücken aus, dass es so etwas wie ein soziales Vertrauen im Lande gibt. Die Menschen können sich darauf verlassen, dass sie in abgesicherten Verhältnissen leben. Dieses Vertrauen muss sich nicht unbedingt allein auf die politischen und sozialen Institutionen beziehen. Soziale Sicherheit meint auch verlässliche zwischenmenschliche, nachbarschaftliche Beziehungen, meint eine auf Vertrauen gegründete Gemeinschaft. Der Nobelpreisträger Daniel Kahnemann korreliert Glück und Zufriedenheit mit der Verbreitung von Korruption – je korrupter eine Gesellschaft, desto unzufriedener die Leute. In den nordischen Ländern stimmt dies: Das Vertrauen in die politischen Institutionen ist hier europaweit am höchsten, die Korruption dagegen am niedrigsten.

Mag sein, dass die nach Süden hin zunehmende Ablehnung der Flexicurity auch mit einem gewissen Druck zu tun hat, der im dänischen System angewendet wird: Nach einem Jahr Arbeitslosigkeit besteht die Pflicht, an Qualifizierungsmaßnahmen teilzunehmen, für Jugendliche bereits nach sechs Monaten. Verfügbarkeitsprüfungen und Sanktionen bei Nichtannahme von Angeboten gehören selbstverständlich zum System. Die Zahlen der Langzeitarbeitslosen und der arbeitslosen Jugendlichen sind signifikant gesunken, seit die sozialdemokratische Regierung am Ende der 90er-Jahre die Zahlungen an Arbeitslose deckelte bzw. kappte für den Fall, dass angebotene Arbeitsplätze oder Qualifizierungsmaßnahmen nicht angenommen wurden.

Die erfolgreiche dänische Arbeitsmarkt- und Wirtschaftspolitik der letzten Jahre hat ihre Spuren in den Bilanzen hinterlassen. Die Arbeitslosenzahlen sind über die Jahre niedrig geblieben, im Jahr 2008 lag die Quote bei drei Prozent, nachdem sie Anfang der Neunziger noch bei über zehn Prozent pendelte. Die von Eurostat veröffentlichten Zahlen besagen, dass sich Dänemark hier noch Anfang der 90er-Jahre im Durchschnitt der 15 EU-Mitglieder bewegte. Seither sind die deutschen Zahlen gestiegen, die dänischen drastisch gefallen: 2006 lag die dänische Arbeitslosigkeit bei unter vier Prozent, die deutsche bei über acht. Es darf darüber nachgedacht werden, ob die Gründe für das dänische Beschäftigungswunder nicht nur in der aktiven Arbeitsmarktpolitik zu suchen sind, sondern auch und vor allem in der hohen Mobilität und in dem laxen Kündigungsschutz. Man kann es jedenfalls nicht oft genug wiederholen: Der dänische Arbeitnehmer ist zu fast 90 Prozent an seinem Arbeitsplatz zufrieden.

Für Dänemark stellte sich mittlerweile sogar ein Arbeitskräftemangel ein. Deutsche Wanderarbeiter und Berufspendler gingen über die dänische Grenze und fanden Anstellungen. Abwerbungen auf dem deutschen Arbeitsmarkt durch dänische, durch skandinavische Unternehmen und Arbeitsmarktbehörden gehören heute zum Alltäglichen. Die dänische Regierung betreibt seit 2007 eine aktive Anwerbungspolitik unter dem Motto «Dänemark – ein guter Ort zum Arbeiten», es wird auf die guten Verdienstmöglichkeiten hingewiesen, insbesondere aber auf die «geordneten Verhältnisse», womit die soziale Sicherheit und das Vertrauensklima gemeint sind.

Es ist aber wohl davon auszugehen, dass die sich seit 2007 ausbreitende Finanz- und Wirtschaftskrise auch das dänische Jobwunder und die dänische Erfolgsstory auf die Probe stellen wird. Es wird sich dann erweisen, ob die Flexicurity eine Schönwetterstrategie ist oder ob sie auch bei stürmischer Witterung funktioniert und soziale Sicherheit bietet.

# 5 EIN LOB DER MEDIOKRITÄT

## «FÜRCHTE GOTT UND FOLGE DER LANDSTRASSE»

Die Gemütlichkeit ist eine den Dänen immer wieder zugeschriebene Eigenart. Es gibt in der dänischen Sprache den Begriff der *gemytlighed*, den man besser mit Lustigkeit übersetzt, mit guter Laune. Der deutschen Gemütlichkeit entspräche eher die *hyggelighed*, ein Wort, das aus dem Altnordischen über das Norwegische im 19. Jahrhundert in die dänische (und schwedische) Sprache gekommen ist. Dass es zwei Begriffe im Dänischen für diesen Zustand gibt, ja dass es sogar eine aktive Verbform gibt – *at hygge sig*, es sich gemütlich machen –, verweist auf den hohen Stellenwert des Wohlbefindens im dänischen Heim und Haus. Der Hang zum Wohlbefinden wird sicht- und erlebbar in den erwähnten Trink- und Esssitten, in der Wohnkultur, im sozialen Verhalten, in der politischen Geschichte im weitesten Sinne. In Dänemark macht man keine Revolutionen. Hier fließt das politische Leben, vor allem aber das Leben an sich unaufgeregt, ja träge dahin. Unaufgeregtheit ist eine politische und soziale Tugend. «Das Leben» ist selbst zu einer philosophischen Kategorie geworden. Über dieses Thema wird in Dänemark seit vielen Jahrhunderten diskutiert, zuweilen leidenschaftlich, zuweilen recht ungemütlich, wenn auch nicht immer mit den gleichen Vokabeln und unter den gleichen Vorzeichen. Ein recht alter Beleg für die gemütliche Bescheidenheit stammt von Peder Winstrup aus dem Jahr 1644 (*Den danske Hornbläser*):

Danmarck har ey behoff Forøgelse, Forbedring,
Det nøyes med sig selff, har nock i sin Besuæring:
Det er et mæctigt Rige, behøffuer ey Tilsæt
Det er aff Ære, Herlighed, offuer maade mæt.

*Dänemark braucht keinen Reichtum, Verbesserung,*
*Es ist sich selbst genug, hat genug an seinem Zustand*
*Es ist ein mächtig Reich, braucht nichts weiter,*
*Es ist an Ehre, Herrlichkeit über alle Maßen satt.*

In der Stichwortsammlung dänischer Selbstbeschreibungen (und mancher ausländischer Fremdbeschreibungen) stößt man auf Begriffe wie Selbstgenügsamkeit, ja Selbstgefälligkeit, Talentlosigkeit, Schlafmützigkeit, Nabelschau, Langeweile, Müdigkeit, Langsamkeit und andere Freundlichkeiten. Ob von dänischen Unternehmen die soziale Situation beschrieben wird, von Filmleuten die Produktionsbedingungen, von den Literaten die öffentliche Wahrnehmung von Literatur – der Chor der Kritikaster bringt immer wieder dieselben Vokabeln zu Gehör. Sie verbinden die Frikadellen mit den Bierleichen, die Tagespolitik mit dem Geistesleben, die – immer wieder beklagte – kulturelle Bedeutungslosigkeit mit dem Glauben, dass das Land politisch, ökonomisch und kulturell nichts zu bieten habe. Als Grund hierfür wird die Gemütlichkeit angeben. Man setze sich der Konkurrenz nicht aus, betreibe seine wissenschaftlichen Diskussionen lieber auf dem eigenen Institutsflur, anstatt sich auf das internationale Parkett zu wagen. Gemütlichkeit ist das *sine qua non*, sich selbst genug sein, *at hygge sig*, eben sich wohlfühlen.

Schon der Engländer Robert Molesworth (1656–1725) diagnostizierte in seiner Dänemark-Beschreibung und seiner Dänen-Charakterisierung aus dem Jahre 1694 einen Hang zur Mittelmäßigkeit. Der Diplomat, der zur Hochzeit des Absolutismus in der dänischen Hauptstadt weilte, muss sich gewaltig geärgert haben über die Lebensumstände, in die er versetzt war, über die dänischen Zeitgenossen, mit denen er seinen Alltag teilen musste. Sein Buch wurde zu einer viel zitierten Quelle; seine Beobachtungen kann man durch die Jahrhunderte wiederholt, bestätigt oder widerlegt finden. Es sind vor allem die lieben Nachbarn auf der anderen Seite des Öresunds, die sich der von Molesworth vorgegebenen kritischen Argumente bedienen.

Interessant aber wird die Kritik von Molesworth an den Dänen durch ihre ebenso populäre Wendung ins Gegenteil, für deren Ursprung in erster Linie Ludvig Holberg (1685–1754), der Fast-Zeitgenosse, verantwortlich zu machen ist. Denn die von Molesworth diagnostizierte Mittelmäßigkeit stellte der Aufklärer Holberg 1729 als eine besondere Tugend dar:

«Die Dänen werden heutzutage für ein artiges und sehr zivilisiertes Volk gehalten ... Im Übrigen kann man über die dänische Nation sagen, dass sie gefügig ist, dass man mit ihr gut zurechtkommen kann und dass sie besonders gehorsam der Obrigkeit ist, denn es gibt fast kein Land, in dem Aufruhr weniger stattgefunden hat als in Dänemark, auch nicht in dem Diebstahl, Raub und Mord weniger im Schwange sind ..., welches dem guten Naturell sowohl der Regierung als der Einwohner zuzuschreiben ist ... Die Mediokrität oder Mittelmäßigkeit, die Mons. Molesworth der Nation zur Last legt, nämlich

**Der dänische Aufklärer Ludvig Holberg (1685–1754), Gemälde von Alexander Roslin (1718–1793), ca. 1740/50.**

dass die Dänen nicht dumm, aber auch nicht hochbegabt sind, hätte vielleicht ein anderer Schreiber als eine Tugend und einen Mittelweg ausgelegt, den diese Nation in vielen Dingen geht, sodass sie selten in Extremitäten verfällt.»

Holbergs Lob von Mittelmäßigkeit und Mediokrität hat eine eminent politische Bedeutung, was viele nach ihm auch so deuteten: Es greift auf die aristotelische Ethik und den klassischen Kanon zurück, in denen das Mittelmaß für «Harmonie» stand. Bei Platon ist die *sophrosyne* die Tugend der Überlegung, der Mäßigung. Sie ist eine seiner vier Haupttugenden. Es ist die Apotheose der Mitte, die zwischen zwei Extremen liegt. Tugend und Wahrheit werden zu Lastern, wenn sie die Extreme besetzen, erst der Mittelweg macht sie sozial und lebbar, mithin politisch. «Frygt Gud og følg landevejen!» Fürchte Gott und folge der Landstraße. Die von Gott gesegnete Landstraße, das ist der goldene Mittelweg, der der Weg der Tugend ist. Es ist der Weg, der von politischen Extremen wegführt und eine politische Kultur mit menschlichem Maß erlaubt. Holberg ist der Apologet des *Common Sense*, der, indem er die Mittelmäßigkeit zur Tugend erhebt, die geistige Grundlage dafür legt, dass Dänemark (und Skandinavien) relativ immun bleiben gegenüber den ideologischen Massenbewegungen des 20. Jahrhunderts. Die Resistenz gegen politisch extreme Positionen, wie sie von Ideologen und Wahrheitssuchern immer besetzt werden, verleiht der Gemütlichkeit eine besondere politische Dimension. Das schützt natürlich nicht vor abschätzigen Blicken der Nachbarn. Mit sich selbst im Reinen zu sein macht auch verdächtig.

Die Gefahren der von Holberg ins Positive gewendeten Mediokrität werden zum ersten Mal von dem großen dänisch-europäischen Kulturvermittler und Zeitkritiker Georg Brandes (1842–1927) auf der Grundlage eigener schlechter Erfahrungen als wirkliches Mittelmaß – so wie wir das Wort heute verstehen – beschrieben, er verbindet sozusagen den negativ eingestellten Molesworth mit dem positiven Holberg:

«Diese (Holberg'sche) Vernunft-Moral oder moralisierende Vernunft lebt und atmet, atmet gesund und frei hier auf Erden; sie ist gemütlich und bürgerlich, ernst, ohne außerordentlich streng zu sein, spaßig und viele Male witzig in ihrem Ausdruck, wohl geschaffen, eine Nation von schlichten Bürgersleuten und Handwerkern Lebensweisheiten zu lehren. Sie gibt sich mit Mittelwahrheiten zufrieden und passt besonders gut für den Mittelstand, dessen Befreiung Holbergs Zeit vorausging und dessen Dichter und Lehrer er wurde.»

Brandes Äußerung ging die politische, soziale und ökonomische Umwandlung der dänischen Gesellschaft voraus. Nicht mehr der Adel, der schon zu Holbergs Zeiten stark geschwächt war, und auch nicht die von Brandes erwähnten Handwerker und Bürgersleute, sondern die Bauern wurden nun zur staats- und ideologietragenden Schicht Dänemarks. Sie waren durch ihre «Befreiung» *vor* der Französischen Revolution auf den politischen, wirtschaftlichen und sozialen Wandel recht gut vorbereitet. Im Verlaufe des 19. Jahrhunderts wurden sie zu Trägern des politischen Fortschritts, der Demokratisierung des Landes. Die Abschaffung des Absolutismus 1849 war nur ein staatsrechtlicher Vorgang, die Verhältnisse hatten sich bereits davor kulturell und ökonomisch gewandelt.

## DAS GESETZ VON JANTE

Es gibt aber noch einen weiteren Aspekt der Mittelmäßigkeit, der in Dänemark und in Skandinavien eine Besonderheit darstellt. Für Kontinentaleuropäer endet manch eine Geschäftsbeziehung mit dänischen und skandinavischen Partnern, auch manch eine Projektverabredung, ja manch eine Freundschaft mit lieben Kolleginnen und Kollegen im Norden scheitert, weil sich auf den mentalen Verkehrswegen über die Grenzen hinweg plötzlich Gabelungen auftun, die – falsch gewählt – in die Irre führen können. Die Stammtische, aber auch die Mentalitätsforschung (manchmal durchaus dasselbe) verweisen hier auf eine Kontinuität in der Verhaltenstypologie, die es zwar auch in anderen Ländern gibt, die aber im Norden besonders ausgeprägt ist und für die es – viel wichtiger – nur im Norden einen Begriff gibt: *Jante lov*, das «Gesetz von Jante» – die Herrschaft des Mittelmaßes und der Konformität.

Jante ist zum ersten Mal 1933 beschrieben worden, in einer Zeit also, die üblicherweise für den Beginn des skandinavischen Wohlfahrtsstaates steht. Wegen dieses genetischen Zusammenhanges wird man den Jante-Ordnungskodex als elementar für die Wohlfahrtsmoderne interpretieren können. «Jante» beschreibt ein ganz wesentliches Element der skandinavischen politisch-sozialen Kultur. Der Name dieser imaginären dänischen Stadt gehört zum festen Inventar der politischen Symbolsprache Skandinaviens – Jante ist allgegenwärtig.

Der dänische Dichter Aksel Sandemose (1899–1965), der nach Norwegen auswanderte und auf Norwegisch schrieb, stellte das Gesetz Anfang der 30er-Jahre des vorigen Jahrhunderts in seinem bekanntesten Roman auf: Der Kodex, in der Form den zehn biblischen Geboten angeglichen, dafür aber mit monotoneren und retardierenderen Untersätzen, wurde in Skandinavien populär und sprichwörtlich, er wurde allgemein akzeptiert und verlor seine dänisch-norwegische Spezifität und Originalität; er wird seither immer dann bemüht, wenn man die großen und kleinen Schwächen, die als nationale Eigenheiten gelten, erläutern soll.

### «GLAUBE JA NICHT, DASS DU ETWAS BESONDERES BIST!»

Die Brisanz des Romans liegt darin, dass dem Leser glauben gemacht wird, die Hauptfigur habe einen Mord begangen, dessen psychosoziale Begründung im Gesetz von Jante liegt: Die Tyrannei des Mittelmaßes habe tödliche Folgen. Sandemose wollte die Spießer und Kleinbürger attackieren, er zielte auf die Herrschaft der Mittelmäßigkeit, ein in der skandinavischen Literatur häufig zitiertes Thema. Sein literarischer Feldzug gelang so durchschlagend – obgleich der Roman nicht von überwältigender Qualität ist und außerhalb Skandinaviens nicht bekannt wurde –, dass seine Geburtsstadt Nykøbing im dänischen Jütland, die als Jante leicht identifizierbar war, ihm die Attacke nie verziehen hat!

Das Gesetz von Jante beschreibt den Kleinmut und das Minderwertigkeitsgefühl, das den Menschen im provinziellen Milieu anerzogen wird; es beschreibt die Vorherrschaft des Spießers, der in seiner bornierten Ignoranz alles besser weiß und der alle Qualität und alle Exzellenz niedermacht. Was über sein Mittelmaß hinauskommt, erst recht was den Vorsatz hat, über das Mittelmaß hinauskommen zu *wollen*, wird sozial geächtet – denn die zehn Gebote halten die Welt zusammen. Mit dem Gesetz von Jante ist der ewige, hoffnungslose Kampf gegen das intellektuelle und soziale Mittelmaß gemeint; Jante beschreibt die Verzweiflung des ewig Gedeckelten. Jante ist jedoch nicht nur eine soziale Verhaltensnorm, es hat auch eine psychologische (und damit zutiefst menschliche) Dimension, insofern als Jante und der Puritanismus die Furcht davor gemein haben, man könne glücklich sein und dieses den anderen zeigen wollen. Der norwegische Regisseur Nils Gaup, der Sandemose verfilmte, fasst Jante so zusammen: «Das ist ein sehr konformistisches Gesetz, dem schwer zu entkommen ist. Das ist eine Mentalität, die in uns allen ist.»

Bei der Analyse der nordischen Identität kommt man um das Gesetz von Jante nicht herum, weil es wie in einem Spiegel die Situation Skandinaviens in der Welt abbildet. Das skandinavische Selbstbild ist in der Metapher von Jante zusammengefasst. Dänemark nimmt hier eine paradigmatische Position ein: Geografisch meint man an der äußersten Peripherie der Welt, mindestens aber Europas zu liegen, geprügelt und beraubt wurde man in der Geschichte und wird man immer noch von den anderen, vor allem die Dänen von den Deutschen, die Schweden von den Russen, geistig-kulturell kommt man gegen die anderen, vor allem die Franzosen, die Amerikaner und die Engländer, mangels Masse sowieso nicht an, und politisch wie ökonomisch hat man auch nichts zu bieten. Wenn – so die Jante-Philosophie – wir in die Europäische Union, in die NATO oder welch andere internationale Organisation auch immer eintreten, dann werden wir dort nichts zu melden haben, die anderen sind eh stärker und werden uns erbarmungslos ausnutzen ... Das Jante-Gesetz, um dies positiv zu wenden, drückt die besonders sympathische nördliche Fähigkeit zur Selbstkritik aus und die Fähigkeit, sich über sich selbst lustig zu machen – eine nationale Eigenschaft, auf die man in Dänemark und in Nordeuropa immer wieder trifft. Jante bricht das Leiden an der Welt und an sich selbst durch Ironie und Humor.

### «BLEIBE SCHLICHT, BLEIBE SCHLICHT!»

Holbergs positive Analyse des in der dänischen Gesellschaft vorherrschenden Mittelmaßes, die noch Georg Brandes für besonders auf eine agrarische, zumindest kleinbürgerliche Gesellschaft zugeschnitten und brauchbar erschien, wird durch Nikolai Fredrik Severin Grundtvig (1783–1872) zum zentralen Bestandteil des dänischen politischen Selbstverständnisses – und strahlt durch dessen Volkshochschule auf die anderen skandinavischen Länder ab. Schaut man sich seine Liedtexte auf das Gebot des Mittelmaßes hin an, dann sind eine ganze Reihe von Beispielen zu zitieren: Sein wohl bekanntestes Gedicht ist das von den flachen Hügeln aus dem Jahr 1820, in dem in auffälliger Weise zugleich auch von den sozialen Vorzügen der dänischen Gesellschaft die Rede ist, die letzte Zeile wurde zu einem dänischen Sprichwort:

Langt højere Bjerge saa vide paa Jord
Man har, end hvor Bjerg kun er Bakke;
Men gjerne med Slette og Grøn-Høj i Nord
Vi Dannemænd tage til Takke;
Vi er ikke skabte til Høihed og Blæst,
Ved Jorden at blive, det tjener os bedst.

*Weit höhere Berge gibt's weit in der Welt*
*Als bei uns, wo ein Berg nur ein Hügel ist;*
*Aber wir Dänen sind zufrieden mit der Ebene*

*Und den grünen Hügeln im Norden;*
*Wir sind nicht geschaffen für Höhen und Wind.*
*Auf der Erde zu bleiben, das dient uns am besten.*

Berühmtheit hat auch ein Vers eines anderen dänischen Autors erlangt: Hans Vilhelm Kaalund (1818–1885), er selbst ist in Dänemark heute allerdings weitgehend vergessen. Eines seiner Gedichte gilt als wohl treffendste Beschreibung dänischer Identität überhaupt, jedenfalls dürfte es zur kulturellen Konstruktion dieser Identität beigetragen haben:

På det jævne, på det jævne,
altid i min sjæl det sang
målt med fantasiens evne
kækt jeg mig fra jorden svang.
Alt det andet vil sig hævne,
er kun splid og undergang.
På det jævne, på det jævne,
det er livets sejrsang.

*Bleibe schlicht, bleibe schlicht,*
*so sang es immer in meiner Seele,*
*wenn ich auf Flügeln der Phantasie*
*mich keck vom Boden schwingen wollte.*
*Alles andere wird sich rächen,*
*ist nur Streit und Untergang.*
*Bleibe schlicht, bleibe schlicht,*
*das ist des Lebens Siegeshymne.*

Die Verherrlichung der Einfalt, des einfachen Lebens, der Bodenständigkeit, die diese Autoren besingen, hat zum einen zu tun mit den agrarischen Ursprüngen der dänischen Gesellschaft, die bis ins 20. Jahrhundert hinein dominant blieben. Die Mittelmäßigkeit, die Erdverbundenheit, der Pragmatismus werden zur politischen Tugend erhoben. «Der dümmste Bauer hat die größten Kartoffeln» ist der intellektuelle Notanker einer agrarwirtschaftlich orientierten Gesellschaft an der Peripherie Europas – die Spitze des Eisberges der Mittelmäßigkeit sozusagen.

Auch die Philosophie von Jante ist ganz wesentlich eine bäuerliche, die erst mit dem Übergang in das Industriezeitalter problematisch wird und problematisiert werden kann. Zur Einordnung von Jante gehört daher, dass fiktive Wirklichkeiten entstanden, als die Modernität und der kulturelle Modernismus auch im Norden einzogen, in der Zwischenkriegszeit nämlich, als sich der Beginn des Wohlfahrtsstaates skandinavischer Prägung abzeichnete. Die sozialen Erfahrungen, die gesellschaftlichen Umbrüche, die Aksel Sandemose in seinem Roman aus den 20er- und 30er-Jahren schildert, sind insofern spezifisch skandinavische, als die skandinavischen Gesellschaften erst relativ spät industrialisiert und mit der neuen Arbeitermentalität konfrontiert wurden – die Aufsteigermentalität wird erfahrbar, just als sie in der sich modernisierenden Gesellschaft aktuell wird, moderne Parteien waren entstanden mit ihren spezifischen Stadt-Land- und Landwirtschaft-Industrie-Gegensätzen.

Zum anderen aber gehört, wie kaum in anderen Gesellschaften, die Stilisierung der Armut im 19. Jahrhundert zum politischen und gesellschaftlichen Selbstverständnis, sodass noch heute Armut, Bescheidenheit, ja Gleichheit zu den als ganz selbstverständlich akzeptierten Tugenden der skandinavischen Länder gehören – und deshalb konnte das Prinzip Arbeit so zentral für den skandinavischen Wohlfahrtsstaat werden, denn über die Arbeit wird der simpelste und sicherste Weg beschritten, Armut zu überwinden. Grundtvigs und Kaalunds Dichten liegt die Erhebung der Bescheidenheit und der Armut zu sozialen Tugenden zugrunde.

Selbst wenn man kein Anhänger davon ist, nationale Besonderheiten ausschließlich aus der Literatur eines Landes zu erklären, so mag in diesem Zusammenhang immerhin darauf verwiesen werden, dass es eine ganze Reihe von herausragenden Beispielen der Armutsdarstellung und -problematisierung in der Literatur Dänemarks und des Nordens gibt – auch in dieser Literatur wird der Mangel heroisiert, der Arme und die Armut veredelt: bei dem Bauerndichter Steen Steensen Blicher (1782–1848), mit Hans-Christian Andersens «Hans im Glück», in den Novellen des Nobelpreisträgers von 1944 Johannes V. Jensen (1873–1950) und bei dem unter den Deutschen hochgeschätzten und in Dresden gestorbenen Arbeiterdichter Martin Andersen Nexø (1869–1954): «Pelle der Eroberer». Auffallend ist auch, dass in der dänischen Literatur über die Jahrhunderte hinweg der Phantast und der Visionär zu negativen Projektionsflächen werden. Bereits in Ludvig Holbergs utopischem Roman «Niels Klims unterirdische Reise» von 1741 zum Beispiel stürzen die «Projektemacher» Staaten ins Unglück und schaffen nur Chaos; in Hans Egede Schacks (1820–1859) Roman «Die Phantasten» von 1857 werden Großmannssucht und Überheblichkeit lächerlich gemacht.

Das Gesetz von Jante, wie gesagt, ist in fast allen zivilisierten Ländern aufzuspüren; es besteht also überhaupt keine Veranlassung dazu, die aufgeführten Beispiele aus Dänemark und dem Norden mit besonderer Schadenfreude zu bewerten – der bemerkenswerte Unterschied allerdings ist, dass es *nur* im Norden einen eigenen Begriff für diese Mechanismen der psychischen und sozialen Kontrolle gibt: Denn wer kennt nicht das alltägliche *mobbing* im Büro, die gewöhnlichen Hinterhalte am Arbeitsplatz, das Ignorieren von Einzelleistungen in der Gruppe, die schier unüberwindliche Rangordnung in der Familie, die argwöhnische Beobachtung und Kommentierung von singulären Verhaltensweisen. Erfahrungen dieser Art werden für gewöhnlich von Aufsteigern gemacht, und sie sind typisch für das Lebensgefühl des Industrialisierungszeitalters insgesamt. Das soziale und intellektuelle Niederhalten dessen, der nach oben will und könnte, ist ein Merkmal der Modernisierung von «alten» Gesellschaften. In den «neuen» Gesellschaften findet hingegen der Millionär, der als Tellerwäscher begonnen hat, Bewunderung. Die Lebensmaxime «Seid brillant!» wiederum – das Gegenstück zu Jante – durchzieht die Kultur von «alten» Gesellschaften, die sich von ihren kollektiven

Wurzeln auch durch Revolutionen nicht trennten: Die im frühen 17. Jahrhundert gegründete Académie française gehört dazu, der Vatikan (und nach *ondit* auch der deutsche Generalstab und das House of Lords, beides nicht mehr existente Institutionen), die man nur als Toter und zugleich Unsterblicher verlässt. Insofern ist die nationale Kultur des «Seid brillant!» in der sozialdominanten Überzeugung von der prinzipiellen Ungleichheit der Menschen fundiert, die Maxime «Glaube ja nicht, dass du etwas Besonderes bist!» wurzelt hingegen in der verfestigten Überzeugung von der sozialen Gleichheit – die immer auch eine soziale und intellektuelle Gleichheitstendenz *nach unten* bedeutet: Allenfalls das Mittelmaß ist das Ziel.

Die Allgegenwart von Jante im Norden, seine Verankerung im kollektiven Gedächtnis sozusagen, erklärt sich aus einer im späten 18. Jahrhundert verwurzelten und seither gepflegten und verstärkten Erziehung zur Gleichheit. Die politischen und sozialen Belege für diese Begründung sind vielfältig: Eine staatliche Verwaltung, deren Ziel die Erfassung aller Staatsbürger war, die frühzeitige rechtliche Garantie für alle auf soziale Hilfe, ein früh einsetzendes allgemeines Schul- und Ausbildungswesen, eine relativ ausgewogene Klassengesellschaft mit relativ geringen sozialen Gegensätzen, sprachlich, ethnisch, religiös und kulturell homogene Gesellschaften etc., bis schließlich der moderne Wohlfahrtsstaat mit seiner Maxime des sozialen und materiellen Ausgleichs von Interessen und Lebenswirklichkeiten die Gleichheit als oberstes Politikziel proklamierte.

Der vermeintliche oder tatsächliche Verstoß gegen die sozial und kulturell verfügte Gleichheit ist für alle evident ablesbar an ungleicher Bezahlung. An der individuellen Entlohnung sind die Verstöße gegen das Nivellierungsgebot von Jante in harter sozialer Währung zu ermitteln: Neid ist eine weitverbreitete Sünde, gierig aber darf man nicht sein – und wer ein bisschen über dem Durchschnitt verdient, steht leicht im Verdacht, gierig zu sein. Die für deutsche, gar amerikanische Verhältnisse lächerlichen Bezüge von Firmenchefs und Aufsichtsratsvorsitzenden werden mit schöner Regelmäßigkeit an den Pranger gestellt – dabei verdienen dänische und skandinavische Topmanager so etwa in Kronen, was deutsche in Euro verdienen, also annähernd ein Zehntel. Berichte über Gier und Neid füllen im Sommerloch gerne die Spalten der Zeitungen und führen so stets die Präsenz des Gesetzes von Jante vor Augen. *Political correctness* ist daher eigentlich ein skandinavisches Thema, jedenfalls verlaufen solche regelmäßig und öffentlich geführten Diskussionen in anderen westlichen Gesellschaften, etwa in Deutschland oder Amerika, anders – es sei denn, und dafür spricht auch einiges, man nimmt *political correctness* als die moderne Form von Zensur zur Herstellung von sozialer Homogenität und Konformität.

Unter dem Konformitätsgesetz von Jante gehört das Leben in Luxus zu den Todsünden im Wohlfahrtsstaat. Reichtum muss daher versteckt werden, sich schmücken ist gesellschaftlich nicht sanktioniert, der schlechte Geschmack in Fragen der Kleidung – in Dänemark geradezu eine Nationaltugend – nicht nur in den unteren Schichten weit verbreitet. Als besonders verwerflich gilt das Leben in Luxus bei Politikern. Hier schreibt das Gesetz von Jante vor, dass Politiker sich eher finanziell ruinieren, als dass ihnen eine Staatswohnung steuerfrei zur Verfügung gestellt wird. Die Regeln von Jante sind in diesem Zusammenhang unerbittlich und nehmen keine Rücksicht auf die realen Vermögensverhältnisse der Spitzenpolitiker. Diese Beispiele sollen nicht beweisen, dass das Gesetz von Jante etwas mit der Hegemonie der Sozialdemokraten in Nordeuropa in den letzten 70 bis 80 Jahren zu tun hat, vielleicht gar auf diese zurückzuführen ist – auch die Konservativen unterliegen den Mechanismen der psychischen und sozialen Kontrollen, wie sie von Sandemose beschrieben worden sind.

Bei der Analyse von Besonderheiten in Politik und Gesellschaft des Nordens wird häufig der Fehler gemacht, den nordeuropäischen Raum als eine Einheit zu analysieren. Die politischen, sozialen und psychosozialen Mechanismen werden bei Dänen, Norwegern und Schweden als gleich dargestellt. Das ist in der Tat selten der Fall, die

Unterschiede in der politischen Identität und in der nationalen Mentalität sind sehr ausgeprägt: Die jeweilige nationale Witzkultur belegt das immer wieder. Im Falle des Gesetzes von Jante ist es allerdings anders, hier ist es sehr wohl erlaubt, von skandinavischen Gemeinsamkeiten zu sprechen, die allenfalls in Nuancen voneinander abweichen. Die Erfindung des Begriffs durch Sandemose legt den Rekurs auf eine gemeinsame Geschichte nahe, schließlich war er als Däne in Norwegen, als er seine heimatlichen Verhältnisse schilderte und die «Tyrannei des Mittelmaßes» attackierte – und von allen verstanden wurde. Offenbar hatte er ein die skandinavischen Gesellschaften einendes Merkmal gefunden und benannt. Dass der Begriff heute in allen drei Ländern in gleicher Weise Eingang in das politische Vokabular gefunden hat, ist ein weiteres Indiz dafür. Beispiele für die Aktualität von Jante findet man in allen drei Ländern fast täglich in den Zeitungen. Und selbst wenn dabei der Begriff Jante nicht fällt, so ist der Sachverhalt doch jeweils erfasst. Auch Hans Magnus Enzensberger, ein Kenner der norwegischen Lebenswirklichkeit, spricht in seinem berühmten Essay über Norwegen nicht *von* Jante, sondern *über*.

Es ließe sich sogar, einmal begriffen, das Jante-Prinzip auf die gesamte skandinavische Geschichte anwenden. Vielleicht war das erste Jante-Opfer der aus Halle bzw. Altona stammende Johann Friedrich Struensee, der Leibarzt des geisteskranken Christian VII., der 1772 in Kopenhagen hingerichtet und gevierteilt wurde, weil er in unerschöpflichem Reformeifer aus dem rückständigen Dänemark eine führende, aufgeklärte Nation machen wollte – und damit seine Zeitgenossen überforderte; friedlich revolutioniert wurde das Land dann 1787/88 von den eigenen Leuten.

### DIE TUGEND DES MITTELMASSES

Sandemose konnte seine Kritik an der modernen dänischen Gesellschaft formulieren, weil das Problem bereits vor ihm von einer Reihe von herausragenden Persönlichkeiten beschrieben wurde. Einer von ihnen war Georg Brandes. Er war ein frühes Opfer von Jante geworden – denn er war nicht nur etwas Besseres, setzte eine junge (und weibliche) Generation von Intellektuellen und Literaten mit seinem Generalangriff auf eine schlapp gewordene Literatur und Literaturkritik unter Feuer – wir befinden uns in der Epoche des Naturalismus –, nein Brandes besaß den zusätzlichen sozialen Makel, dass er Jude war. Antisemitismus gehörte auch in den skandinavischen Ländern zum Alltag, ihn als latent zu bezeichnen wäre eine arge Untertreibung – auseinandergesetzt hat man sich damit aber erst hundert Jahre später. Brandes floh aus diesem Milieu 1877 – ausgerechnet nach Berlin, in die neue deutsche Reichshauptstadt, und blieb dort fünf Jahre. Bei ihm kann man in seiner Kritik an den Zuständen der Zeit, ähnlich wie schon bei Holberg, das Jante-Problem formuliert finden. In seiner «Emigrationsliteratur» von 1872 heißt es:

«Es ist ein Kennzeichen der Kleinlichkeit, das leider allzu sehr an kleinen Nationen wie der unseren klebt, dass sie Begriffe wie Nationalität mit einer ängstlichen Begrenztheit auffassen und sich nicht zum Nationalen bekennen wollen. ... In einem größeren Land ... zwingt man nicht alle in die gleiche Uniform, man lässt jedem sein eigenes Recht und freut sich über die Mannigfaltigkeit ...»

Es klingt schon bei Brandes in der Tat nach Jante, wenn er sagt, dass man die Bescheidenheit nicht so weit treiben solle, dass «man aus lauter Respekt vor dem, was die eigenen Väter gemacht haben, selber nichts tut, dann treibt man die Bescheidenheit zu weit». Aus seiner Verachtung der Mittelmäßigkeit und der intellektuellen Anspruchslosigkeit – er kannte seinen Holberg sehr gut – wird in der Bekanntschaft mit Friedrich Nietzsche dann die Apotheose der Einzelpersönlichkeit, die Verehrung der «großen Personen». Insofern vereint Brandes, der ein Sympathisant der aufkommenden Arbeiterbewegung war, das Alte mit dem Neuen; er versucht die Synthese zwischen «ich» und «wir».

Das Gesetz von Jante beschreibt aber auch eine sozialdominante passive Aggressivität, mit der nur derjenige einigermaßen zurecht kommt, der mit dem Gesetz groß geworden ist, dessen Seelenhaushalt sozusagen genetisch mit einer Toleranz gegenüber *mobbing* ausgestattet ist. Zwar gelten die skandinavischen Gesellschaften auch in ihren alltäglichen, nichtpolitischen Entscheidungsprozessen als liberal und demokratisch strukturiert. Doch nur der glaubt diesem Anschein, der die Wirklichkeit von Jante nicht kennt, der das Sensorium für die Gesetzmäßigkeiten der Alltagstyrannei nicht wahrnehmen will oder kann. Die Alltagsfreundlichkeiten sind solche der Oberfläche, darunter fließt ein breiter Strom von sozialer Aggressionsbereitschaft, aus dem die Allpräsenz des sozialen Mobbings ihre Nahrung findet. Gerade bei Sandemose war der kritische Ausgangspunkt seiner literarischen Analyse, dass diesen Gesellschaften mit ihrem bäuerlichen Ursprung ein hohes Maß an innergesellschaftlicher Aggression und Gewalt zu eigen ist. Die Aggressionsbereitschaft ist zwar eine mit freundlichem, liberalem Antlitz; im wirklichen Leben kann sie aber über die metaphorische Dimension hinaus durchaus mörderisch sein – Sandemose schildert dies.

Dass Geschäftsbeziehungen mit Ausländern an der Wirklichkeit des Jante-Gesetzes scheitern, ist eine Alltäglichkeit, die im Zeichen von Globalisierung und Internationalisierung problematisch ist. Es ist aber auch eine politische Wahrheit, dass es vor allem die nichtskandinavischen Einwanderer sind, die an diesem skandinavischen Gesetz leiden – und gesellschaftlich scheitern: Einwanderung, Globalisierung und Internationalisierung sind daher die größten Feinde von Jante.

Angesichts der aktuellen wirtschaftlichen, politischen und kulturellen Entwicklung können wir also noch hoffen – und vielleicht hätte Aksel Sandemose eine in diesen Jahren gefundene anonyme Formulierung eines «positiven Jante-Gesetzes» als einen Erfolg seiner Attacken auf das dumpfe, unpolitische Spießbürgertum der 20er- und 30er-Jahre empfunden, vielleicht würde auch er Hoffnung haben angesichts von zunehmenden Internetdebatten über «Anti-Jante», über ein «Viking-Gesetz», mit dem die Gegenposition zu Jante formuliert wird: «Du musst wissen, dass wir mit dir rechnen.»

Vielleicht wäre er aber wegen der offensichtlichen Naivität und der allzu gut meinenden Sozialarbeiter- und Gutmenschenideologie auch weiterhin verzweifelt, denn auch das «positive» Jante-Gesetz löst den Widerspruch zwischen *ich* und *wir* nicht auf – das Jante-Wir täuscht eine Gemeinschaftsintimität nur vor, es schafft weder soziale Sicherheit noch Kameradschaft; es schließt nicht ein, sondern aus.

Jante aber wird bleiben, denn der Begriff ist zu sehr in den skandinavischen Gesellschaften, in ihren politischen Sprachen und der sozialen Symbolik verankert. Er beschreibt die Mühsal und die Opfer der Modernisierung. Was bleibt, ist das Staunen über eine allgemeingültige Begriffsverständlichkeit – die nicht wegen der Universalität des beschriebenen Problems überleben wird, sondern wegen der langen Begriffsgeschichte und der darin offenbar werdenden sozialpsychologischen Wahrheit.

# 6 DIE KULTIVIERUNG DER NIEDERLAGE

## EINE EUROPÄISCHE GROSSMACHT

Dänemark ist einmal eine europäische Großmacht gewesen. Das Bewusstsein, zu Europa zu gehören, war selbstverständlich. Dänemark verdankt Europa viel, Europa verdankt Dänemark nicht weniger. Über Dänemark kamen alle geistigen und politischen Bewegungen Europas nach Skandinavien. Dänemark hatte eine Brückenfunktion von Europa in den Norden – aber auch umgekehrt. Die Wikinger – Krieger *und* Handelsleute – infiltrierten die zentral- und südeuropäischen Flussregionen bis zu den großen Städten hinauf; sie zogen auf die Färöer, nach Island, Grönland und an die Ostküste Nordamerikas, sie waren nachgewiesenermaßen die ersten Europäer in der Neuen Welt. Im Mittelalter war es das Christentum, das über Dänemark (und Irland) nach Skandinavien kam, sich hier ausbreitete in einer ganz besonderen, man kann fast sagen liberalen Form. Das dänische «Taufattest», der Runenstein von Jellinge, macht dieses deutlich: Kurz vor 1000 von Harald Blauzahn errichtet, vereinigte er heidnische Symbolik mit der Botschaft Christi. Über den Religionswechsel hinweg blieben die heidnischen Götter und ihre Symbole. Es ist dieses, auf der praktischen und der menschlichen Ebene, eine Art Rückversicherung der einfachen Zeitgenossen gewesen – es kann ja für den Fall des Falles nicht schaden, die alten Götter weiterleben zu lassen, schließlich ist der neue Gott ein vergebender ...

Für die Abkehr Dänemarks von Europa gibt es viele Daten, sie haben regelmäßig zu tun mit der Aggression der Nachbarn – der

Schweden, der Engländer, der Franzosen, der Deutschen. Sie haben aber auch zu tun mit schweren politischen Fehlern, mit den eigenen Selbstzweifeln und einer Kultivierung der Niederlage, einem Opferbewusstsein. Das politische Motto nach den schweren territorialen Verlusten – und damit dem Verlust an Bevölkerung und an Ressourcen –, das seit dem 19. Jahrhundert zu einem Grundakkord der dänischen Politik und Kultur wurde und sich wie ein roter Faden durch die dänische Politik und Geschichte zieht, hatte im Ergebnis eine gehörige Portion Selbstbezüglichkeit zur Folge: «Nach innen gewinnen, was nach außen verloren wurde». Übersetzt bedeutet dies einen Rückzug in die Innerlichkeit, eine Abkehr von der Welt. Der dänische Historiker Uffe Østergaard nennt die Folgen dieser Wendung nach innen und der vorwurfsvollen Haltung gegenüber einer als feindselig empfundenen Umwelt einen «Liliputaner-Chauvinismus». «Selbstgefälligkeit» ist heute sogar zu einer der am häufigsten anzutreffenden Zuschreibungen geworden, wenn man dänische Intellektuelle nach ihrer Einschätzung der dänischen Identität befragt.

Im Mittelalter, zur Zeit der Wikinger, erstreckte sich die «dänische» Herrschaft bis nach Schweden, Norwegen, England und die nordatlantischen Inselgruppen. «Danelag» bezeichnet den Geltungsbereich des dänischen Gesetzes, der seit etwa 793 (Überfall auf das Kloster Lindisfarne) erobert und ab 884 auch als dänisches Herrschaftsgebiet in Mittel- und Ostengland (Northumberland und East Anglia) anerkannt war. 924 eroberte König Edward das Gebiet von den Dänen wieder zurück, die Wikinger befanden sich auf dem Rückzug. Von dieser Westorientierung wandten sich die dänischen Herrscher etwa zum 12. Jahrhundert in die entgegengesetzte Richtung. Zwischen 1180 und 1380 wurde Dänemark zu einer Ostseemacht, die Ostsee zu einem quasi dänischen Binnenmeer: Norddeutsche Territorien, das heutige Südschweden, Estland wurden erobert, Lübeck war eine dänische Stadt.

Mit einer Frau an der Spitze begann am Ende des 14. Jahrhunderts eine neue Epoche der dänischen Vorherrschaft im Norden:

Margrete I. (1353–1412) führte Norwegen, Schweden und Dänemark ab 1397 in die Kalmarer Union. Ihr politischer Instinkt, ihr Machtbewusstsein verhalfen zur politischen Größe, aber auch die dynastischen Probleme – ihr Gemahl, König von Norwegen, verstarb früh, ihr Sohn war noch im Kindesalter, so wurde sie zur Regentin der Union. Unter der dänischen Krone waren alle drei Reiche vereint – aber nicht geeint: Die Unionszeit war eine Epoche der Bürgerkriege, schwedische Adlige und (Groß-)Bauern rebellierten immer wieder gegen die als Okkupationsmacht empfundene dänische Herrschaft. Der Begriff «Union» hat seither im Norden keinen guten Klang. Das «Stockholmer Blutbad» von 1520 markiert dann das definitive Ende dieses frühen nordischen Einigungsversuches – der dänische König Christian II. (1481–1559, er regierte 1513–1520/23) ließ etwa 100 schwedische Unionsgegner entgegen einer freien Abzugsgarantie auf dem Stockholmer Großmarkt umbringen. Damit war das Fanal für den schwedischen Aufstand gegeben. Gustav Eriksson Vasa (1523–1560) führte die Rebellion mit Unterstützung der Lübecker Hanse. Er wurde 1523 schwedischer König, die Union hatte sich aufgelöst. Allerdings verblieb Norwegen bei Dänemark, das im Verlaufe der Jahrhunderte in immer größere wirtschaftliche, politische und kulturelle Abhängigkeit von Dänemark geriet.

Der Niedergang der Kalmarer Union fällt in die Endzeit einer anderen Organisation, die im Norden über politische und ökonomische Macht verfügte: die Hanse. Der weitverzweigte Konzern mit Hauptsitz in Lübeck und klaren wirtschaftlichen Interessen dominierte den Ostseehandel, die Hansestädte waren wesentliche Akteure auf den skandinavischen Märkten, von England bis nach Nordwestrussland. Ihr politisches und wirtschaftliches Agieren richtete sich nach der Opportunität des Kaufmanns, insofern waren sie auf allen Seiten der nordeuropäischen Auseinandersetzungen um Macht und Vorherrschaft zu finden; sie waren verhasst, aber ihre Handelsbeziehungen und ihr Geld wurden gebraucht. Es lag nicht im Interesse der Hanse, dass der skandinavische Raum von einer Macht dominiert wurde, die möglicherweise die Bedingungen der ökonomischen und politischen Verhältnisse diktieren konnte.

In den Auseinandersetzungen um die Vorherrschaft im Ostseeraum spielte die Hanse bis in das 17. Jahrhundert die wohl maßgebliche Rolle; schon bei der Auflösung der Kalmarer Union waren die Lübecker führend und intervenierten heftig bei den Auseinandersetzungen zwischen Schweden und Dänen – zugunsten der Schweden und zuungunsten der Dänen, die nach der Hegemonie strebten, aber politische Fehler gemacht hatten. Auch während der dänischen Nachfolgeauseinandersetzungen nach der Arretierung von Christian II. – ein Bürgerkrieg spielte sich 1534/35 ab, der unter dem Begriff «Grafenfehde» in die Geschichtsbücher einging – griff die Hanse ein, diesmal auf der dänischen Seite. Unter dem Lübecker Bürgermeister Jürgen Wullenwewer eroberte die Hanse Gotland, marschierte in Dänemark ein und nahm Bornholm als Pfand, das Blatt wendete sich aber rasch, schließlich wurde 1535 Lübeck belagert und durch eine dänisch-schwedisch-preußische Seemacht unter Admiral Peder Skram (1491–1581) geschlagen. Der Abstieg der Hanse war damit eingeleitet – Weltpolitik und Welthandel richteten sich nun nach Westen, ein neues Weltsystem entstand, das zunächst von den Holländern bestimmt wurde, die die Zuständigkeit der Hanse für den Ost-West-Handel übernahmen und ausweiteten, erst danach kamen die Briten. Amerika wurde entdeckt und die Karten der Weltpolitik neu verteilt.

Bereits beim Auseinanderbrechen der Kalmarer Union war das Ende Dänemarks als führende Ostseemacht abzusehen. Der sich in der Folgezeit beschleunigende Aufstieg Schwedens zu einer Großmacht ließ Dänemark immer mehr ins Hintertreffen geraten. Schließlich wurde der dänische Abstieg während des Dreißigjährigen Krieges besiegelt, als zunächst der dänische, dann der schwedische König zugunsten ihrer deutschen, protestantischen Glaubensbrüder eingriffen. Der von 1625 bis 1629 dauernde dänische Krieg Christians IV. (1577–1648) endete in einer Katastrophe, wohingegen

Gustav II. Adolf (1594–1632) nach der Landung auf Usedom 1630 seine Truppen weit nach Deutschland hineinführte. In der Überlieferung hinterließen die Schweden Angst und Schrecken. Mit seinem siegreichen Feldzug entschied Schweden vorläufig den Kampf um die Vorherrschaft in der Ostsee für sich, und beinahe wäre «der Löwe aus Mitternacht» deutscher Kaiser geworden. Nicht zuletzt war auch die Ausgangssituation für Schweden besser als für Dänemark, verfügte Letzteres doch über keine natürlichen Ressourcen, während Schweden seine ausländischen Kriege aufgrund seiner Eisen-, Kupfer- und Silbervorkommen bezahlen konnte.

Dass Christian IV. die Führung der protestantischen Partei beanspruchte, war seinen persönlichen Ambitionen geschuldet, aber auch der berechtigten Sorge, die Initiative im innerskandinavischen Konkurrenzkampf an Schweden zu verlieren. Er rückte mit seinem Heer in Niedersachsen ein, erlitt 1626 eine fatale Niederlage gegen Tilly (Lutter am Barenberge) und musste sich schnellstens nach Holstein zurückziehen. Die kaiserlichen Truppen, zunächst unter Tilly, dann unter Wallenstein, drangen im Jahr darauf über die Elbe und besetzten in einem brutalen Vorstoß Holstein und Jütland. Nach nur sechs Wochen gab es keine dänischen Truppen mehr auf dem Festland, Christian musste sich nach Seeland zurückziehen. Ein Wiener Beamter schrieb daraufhin: «Der Herren Kriegsprozess ist, sonderlich in so kurzer Zeit, so groß, daß jedermänniglich darüber stutzt und sagt: Quid est hoc?»

Es gelang Christian gleichwohl, 1629 einen günstigen Frieden mit dem Kaiser zu schließen, der seine Truppen an anderen Stellen brauchte; seine Macht war aber gebrochen, und das Land war ungeschützt, als der nächste Angreifer auftauchte. 1643 marschierte die sieggewohnte schwedische Armee ohne Kriegserklärung von Süden ins Reich ein. Der kurze, verheerende Krieg unter dem genialen Generalissimus Lennart Torstensson (1603–1651, der Krieg von 1643 bis 1645 steht als Torstensson-Krieg in den Annalen) endete 1645 mit erheblichen Gebietsabtritten im Frieden von Brömsebro, der wiederum die Voraussetzungen für die endgültige Niederlage 1658 und den Frieden von Roskilde lieferte – aber da war Christian bereits tot.

Die lange Epoche Christians IV. ist im nationalen Gedächtnis Dänemarks dennoch eine heroische Zeit – der Monarch war politisch erfolglos, lebt aber als großer Held in der Überlieferungsgeschichte weiter. Er ist der am meisten gemalte, der wohl bekannteste und beliebteste der Monarchen in der Herrscherreihe, er war schwer berechenbar, aber auch umgänglich, lebenslustig und liebenswürdig, er war ein (selten glücklicher) Kriegsheld von Gardemaß (immerhin: 1,88) und ein Kulturmensch. auch auswärtige Besucher waren von seinem Stehvermögen beeindruckt: Wurde er am Abend nach den regelmäßigen Gelagen noch ins Bett getragen, so war er gleichwohl am frühen Morgen der Erste auf den Beinen, wenn es zur Jagd ging. Seine Frauengeschichten werden noch heute weitererzählt. Mit der zweiten dänischen Nationalhymne («König Christian stand am hohen Mast») wird sein Ruhm seit dem Ende des 18. Jahrhunderts besungen. Am Ende des Dreißigjährigen Krieges hingegen musste Dänemark im Frieden von Brömsebro erhebliche Gebietsverluste hinnehmen, von denen einige später wieder rückgängig gemacht werden konnten: Die norwegischen Provinzen Jämtland und Härjedalen gingen an Schweden, die Inseln Gotland und Ösel/Saaremaa ebenso, das Bistum Bremen und für eine begrenzte Zeit die Provinz Halland. Beinahe wäre Hamburg durch Kauf in den Besitz von Island gelangt. Christian brauchte Geld in der Staatskasse.

Dass Christians Ruhm als großer König weiterhin strahlt, beruht auf den kulturellen Leistungen, für die sein Name steht. Er gilt als innenpolitischer Reformer und Wegbereiter des dänischen Absolutismus, er ist Dänemarks wichtigster Renaissance-Baufürst und Städtegründer. Er hat die Städte Kristianstad (im heutigen Südschweden), Kristiansund (im heutigen Norwegen) gegründet, Glückstadt an der Elbe und den Kopenhagener Stadtteil Christianshavn. Er hat der Epoche ein architektonisches Gesicht gegeben, die Schlösser Frede-

**Die alte Börse mit dem Drachenturm in Kopenhagen vor Schloss Christiansborg (rechts), dem Sitz des dänischen Parlaments.**

riksborg und Rosenborg gebaut; der Kopenhagener Runde Turm dürfte der über die Grenzen hinaus bekannteste Bau seiner Zeit sein und die mit einem kupfernen Drachenturm gekrönte Börse. Christian ist Teil der dänischen Identität.

## DER ÖRESUND WIRD ZUR GRENZE

Die Tragik, dass ausgerechnet dieser Monarch, verheiratet mit einer Tochter des brandenburgischen Kurfürsten, für große territoriale Verluste steht, setzte sich unter seinem unmittelbaren Nachfolger und Sohn, Frederik III. (1609–1670), fort. Frederik erklärte Schweden 1657 den Krieg, den er beispiellos verlor. Der schwedische König Karl X. wagte es im Januar und Februar 1658, mit 12 000 Mann den zugefrorenen Großen Belt und die folgenden Wasserstraßen zu überqueren, und marschierte von Westen bzw. Süden auf das von dort schlecht geschützte Kopenhagen vor. Im Frieden von Roskilde musste Dänemark unter anderem seine Provinzen Schonen, Halland, Bohuslän und Blekinge an Schweden abtreten: Der Öresund ist seither die Grenze zwischen Schweden und Dänemark.

Das dänische Reich hatte damit Stammlande verloren, waren doch die heute südschwedischen Provinzen politisch und kulturell früheste Kernlande Dänemarks. Diese Zugehörigkeit wird bis heute in Dänemark und Schweden «gepflegt» – das Foppen mit der Verlusterfahrung gehört zu den fast alltäglichen Ritualen der dänischen und der schwedischen Vorurteilspflege. In Kopenhagen sagt man noch heute, dass Sibirien eigentlich in Malmö beginnt, damit besondere Liebesgrüße über den Sund sendend. Und Anspielungen auf die Unrechtmäßigkeit der «schwedischen Annexion» von 1658 sind Teil der heutigen Nachbarschaftsrituale, Schonen gehöre «eigentlich» zu Dänemark, das Schonische sei «eigentlich» ein dänischer Dialekt, und die Schweden hätten mit der seinerzeitigen Eroberung keineswegs ein Anrecht auf Schonen erworben. Die Schoninger auf der anderen Seite lieben die Nähe zu Kopenhagen und verachten das 600 Kilometer entfernte Stockholm. Von einer «Separatistenbewegung» im Zusammenhang mit dem modernen Aufkommen regionaler Bewegungen wurde mehr geredet, als dass gehandelt worden wäre. Dabei wurde und wird gerne an die Guerillabewegung am Ende des 17. Jahrhunderts erinnert, die sich gegen die Einverleibung Schonens in das schwedische Reich heftig, aber erfolglos wehrte. Gleichwohl hat sich als fester Bestandteil der Kulturpflege das Hissen einer schonischen Fahne eingebürgert: gelbes (= schwedisches) Kreuz auf rotem (= dänischem) Grund.

Für Dänemark hatte der Verlust der östlichen Provinzen verheerende wirtschaftliche Folgen, war Schonen doch eine Kornkammer des Reiches gewesen und beruhte doch zu einem erheblichen Teil die politische und ökonomische Macht des Adels auf den Besitzungen jenseits des Öresunds. Frederik III. und einige führende Köpfe des Bürgertums nutzten die politische Verunsicherung nach der Niederlage, die sich aus dem militärischen Versagen des Adels und der Bewährung des Bürgertums ergab, und verschafften Dänemark eine geschriebene absolutistische Verfassung. Was von Christian IV. vorbereitet worden war, vollendete sich damit unter seinem Sohn: Dänemark wurde ein absolutistischer Staat, das Gottesgnadentum eingeführt, das Königtum erblich, dem Adel die Steuerfreiheit genommen. Die Ideen dazu lieferten die Gelehrten der Zeit und die europäischen Vorbilder, doch nirgendwo sonst auf dem Kontinent gab es einen *geschriebenen* Verfassungstext, und einmalig war auch, dass die Stände zustimmten. Was 1660 bzw. 1665 verabschiedet wurde – und bis 1849 bestehen blieb –, begründete das dänische Gottesgnadentum in einer «Lex Regia» (*Konge Loven* / Königsgesetz), die ursprünglich nicht für die Herzogtümer Schleswig und Holstein galt, dort aber schleichend eingeführt wurde.

Dänemark hat verschiedentlich versucht, die Verluste von 1658, die im Wesentlichen im Frieden von Kopenhagen 1660 bestätigt worden waren, zu kompensieren, sich von Schweden zurückzuholen, was es verloren hatte – vergebens. Auch das Ende der schwedischen Vormachtstellung im Ostseeraum am Ende des Großen Nordischen Krieges 1718 und der Abtritt Schwedens als europäische Großmacht halfen Dänemark nicht; der Konglomeratstaat hatte seine endgültige östliche Grenze gefunden. Die nach Norden wurde mit dem Ende der Napoleonischen Kriege neu gezogen, als Dänemark 1814 im Frieden von Kiel nach etwa 450-jähriger Existenz des Zwillingsreiches Norwegen an Schweden abtreten musste – bereits 1813 hatte es aufgrund der Kriegswirren und der ökonomischen Belastungen einen Staatsbankrott erlebt. Dänemark hatte sich auf die falsche Seite, die napoleonische, geschlagen, Engländer und Schweden, das sich buchstäblich im letzten Moment gegen Napoleon entschieden hatte, ja das sich neu konstituierende Europa waren gegen Dänemark. Auch Helgoland musste Dänemark abtreten, die Insel ging an England. Als Kompensation für seine Verluste erhielt Dänemark Schwedisch Pommern und Rügen, das 1815 gegen Lauenburg eingetauscht wurde; die nordatlantischen Inseln und die Kolonien konnte Dänemark allerdings behalten. Hatte Dänemark vor 1814 eine territoriale Größe von 380 000 Quadratkilometern, so waren es danach nur noch 58 000. Die Bevölkerungszahl war mit 1,5 Millionen um eine Million niedriger. Kamen vor der Trennung auf vier dänische Einwohner ein deutscher, so war das Verhältnis nun zwei zu eins. Die Traumatisierungen, die die Zeitgenossen durch diese neuerliche Reduktion des Reiches erfuhren, sind bei einer Vielzahl von Persönlichkeiten nachzulesen; einige habe ich zitiert.

## SCHLESWIG – PREUSSEN – DAS DEUTSCHE REICH

Mit dem Verlust von Norwegen war das Ende der Macht- und Territorialverluste aber noch nicht erreicht. Der dänische König war zugleich Herzog von Holstein und Lauenburg, und da diese Lande als deutsche galten, erhielt er Sitz im Deutschen Bund, der 1815 auf dem Wiener Kongress gegründet worden war. Bestandteil der Verabredungen war, dass für Holstein eine Ratgebende Ständeversammlung eingerichtet würde. Dieser Verpflichtung war Dänemark aber nicht nachgekommen – bis eine aufständige Bewegung mit Uwe Jens Lornsen (1793–1828) an der Spitze und die Revolution von Paris im Jahr 1830 den König 1831/34 veranlassten, Ratgebende Ständeversammlungen in ganz Dänemark einzurichten: in Roskilde für die Inseln, in Viborg für Jütland, in Schleswig für Schleswig und in Itzehoe für Holstein. Damit war ein wichtiger Schritt in Richtung Demokratisierung getan, aber insgesamt nur ein kurzer. Der Konflikt um das Verhältnis der beiden Herzogtümer zu Dänemark, die Frage nach dem politischen und juristischen Zuschnitt des Konglomeratstaates, also ob die Herzogtümer Teil des «Gesamtstaates» werden sollten, eskalierte 1848 im Ersten Schleswigschen Krieg, der noch auf Intervention der europäischen Mächte 1851 beendet wurde, und führte schließlich zur dänischen Niederlage im Zweiten Schleswigschen Krieg von 1864 und dem Verlust Schleswigs, Holsteins und Lauenburgs an Preußen und Österreich, dessen Anteile Preußen nach 1866 übernahm.

Von den 1814 verbliebenen 58000 Quadratkilometern reduzierte sich 1864 das dänische Territorium noch einmal dramatisch auf 39000, das sind nur noch zehn Prozent der Ausdehnung von vor 1814; die Bevölkerungszahl ging von etwas mehr als 2,5 Millionen auf 1,7 Millionen zurück. Die nun verlorenen Herzogtümer waren die am dichtesten bevölkerten Regionen des Konglomeratstaates und die am weitesten industrialisierten; Dänemark hatte seine zweitgrößte Stadt, Altona, seinen zweitgrößten Hafen, Flensburg, seine zweite Universität, Kiel, verloren; Sylt, Amrum, Ærø und Fehmarn ebenso. Zu den unmittelbaren Niederlagen und Verlusten kam am Ende des 19. Jahrhunderts eine harte Eindeutschungspolitik Preußens in den abgetretenen Provinzen. Das auf Vermittlung Napoleons III. 1866 von Preußen zugestandene Selbstbestimmungsrecht für die dänischen Bevölkerungsteile in Nordschleswig wurde von Bismarck 1879 einseitig aufgekündigt.

### «NACH INNEN GEWINNEN, WAS NACH AUSSEN VERLOREN WURDE!»

Die Kette von militärischen Niederlagen insbesondere im 19. Jahrhundert, die Erfahrung der eigenen Schwäche und die der politischen und damit kulturellen Demütigungen ließen im mentalen Haushalt der dänischen Nation eine Kultur der Niederlage gedeihen, die man zuvor bereits in Preußen mit den Niederlagen gegen Napoleon 1806 und in Schweden mit dem Verlust Finnlands an Russland 1809 beobachten konnte. Die Parole hieß nun auch in Dänemark: «Nach innen gewinnen, was nach außen verloren wurde!» Was konnte man auch anderes tun? Mit 1864 zog sich Dänemark auf sich selbst zurück. Innerhalb von nur fünfzig Jahren – von höchstens *zwei* Generationen also, im günstigeren Falle gerechnet, *eine* Lebensspanne umfassend – schrumpfte das Reich auf die Größe eines Kleinstaates.

Die Umwälzung im mentalen Haushalt der Nation kann man auch mit Folgendem erhellen: Ganz im Sinne eines allgemeinen Verständnisses bezeichnete Johann Gottfried Herder noch 1769 in seinem Reisetagebuch Kopenhagen als das «Dänische Ende Deutschlands», dies weckte keine Aufmerksamkeit, gar Proteste oder Animositäten. Als aber Jacob Grimm, 1846 zum Präsidenten des Deutschen Germanistentages in Frankfurt gewählt, bei dieser Gelegenheit und während der Eskalationsjahre um die Schleswigfrage immer deutlicher in nationaler Absicht Deutsch zur *ursprünglichen* Sprache nicht nur in Schleswig, sondern in ganz Jütland erklärte, da provozierte diese Intervention wütenden Protest und hinterließ bleibenden Schaden in der dänischen Wissenschaft und Öffentlichkeit. Die deutsche Wissenschaft, ob Philologen oder Historiker, nahm Partei für die *deutsche* Sache und gab der dänischen Wissenschaft und Öffentlichkeit Munition für Gegenkonstruktionen. Von einem entspannten Multikulturalismus im Konglomeratstaat konnte schon lange nicht mehr die Rede sein.

Mit 1864 war der Konglomeratstaat zu einem Nationalstaat geworden, dänische Kulturnation und dänische Staatsnation sind seither eins. Aber auch dieses ist festzuhalten: Durch die politischen Verwicklungen der schleswig-holsteinischen Politik und aufgrund der politischen Fehler und der Fehleinschätzungen der dänischen Regierung wurden die Voraussetzungen geschaffen, die die Gründung des Deutschen Reiches durch Otto von Bismarck 1871 ermöglichten, mindestens aber erleichterten. Zudem: Dänemark hatte keine Chance zu einer militärischen Revanche, daher wohl auch die intensive nationale Mythenbildung um 1864 und die strikte Abgrenzung zu Preußen/Deutschland. Ohne die dänische/schleswig-holsteinische Vorgeschichte kein Deutsches Kaiserreich! Auch für die spätere kaiserdeutsche Flottenpolitik liegen die Urgründe im Konflikt mit Dänemark, hatten doch weder Deutschland noch Preußen eine solche, sahen sich aber durch die Meeres- und Kolonialpräsenz Dänemarks veranlasst, auf Flottenbau zu setzen. Schon vor den Schleswig-Kriegen hatten die gesamt- und großdeutschen Ideologen des 19. Jahrhunderts Dänemark die Rolle eines Admiralstaates zugedacht (als Mitglied des Deutschen Bundes sollte Dänemark für diesen die Kriegsflotte zur Verfügung stellen).

Schon allein diese regional begrenzte deutsch-dänische Geschichte im 19. Jahrhundert erhellt die viel zitierte «Ambivalenz» der deutsch-dänischen Begegnungen. Sie macht vielleicht deutlich, weshalb in der neueren Geschichte für Dänemark und die Dänen das Jahr 1864 als traumatischer empfunden wird als das Jahr 1940, das den Einmarsch deutscher Truppen brachte. Wann immer jedenfalls es in der Vergangenheit in Dänemark zu Irritationen über Deutschland kam, wurde in der öffentlichen Debatte das Jahr 1864 bemüht, seltener nur 1940.

Erst 1920, nach zwei Volksabstimmungen, wurde die deutsch-dänische Grenze wieder nach Süden verschoben. Am 14. März stimmte eine Mehrheit der Bevölkerung in der sogenannten zweiten Zone für einen Verbleib beim Deutschen Reich, es war eine Grenzlinie gezogen worden, die die heutige Staatsgrenze zwischen Deutschland und Dänemark ist. Nördlich davon hatte man sich kurz zuvor für Dänemark entschieden. Am 5. Mai 1920 zogen dänische Truppen in Nordschleswig ein, am 15. Juni wurde die Übergabe in Paris notifiziert – es war Waldemars-Tag, der Tag des Dannebrogs. Am 10. Juli schließlich ritt König Christian X. auf einem Schimmel über die Grenze und vollzog unter dem Jubel des Volkes und viel Fahnenschwenken die «Wiedervereinigung».

Dänemark erlebte in den 20er-Jahren dann eine Politik, die eben diese beschönigende Überschrift erhielt: «Wiedervereinigung». Diese war mit ähnlichen Problemen behaftet, die Deutschland unter der gleichen Überschrift 70 Jahre später erfuhr – insbesondere waren es ökonomische Probleme, die Land und Leute durchschüttelten, war doch beispielsweise eine Umorientierung von Hamburg auf Kopenhagen zu organisieren, eine periphere Region hatte sich einen neuen wirtschaftlichen und politischen Bezugspunkt zu wählen.

Die Grenzziehung von 1920 war endgültig. Selbst die Nationalsozialisten ließen diese Grenze unangetastet, obgleich es sowohl innerhalb der deutschen Minderheit in Dänemark als im Deutschen Reich laute Stimme gab, die für eine Grenzrevision plädierten. Offiziell neutral, musste sich das Land von seinem südlichen Nachbarn bedroht fühlen und stand insbesondere in den 30er-Jahren schwere Zeiten durch, als von Berlin zu erwarten und zu befürchten war, dass die nazistische Germanisierungspolitik zu einer neuerlichen Grenzrevision führen würde. Die gegenüber Nazi-Deutschland kritische dänische Presse musste sich vom sozialdemokratischen Ministerpräsidenten Thorvald Stauning belehren lassen, Pressefreiheit bedeute auch, diese nicht auszuüben. Dänemark griff folglich als einziges nordisches Land die Drohung Hitlers auf und unterzeichnete 1939 einen deutsch-dänischen Nichtangriffspakt – als ob von Dänemark für das Deutsche Reich eine Bedrohung ausgehen konnte. Umgekehrt haben sich in Dänemark die Grenzrevisionisten nach der deutschen Niederlage 1945 nicht durchsetzen können – die Grenze blieb fest. 1955 schließlich wurde mit den Bonner und Kopenhagener Erklärungen und ihren vorbildlichen Passagen zur kulturellen Selbstbestimmung der Minderheiten das Verhältnis im Grenzland entspannt.

### KOLLEKTIVE TRAUMATISIERUNGEN ...

Ideen- und bewusstseinsgeschichtliche Spuren oder gar ökonomische Bedingungen alleine machen die Herausbildung einer spezifischen nationalen Identität noch nicht plausibel. Das sollte die Nacherzählung der dänischen Verlusterfahrungen zeigen. Identitäten sind aus zahlreichen Schichten und vielen Ablagerungen gebildet, dabei erklärt die *longue durée* der Geschichte sehr viel, aber nicht alles. Damit ist die *territoriale*, die räumliche Frage, gemeint. Sie ist ganz verschieden von geopolitischen Zuordnungen, auch weil es hier um die Verletzung der territorialen Integrität geht und weil damit kollektive Traumatisierungen entstehen. Mag sein, dass es eine ausschlaggebende Rolle spielte, dass Dänemark der so viel kleinere «Partner» war. Dass Island sich 1943/44 für unabhängig und zur Republik erklärte, zu einem Zeitpunkt, als Dänemark, mit dem Island in Personalunion verbunden war, von deutschen Truppen besetzt war und sich nicht «wehren» konnte, haben die Dänen den Isländern übel genommen. Die Trennung wurde als ein unfairer Akt interpretiert und fügte den Traumatisierungen eine weitere hinzu. Wie dem auch sei: Die viel beschriebene dänische Kultur der Niederlage gehört in das Zentrum dänischer Identität und liefert nicht *den*, sicherlich aber *einen* Schlüssel zum Begreifen des nationalen Selbstverständnisses – die Deutschen haben daran einen wesentlichen Anteil. Wie wichtig die historischen Tiefenschichten zum Verständnis von Mentalitäten und kollektiven Prägungen sind, fasste schon Søren Kierkegaard in den unvergesslichen Satz: «Das Leben versteht man nach hinten – aber man muss es nach vorne leben.»

Die Verluste von Schleswig, Holstein und Lauenburg 1864, der Verlust von Einwohnern und Land, damit an wirtschaftlichen Ressourcen, waren der Endpunkt der dänischen Karriere als europäische Großmacht. Von nun an hatte das Land definitiv im Konzert der Mächte nichts mehr zu sagen. Das Gefühl, auf dem Hinterhof der Großmächte gelandet zu sein, verbreitete sich. Die «Entimperialisierung» (Østergaard) war endgültig. Der Rückzug nach innen – wo man einiges gewinnen wollte – wurde zur kompensatorischen Medizin und zum festen Bestandteil der nationalen Identität. Aus Henrik Ibsens «Peer Gynt» kennen wir die Weisheit der Trolle: «Sei dir selbst genug!» Für den dänischen Nachbarn gilt Gleiches – eine jahrhundertelange Erfahrung der Niederlage hat zu einer penetrant kultivierten nationalen Selbstgenügsamkeit geführt, der nachzuspüren auf allen Feldern des Politischen, Sozialen und Kulturellen nicht schwerfällt.

Von der *anderen* Seite wird diese Epoche übrigens sehr eindrucklich eingefangen: Theodor Fontane (1819–1898) war nicht nur Berichterstatter im Zweiten Schleswigschen Krieg und hat in seinem Buch über den Krieg von 1866 den Dänen manch böse Charaktereigenschaft und Verschrobenheit zugeschrieben. Er hat auch in seinem

Roman «Unwiederbringlich» von 1891 die Stimmungslage im Grenzland und in Kopenhagen eingefangen und zu einer dramatischen Ehe- und Familiensaga verdichtet.

### ... UND POSTTRAUMATISCHE SPALTUNGSSYNDROME

Bereits bei Fontane, der nicht gerade mit besonderer Sympathie über Dänemark und die Dänen schrieb, kann man nachspüren, was von den Historikern und Sozialwissenschaftlern heute diagnostiziert wird – und was man bis vor einigen Jahren nicht einmal denken, geschweige denn schreiben durfte, dass nämlich das dänische Selbstverständnis ein gespaltenes ist. Eine große, im Auftrag der Regierung durchgeführte Untersuchung der Wahrnehmung Dänemarks durch das Ausland kam 2006 zu diesem Schluss. Freisinn stünde gegen Kontrolle, Offenheit gegen Abgeschlossenheit, Größenwahn gegen Bescheidenheit. Die Familie sei wichtig, aber Selbstentfaltung und Individualismus seien es genauso. Gemäß dieser Studie, auf deren Grundlage eine Marketingstrategie entwickelt werden sollte, um Dänemark nach den Erschütterungen der Mohammed-Krise global wieder Ansehen zu verschaffen, macht es das Dänische aus, gerade in dieser widersprüchlichen Doppelung von Werten zu leben.

Dass Dänemark eines der wenigen Länder ist, vielleicht das einzige, das sich mit zwei Nationalhymnen besingt – darüber in einem späteren Kapitel –, wird als Ausdruck ebendieser zwiegespaltenen Identität gesehen: Mit der einen wird ein kriegerisches Ideal gepriesen, mit der anderen die friedliche Idealität von Landschaft und Menschen. Einerseits ist Dänemark stark und überlegen, andererseits lebt man in einem kleinen Land mit nur geringen Möglichkeiten. Der konfliktfreie Gebrauch der beiden Hymnen kann aber auch als Beleg für die in der Studie postulierte Wertebalance gelten.

# 7
# UNTER DEMSELBEN HIMMEL

## DIE KULTURELLE GEMEINSCHAFT DES 19. JAHRHUNDERTS

Im Sommer 2000 veranstaltete das Kopenhagener Thorvaldsen-Museum eine Ausstellung, die vorher die kanadische National Gallery in Ottawa und die Hamburger Kunsthalle gezeigt hatten. Bereits mit ihren ganz unterschiedlichen Titelgebungen verwiesen diese drei gleichen Ausstellungen darauf, wie sehr die Interpretation von Kulturräumen auf Konstruktionen beruht. Die Ausstellung hieß in Ottawa *Baltic Light: Early Open-Air Painting in Denmark and North Germany* (mit einer französischen Titelübersetzung: *Lumiére du Nord!*); in Hamburg hingegen wurde getitelt *Im Lichte Caspar David Friedrichs. Frühe Freilichtmalerei in Dänemark und Norddeutschland.* Was tatsächlich gemeint war, sagt aber nur der dänische Titel, der übersetzt lautet: *Unter demselben Himmel. Land und Stadt in der dänischen und deutschen Kunst 1800–1850.* Es war dies eine Ausstellung zum Goldenen Zeitalter der dänischen Kultur, das in der zweiten Hälfte des 19. Jahrhunderts abgelöst wurde durch die Epoche der bittersten Traumatisierungen.

Die ausgestellten Bilder erzählen von transnationalen Verwandtschaften – in den Motiven, in den Strukturen, in den Kompositionen, in den Farben. Grenzen spielen in der Kunst, gar in der Wissenschaft keine Rolle. Zuordnungen nach Nationen und Volkscharakteren sind nur mit Vorwissen möglich, aus der unmittelbaren Anschauung der Bilder kommen sie jedenfalls nicht. Vielleicht ist es kein Zufall, dass die Idee zu dieser «verwandtschaftlichen» Gegenüberstellung zuerst in Ottawa entstand, einem Ort, an dem die deutsch-dänische Grenze fremd sein muss, an dem man nur wenig weiß von den nationalen Gegensätzen, von Animositäten und Kränkungen. Die Überschrift und die Gegenstände der Ausstellung belegen überzeugend, dass es eine kulturelle Gemeinschaft gibt, die nicht nur eine dänisch-deutsche ist, sie hat durchaus europäische Dimensionen.

Auf diese europäische Dimension lohnt es immer wieder aufmerksam zu machen, sie hat eine lang zurückreichende Tradition, insbesondere ist sie erfahrbar in den älteren Zeiten, in älteren Biografien. Tycho Brahe (1546–1601) etwa, mit dem für Dänemark die Geschichte der exakten Wissenschaften begann, konnte mithilfe von Messungen und Beobachtungen die Bahnen der Sonne, der Fixsterne, des Mondes und der Planeten feststellen. Er hatte nicht nur in Kopenhagen studiert, sondern auch in Leipzig, Wittenberg, Rostock und Basel. Brahe besaß ein eigenes Observatorium auf der Insel Hven im Öresund gegenüber von Kopenhagen – «Uranienborg», zu seiner Zeit die berühmteste Sternwarte Europas –, das er aber 1597 aufgeben musste, nachdem er sich mit Christian IV. überworfen hatte. Dieser trieb ihn ins Exil, indem er ihm die finanziellen Mittel rabiat kürzte. In Prag, wohin Kaiser Rudolf II. ihn gerufen hatte, wurde Johannes Kepler (1571–1630) sein Schüler und Nachfolger. Er führte die Arbeiten fort, die schließlich zur Revolutionierung unseres Weltbildes führten. Brahe legte den Grundstein für das heliozentrische Weltbild, er zählte zu den exaktesten Beobachtern der Himmelskörper und ist sicher zu den ganz großen europäischen Koryphäen zu zählen, gestorben ist er in Prag unter bis heute nicht ganz geklärten Umständen, begraben liegt er in der Teyn-Kirche am Altstädter Ring.

Was die drei erwähnten gleichen Ausstellungen nicht zeigten, das ist die kulturelle Gemeinschaft des 19. Jahrhunderts, die, wie konstruiert auch immer sie gewesen sein mag, durch und durch europäisch war. Ihr gemeinsamer Ort liegt weit weg von Dänemark, er war dänischer Sehnsuchtsort, aber im frühen 19. Jahrhundert zugleich der Arbeitsplatz einer Vielzahl von Künstlern und Reiseziel einer frühen Generation von Touristen: Rom. Rom war zur Jahrhundertwende Fluchtpunkt der Freiheit und Künstlerrepublik zugleich. Man kann die Stadt gar als einen deutsch-dänischen Erinnerungsort deuten. Der «gleiche Himmel» erstreckte sich ganz offensichtlich nicht nur bis Hamburg, Berlin oder Dresden, er reichte auch bis nach Italien.

Vom «Goldenen Zeitalter» ist seit der Antike geträumt worden, und manch eine Nation schmückt sich unter dieser Überschrift mit einer besonderen Kulturepoche, etwa die Niederlande, Spanien oder Portugal. Für kaum eine Zeit dürfte aber der Begriff passender sein als für die erste Hälfte des dänischen 19. Jahrhunderts: «Das Paradies haben die Menschen wohl nie auf Erden errichten können, aber Dänemark war nahe dran in jener Epoche, die mit Recht das Goldene Zeitalter genannt wird.» In dieser Einschätzung eines dänischen Wissenschaftlers aus den frühen 70er-Jahren kommt im leicht ironischen Unterton die Ambivalenz der Zeit zusammen: Aus keinem Abschnitt der dänischen Kultur- und Geistesgeschichte haben so viele Persönlichkeiten im Gedächtnis der Nation überlebt und zugleich große internationale Reputation erlangt wie zwischen 1807, dem Datum der Beschießung Kopenhagens durch die Engländer, und 1864, als die Herzogtümer Schleswig und Holstein verloren wurden.

Zugleich aber ist es eine Zeit der bittersten Armut und der machtpolitischen Niederlagen. Es war ein Goldenes Zeitalter in eiserner Zeit, der Staatsbankrott von 1813 wäre nur ein Beleg. Der Absolutismus herrschte noch immer, und die Zensur beschränkte das öffentliche Leben. Das gleichzeitige Auftreten zahlreicher Kulturheroen innerhalb von nur knapp 50 Jahren ist außergewöhnlich, und das nicht nur, weil Dänemark ein kleines Land war und an der europäischen Peripherie lag. Kopenhagen, in Wällen eingeschnürt, hatte gerade einmal 120 000 Einwohner. Sie alle waren Halbgötter und sind es bis heute geblieben: die Künstler Bertel Thorvaldsen, Christoffer Wilhelm Eckersberg, Christian Købke, Johan Thomas Lundby, Peter Christian Skovgaard, die Komponisten Christoph Ernst Friedrich Weyse und Friedrich Kuhlau, der Sprachforscher Rasmus Rask, das Multitalent N. F. S. Grundtvig, die Dichter Jens Baggesen, Adam Oehlenschläger, Hans Christian Andersen und Johan Ludvig Heiberg, die Schauspielerin Johanne Luise Heiberg, der Ballettmeister August Bournonville, die Brüder Ørsted, der Naturwissenschaftler Christian und der Jurist Anders Sandøe und natürlich der Philosoph Søren Kierkegaard. Für Dänemark hat das «Goldene Zeitalter» in etwa die Bedeutung wie die «Weimarer Klassik» für Deutschland. In diesen 50 Jahren wurden die Fundamente zu dem gelegt, was wir heute Dänemark nennen: Das Territorium wurde abgesteckt, die Kultur erhielt ihre zentralen Begriffe und Symbole, wie sie heute noch zu beobachten sind – selbst die Königliche Porzellanmanufaktur konnte während des Goldenen Zeitalters wieder zum Leben erweckt werden. Wer wissen will, was «Dänischsein» bedeutet, der muss sich in dieser Epoche umsehen.

Das geistig und kulturell erleuchtete Kopenhagen lockte am Anfang des 19. Jahrhunderts die Künstler von außerhalb an: Die 1754 gegründete Königliche Kunstakademie in Kopenhagen galt als eine der fortschrittlichsten in Europa, sie dürfte ein Zentrum des Goldenen Zeitalters gewesen sein, Caspar David Friedrich (1774–1840) studierte hier, aber auch sein Dresdner Freund aus Norwegen, Johan Christian Dahl (1788–1857), sowie Otto Philipp Runge (1777–1810), um nur diese zu nennen.

Andererseits zog es die dänischen Größen nach draußen: Der Überragendste dieser Zeit, der Bildhauer Bertel Thorvaldsen (1770–1844), reiste 1796, mit einem Stipendium versehen, nach Rom und blieb dort mit einigen Unterbrechungen 30 Jahre. Er erhielt seine

Ausbildung an der Kunstakademie und fiel bald durch seine Arbeiten auf. Der «Sculptore Alberto», wie er sich in Rom nannte, dürfte rasch zu so etwas wie einem europäischen Großkünstler geworden sein – heute stehen seine monumentalen Standbilder auf den Marktplätzen Europas: Nikolaus Kopernikus und Marschall Poniatowski in Warschau, Schiller in Stuttgart, Kurfürst Maximilian I. in München; herausragend sind sein Grabmahl Papst Pius' VII. im Petersdom in Rom und die Ausstattung der Kopenhagener Kathedrale mit den zwölf Aposteln und der enormen Christusfigur am Altar. Seine Medaillons, seine Büsten, seine antiken Statuen sind zu Ikonen geworden.

Das Goldene Zeitalter war eine Epoche, in der die deutsch-dänische Grenzgängerei noch einigermaßen funktionierte. Die Epoche zwischen 1750 und 1850 brachte wohl sogar die intensivsten Begegnungen und Transfers in Kultur und Kunst mit sich. In Kunst und Literatur, Philosophie und Theologie suchte und fand man Inspiration in der gegenseitigen Begegnung. Bildungsreisen gehörten zum Alltag, wurden zumindest als erstrebenswerte Kulturaktivitäten geschätzt; Reisestipendien waren gefragt. Nationale Gegensätze störten den gegenseitigen Grenzverkehr noch nicht nachhaltig. Das änderte sich ab der Mitte des 19. Jahrhunderts. Die Liste der deutsch-dänischen Grenzgänger ist lang, und sie endet nicht mit dem Goldenen Zeitalter. Sie gehören zum kulturellen Traditionsbestand Dänemarks und Deutschlands.

### GRENZGÄNGER

Dass Friedrich Gottlieb Klopstock (1724–1803) ein Stipendium des dänischen Königs erhielt und ab 1751 zwanzig Jahre in Kopenhagen verbracht hat (er war wohl nicht durchgehend die ganze Zeit vor Ort), gehört seit Langem zu den notorischen deutsch-dänischen Grenzgängergeschichten. Er hat die Auflage erfüllt, seinen «Messias» zu vollenden; Dänisch hat er allerdings nicht gelernt, und der dänischen Kultur blieb er weitgehend fern, lieber wäre er an den Hof Friedrichs II. nach Potsdam gegangen, aber der Alte Fritz zog die französische Kultur und Voltaire vor. Friedrich von Dänemarks Ambition war es hingegen, Kopenhagen zu einem «Musenhof» zu machen. Dass Matthias Claudius (1740–1815) seit 1785 einen Ehrensold des dänischen Kronprinzen erhielt, dass Friedrich Schiller (1759–1805) ab 1791 für fünf Jahre (ohne eine Auflage) eine dänische Rente bekam, als es ihm am schlechtesten ging (allerdings war er nicht im Lande), dass Friedrich Hebbel (1813–1863) und Theodor Mommsen (1817–1903) auf der Stipendienliste des dänischen Königshauses standen – dies sind mäzenatische Aufmerksamkeiten, die das Goldene Zeitalter vorbereitet haben mögen. Constanze Mozart heiratete nach dem Tod von Wolfgang Amadeus nach Dänemark und lebte ab 1810 in Kopenhagen; aber auch der Philosoph Johann Gottlieb Fichte (1762–1814) reiste auf der Flucht vor Napoleon nach Kopenhagen und war in den dortigen Salons ein gern gesehener Gast.

Zu den Grenzgängern gehören auch der Literaturnobelpreisträger von 1917, Karl Gjellerup (1857–1919), die Stummfilmdiva Asta Nielsen (1881–1972), der Arbeiterdichter Martin Andersen Nexø (1869–1954) – Gjellerup und Andersen Nexø lebten und starben in Dresden. Bertolt Brecht (1898–1956) ging 1933 ins dänische Exil und blieb fünf Jahre. Der Maler Emil Nolde (1867–1956) ist in Dänemark geboren und war der wohl bedeutendste norddeutsche Vertreter jener expressionistischen Kunst, die die Nationalsozialisten «entartet» nannten.

Grenzgänger sind viele heutige Künstler, die in Berlin arbeiten und in alle Welt verkaufen. Das 19. Jahrhundert und die Zeit bis zur deutschen Besetzung Dänemarks 1940 war sicherlich und mit allen Ambivalenzen eine «deutsche» Zeit. Dahingegen überschreiten die Zeitgenossen heute *viele* Grenzen; wem der Himmel über Dänemark zu tief hängt, dem ist auch Deutschland zu eng: Der für seine starken Filme und frechen Sprüche bekannte Regisseur Lars von Trier (*1956), Miterfinder des Dogma-Stils, sein Kollege Thomas Vinterberg (*1969), der Schauspieler Mads Mikkelsen (*1965), der Branding-Guru Simon Anholt (*1961), der Künstler Per Kirkeby (*1938), dessen Skulpturen unter anderem auf dem Berliner Bundesratsgebäude stehen, sind nicht mehr nur in Dänemark weltberühmt, sie sind überall präsent – sie sind die klassischen dänischen «Ausländer», in gewisser Weise klingt mit ihnen das Goldene Zeitalter nach.

### HENRIK STEFFENS

Auch Adam Oehlenschläger und Henrik Steffens waren Grenzgänger, wie man sie sich beispielhafter nicht wünschen kann, Steffens in noch ganz besonderer Weise, er soll daher hier hervorgehoben werden. Steffens wurde 1773 im norwegischen Bergen, das ja zu Dänemark gehörte, geboren, der Vater war Holsteiner, die Mutter Dänin, er repräsentiert damit die schöne Multikulturalität des dänischen Konglomeratstaates. Steffens studierte in Kopenhagen und Kiel Geologie und Mineralogie – 1794 legte er als erster Kandidat überhaupt ein Examen in Zoologie, Botanik und Mineralogie ab. 1797 promovierte er mit einer Abhandlung «Ueber die Mineralogie und das mineralogische Studium», eine Schrift, die innerhalb kürzester Zeit entstanden sein muss. 1798 kam Steffens mit einem dänischen Reisestipendium nach Jena, gerade rechtzeitig, um die Antrittsvorlesung des neuen Philosophieprofessors Friedrich Wilhelm Schelling (1775–1854) zu hören, gerade rechtzeitig zudem, um in den Kreis der Jenaer Frühromantiker aufgenommen zu werden; Schelling war 23 Jahre alt, zwei Jahre jünger als Steffens. Neben Schelling zog es ihn zu Fichte, Goethe, Schiller, Novalis, Tieck und Schleiermacher. Zwischen Schelling und Steffens entwickelte sich ein «Befruchtungsverhältnis», der Naturforscher Steffens bereicherte den Schelling'schen Idealismus mit naturwissenschaftlichem Wissen, er versuchte, das Schelling'sche System empirisch zu fundieren, und entwickelte in Fortsetzung von Fichte und Schelling eine eigenständige Vermittlungsphilosophie, die Natur und Geist vereinen will.

1802 kehrte Steffens wieder nach Kopenhagen zurück, wo er eine Philosophievorlesung hielt, die von einer ganzen Generation jüngerer dänischer Intellektueller gehört wurde und zu deren Erweckung führte – zumindest will es der romantische Mythos so. Als Steffens die erhoffte Professur dann aber nicht erhielt – den «deutschen Doktor» will man nach seiner langen Abwesenheit an der Kopenhagener Universität doch nicht auf einem Lehrstuhl haben –, nahm er stattdessen eine Professur in Halle an, wo er über philosophische Naturwissenschaft lehrte. 1811 wurde er Professor in Breslau, doch hielt er es in den Untergangswirren des Alten Europas auf dem Katheder nicht aus. Als der preußische König nach Napoleons Niederlage gegen Russland unsicher über das weitere Vorgehen war, hielt Steffens 1813 eine mitreißende Rede, die die Studenten in ihren Bann zog: für Deutschland und gegen Frankreich. Er zog den Talar aus und die Uniform an – als einer der ersten Freiwilligen nahm er an den Befreiungskriegen gegen Napoleon teil und war unter den Eroberern von Paris. Als Dank für seinen Einsatz wurde er mit dem Eisernen Kreuz ausgezeichnet. Danach kehrte er zurück auf das Katheder und wurde schließlich 1832 an die Berliner Universität berufen, 1834/35 war er ihr Rektor. Er starb 1845 knapp 72-jährig und dürfte der einzige «große» Skandinavier sein, der in Berlin beerdigt ist, auf dem Dreifaltigkeitsfriedhof in Kreuzberg. Sein Grab schmückt ein Medaillon Bertel Thorvaldsens.

Steffens war eine zentrale Figur in der deutschen Romantik und im deutschen Idealismus, er war mit allen, die etwas bedeuteten, befreundet, zumindest bekannt, mit manchen verfeindet. Auch für das dänische (und das norwegische) Geistesleben hätte er, der in Deutschland strandete, das es damals politisch noch nicht gab, eine zentrale Bedeutung erlangen können, doch seine Schriften sind dort nicht sonderlich beachtet und ihrem Rang gemäß behandelt worden, in Deutschland auch nicht. Insofern war Henrik Steffens ein norwegisch-dänisch-deutscher Grenzgänger, und er ist zugleich eine maßgebliche Figur in der skandinavisch-deutschen Begegnungsgeschichte.

**Der Philosoph Søren Kierkegaard (1813–1855), Porträtzeichnung von Niels Christian Kierkegaard (1806–1882), um 1838.**

## «GEH NACH BERLIN»

Søren Kierkegaard einen Grenzgänger zu nennen wäre sicherlich zu weit gegriffen, hat er doch Kopenhagen nur zu Ausflügen in die nähere Umgebung verlassen und Dänemark insgesamt nur viermal – einzig um nach Berlin zu reisen, die Stadt, die nach dem Urteil Hegels, der dort bis zu seinem Tod 1831 lehrte und lebte, «Mittelpunkt aller Geistesbildung und Wahrheit» sei. Für den dänischen Philosophen war Berlin «die wohl einzige Stadt in Deutschland, in die es sich in wissenschaftlicher Hinsicht lohnt zu reisen» – insofern hing bereits Kierkegaard einer Vorliebe an, der seine Landsleute in heutiger Zeit auch frönen, Berlin ist eine Reise wert, Berlin ist aber nicht Deutschland.

Allerdings war Kierkegaard ein Grenzgänger im übertragenen, im intellektuellen Sinne. Ohne die philosophische Konfrontation mit Hegel, ohne die geistige Auseinandersetzung mit Mozarts Opern – um nur dieses zu nennen – wären ihm einige Konfliktfelder abgegangen. Andererseits fehlte der deutschen Philosophie, dem deutschen Denken eine ganz wesentliche Bezugsgröße, hätte es nicht Søren

Kierkegaard gegeben. Rainer Maria Rilke war einer der Ersten, der ihn entdeckte und der wegen Kierkegaard und Jens Peter Jacobsen (1847–1885) Dänisch gelernt hat.

Im Herbst 1841 – einen Monat nach seiner Disputation – kam Kierkegaard erstmals nach Berlin. Er kam, um seine Verlobte Regine Olsen zu vergessen, aber auch um den alten Schelling zu hören. Die tiefe Depression, in die Kierkegaard nach dem von ihm bewusst initiierten Scheitern seiner Verlobung gefallen war, hellte sich in Berlin auf, die Blockade seiner Feder war gebrochen, es begann eine bis zu seinem Tode 1855 nicht abreißende Schaffenswut. Den biografischen Bezug zu Berlin sollte man nicht übertreiben, aber immerhin geschieht es in dieser Stadt und an ihrer Universität, dass Kierkegaard – der durch seine philosophischen Väter eingebettet war in die dänisch/skandinavische Tradition der auf Erfahrung gründenden «Lebensphilosophie» – mit dem Schlüsselwort der «Wirklichkeit» zu seiner philosophisch-literarischen Produktion herausgefordert wurde.

Kierkegaard kommt dreimal zurück nach Berlin, jeweils im Mai; er fährt beim zweiten Mal auf demselben Dampfer, wohnt in derselben Pension am Gendarmenmarkt und flaniert dieselben Linden herunter, spaziert im selben Tiergarten. Diese wiederholten Erfahrungen animieren ihn zu dem kleinen Roman «Die Wiederholung. Ein Versuch in experimentierender Psychologie», der 1843 in Berlin geschrieben wird und genau diese Reise und die Gedanken dieser Reise wiederholt – Berlin wird zur «Wiederholung».

Während einer Audienz bei König Christian VIII. 1847 antwortete er auf die Frage nach Reiseplänen, dass er wieder nach Berlin wolle; gefragt nach seinen «vielen interessanten Bekanntschaften», antwortete er: «Nein, Eure Majestät, in Berlin lebe ich ganz isoliert und arbeite besonders viel.» Noch 1854 vermerkt er in seinem Tagebuch: «Geh nach Berlin!» Nur dort schien er sich vor den Verfolgungen der Kopenhagener «Sippschaft» sicher, mit diesem wenig schmeichelhaften Titel bezeichnete Kierkegaard die Tonangebenden des Kopenhagener Bildungsbürgertums – für ihn intellektuelle Kleinbürger, die Hegelianer und die theologischen Spießer.

Kierkegaard ist der Philosoph des Einzelnen, des Individuums, der Persönlichkeit. Er versteckte sich hinter rund 15 verschiedenen Pseudonymen, in deren Namen seine philosophischen Werke erschienen (nur seine religiösen Schriften veröffentlichte er unter eigenem Namen). Jahrelang hat die Kopenhagener Öffentlichkeit gerätselt, wer wohl hinter all diesen Namen verborgen war: Johannes Climacus, Anti-Climacus, Vigilius Haufniensis, Frater Taciturnus, Victor Eremita usw. Er nannte dies seine «bewaffnete Neutralität»: Der Einzelne, sein so geliebter Leser, wie er ihn anspricht, soll durch die Lektüre zum Selbstdenken angeregt, nicht von einer schreibenden Autorität zur Nachahmung verleitet werden, zu einem Leben im wirklichen. Kierkegaard wird der erste Existenzphilosoph genannt, vorzuziehen wäre der Begriff Persönlichkeitsphilosoph. Gelernt hat Kierkegaard beim «gemeinen Mann», er wanderte durch die Straßen und Parks Kopenhagens, schnappte die Lebensweisheiten in Gesprächen auf, er saß in Cafés, war der ewige Student. Bewahrt hat er sich eine Leichtigkeit der Sprache, deren Esprit in den Übersetzungen leider nur zu leicht verloren geht. Kierkegaard war ein Meister der Sprache und des Witzes, seine journalistische Begabung ist nicht zu unterschätzen, in seinen umfangreichen Tagebuchaufzeichnungen finden sich Polemiken über seine Zeitgenossen und die Dummheiten des Alltags in Fülle:

«Das dünnste Bier kann ebenso sehr schäumen wie das stärkste; aber der Unterschied ist, dass der Schaum des dünnen Bieres sich höchstens eine Minute hält, der des starken Bieres aber so lange, wie es seiner Kraft entspricht. So ist es auch mit den Menschen; der Unterschied ist nicht, dass einige schäumen können, andere nicht; alle können das zu einer gewissen Zeit; aber die Frage ist, wie lange es vorhält.»

## «NUR EIN SPIELMANN»

Seine erste Publikation veröffentlichte Kierkegaard 1838 über einen Zeitgenossen, den er für ziemlich schwach begabt hielt, dessen Biederkeit und Naivität er unerträglich fand – über Hans Christian Andersen (1805–1875) und dessen Roman «Nur ein Spielmann»; ihn überzog er mit beißender Kritik. Wenn Kierkegaard Dänemarks berühmtester Intellektueller ist, dann ist Andersen Dänemarks berühmtester Dichter. Andersen, in Odense auf Fünen in ärmlichsten Verhältnissen aufgewachsen, aber mit einem unbändigen Willen und Wollen ausgestattet, nach oben zu kommen, womit er vielen erheblich auf die Nerven ging, Andersen zog es mit 14 Jahren nach Kopenhagen. Er wollte Sänger, Tänzer und Schauspieler werden, hatte dafür aber nicht genug Talent. Er erhielt die Förderung durch Jonas Collin, den Direktor des Kopenhagener Königlichen Theaters, durchlief eine ihn lebenslang traumatisierende Nach-Schulzeit – und scheiterte danach auch mit seinem Versuch, ein ernsthafter Schriftsteller zu werden. Zumindest in Dänemark werden seine Romane «Der Improvisator» (1835), «OT» (1836) und «Nur ein Spielmann» (1838) nicht sonderlich geschätzt, die Übersetzungen kommen in Deutschland dagegen ganz gut an.

Seinen Durchbruch erzielte Andersen mit den überwiegend von ihm selbst erfundenen Märchen, «erzählt für Kinder», die ab 1835 erschienen, ab 1838 auch auf Deutsch. Er selbst hat dieses Genre zwar zunächst nicht ernst genommen, es begründete aber seinen Weltruhm. Vor allem in Deutschland war er ein geschätzter und gefeierter Schriftsteller und häufiger Besucher. Im Gegensatz zu seinem Antipoden Kierkegaard war Andersen ein Reisemensch. Mehr als 30 große Reisen hat er unternommen, er kam bis Spanien, natürlich nach Italien, in die Türkei und nach England; sein häufigstes Reiseziel aber war Deutschland, 30-mal allein soll er in Dresden gewesen sein. Die Reiselust – Andersen war ein Eisenbahnfan – stand in einem gewissen Widerspruch zu seiner Hypochondrie, seiner Lebensangst, seiner Verschraubtheit – in seinen sehr umfangreichen Reisetagebüchern vermerkte er immer wieder unartige Gesellschaft, belastende Reisebedingungen, Wehwehchen, schlechtes Wetter. Aus Angst vor Hotelbränden führte er stets eine Strickleiter mit sich, um sich im Falle des Falles abseilen zu können – so erzählt man sich jedenfalls sehr gerne.

Seine Ehe- und Kinderlosigkeit – der Dichter für die Kinder liebte diese nicht sehr! –, seine unglücklichen Lieben waren immer wieder Anlass für Gerede, eine gescheiterte Verlobung lastete bis zum Lebensende auf ihm. In die schwedische Sängerin Jenny Lind (1820–1887), eine europäische Diva, verliebte er sich 1843, diese Liebe blieb aber unerwidert. In seinen zum Teil ja recht scheußlichen und wenig kinderfreundlichen Geschichten verarbeitete er seine Lebensgeschichte. «Hans im Glück» heißt einer seiner Romane nicht umsonst; in der «Kleinen Meerjungfrau» ist auch seine eigene unglückliche Liebe erzählt, mit «Die Nachtigall» verarbeitete er seine Liebe zu Jenny Lind, der seither der Titel «die schwedische Nachtigall» anhing. Das «Hässliche kleine Entlein» wird als die Geschichte des armen verkannten Dichters Hans Christian Andersen gedeutet.

Andersen, groß gewachsen und dürr, war keine Schönheit, seine Sprachkenntnisse begrenzt. Manch einen Zeitgenossen strapazierte er: Die nachhaltigst überlieferte Anekdote ist jene vom Besuch bei Charles Dickens 1857. Die beiden waren sich zehn Jahre zuvor zum ersten Mal begegnet und hatten Gefallen aneinander gefunden, Dickens lud Andersen zu einem Besuch in sein Haus ein. Diesen Aufenthalt dehnte Andersen auf Wochen aus, Dickens und seine Kinder machten folgenlose Bemerkungen – Andersen blieb. Eine Tochter schrieb später: «He was a bony bore, and stayed on and on.» Uriah Heep in «David Copperfield», den Dickens kurz nach dem Besuch Andersens veröffentlichte, ist ein Ebenbild des penetranten Besuchers ... Andersen hat den Besuch genossen – und nie verstanden, warum Dickens seine Briefe danach nicht beantwortete. Auf den Spiegel im Besuchszimmer schrieb der englische Dichter nach Abreise seines dänischen Gastes: «Hans Andersen slept in this room for five weeks – which seemed to the family AGES!»

**Der Dichter Hans Christian Andersen (1805–1875), Porträtholzstich nach einem Gemälde von August Grahl (1791–1868), 1846.**

Andersen wurde ein Opfer der deutsch-dänischen Auseinandersetzungen im 19. Jahrhundert. Strahlte sein Ruhm in seinem Vaterlande auch nicht so sonderlich, so hatte er doch im Ausland und vor allem in Deutschland zahlreiche Freunde, ja Bewunderer; seine Werke verkauften sich nicht schlecht. Von diesem Markt musste er sich mit Zunahme der Verstimmungen und Feindseligkeiten verabschieden, von den Freunden musste er sich trennen, zumindest zurückziehen – wollte er nicht seine Beziehungen im eigenen Land aufs Spiel setzen. Die Reisen wurden weniger, die Korrespondenzen verhaltener, Andersen einsamer.

Seinem Ruhm in Deutschland, in der Welt – seine Werke zählen zu den meistübersetzten der Weltliteratur –, schließlich auch in Dänemark hat das auf Dauer keinen Abbruch getan. Die «Kleine Meerjungfrau» des Bildhauers Edvard Eriksen (1876–1959), gestiftet vom Mäzen Carl Jacobsen (Carlsberg-Stiftung), wurde zum Wahrzeichen Kopenhagens und sitzt seit 1913 den Touristen Modell am Langelinie-Kai vor der Ausfahrt in den Öresund. Sie ist die Hauptfigur eines

Märchens, hat ansonsten mit Dänemark und Kopenhagen nichts zu tun – es sei denn als Symbol für ein «märchenhaftes Dänemark». Andersen wurde zum besten Werbeträger des Landes, verkannt wie er war von den eigenen Landsleuten. HCA wurde ein dänisches Markenzeichen – exzellenter Marketingstratege, der er in eigener Sache war, so hätte er sich *dieses* wohl nicht erträumen können.

### DAS GOLDENE ZEITALTER II

Als Andersen 1875 starb, hatte Georg Brandes seine kulturradikalen Vorlesungen an der Kopenhagener Universität gehalten, war das Zeitalter der Industrialisierung angebrochen, das Deutsche Kaiserreich gegründet, und Dänemark durchlebte wieder eine politische, eine eiserne Umbruchszeit, die mit kultureller Blüte einherging. Der Schock von 1864 lag noch nicht lange zurück. Das herrschende politische Regime ein konservatives zu nennen wäre ein Euphemismus, es war ein reaktionäres – aber die Luft war durchaus auch revolutionsschwanger. Gleichwohl erlebten Dänemark im Allgemeinen und Kopenhagen im Besonderen am Ende des 19. Jahrhunderts eine Wende, die in der Überschrift die «Glücklichen Neunziger» gefasst wurde, «Traumzeit» wird als Etikett auch gerne verwandt. Es war die Zeit des «seelischen Durchbruchs», aber auch die der Nervenkrankheiten.

Ereignete sich der parlamentarische Durchbruch 1901, so ging diesem die Entdeckung der Natur und der Psyche in Literatur, Kultur und Wissenschaft voraus. Kopenhagen boomte, eine Art von Gründergeist brach aus: Zwischen 1870 und 1900 wuchs die Einwohnerzahl von 181 000 auf 401 000. Die Hauptstadt bekam mit einem neuen Rathaus, gegenüber vom Tivoli, dem neuen Bahnhof und einem ganz neuen Stadtviertel, im Westen an das alte Zentrum grenzend, neue, moderne Dimensionen. Die Backsteinarchitektur erlebte eine vom Jugendstil inspirierte Wiedergeburt; mit der «Marmorkirche» – auf der Achse von Schloss Amalienborg – wurde die größte Kirche im Land gebaut, sie ahmte die Silhouette des römischen

Petersdoms nach. Übrigens gibt es in Dänemark nur *einen* «Bahnhof», ja *einen* «Hauptbahnhof», nämlich den von Kopenhagen. Alle anderen Eisenbahnhaltestellen heißen lediglich «Station». Ein neues Medium kam in diesen Jahren in Mode und hob Dänemark in das Licht der Weltöffentlichkeit: der Stummfilm. In den letzten Jahren des Jahrhunderts bis in den Ersten Weltkrieg hinein entwickelte sich der dänische Stummfilm zu einer Weltgröße, elektrisierte im buchstäblichen Sinne Literaten und Künstler. Bevor Hollywood und die UFA nach dem Krieg den Markt dominierten, waren es die Dänen, die eine beherrschende Position einnahmen. «Nordisk Film» wurde 1906 gegründet, sie ist heute die älteste Filmgesellschaft der Welt.

Der Einfluss von Nietzsche, Ibsen, Strindberg, Munch erreichte Dänemark. Jens Peter Jacobsen, Sophus Clausen, Herman Bang, Johannes V. Jensen wurden zu international gefeierten Dichtern des Naturalismus, des Symbolismus der seelischen Impressionen; Jens Ferdinand Willumsen, Peter Severin Krøyer, Vilhelm Hammershøj zu den Malern des industriellen *und* seelischen Durchbruchs. Die im Freien arbeitenden Skagenmaler, benannt nach dem kleinen Fischerdorf an der Spitze Jütlands, gelangten zu internationalem Ansehen. Sie malten realistisch, naturalistisch und in gewisser Weise auch impressionistisch, die französische Schule von Barbizon stand Pate – durch die Skagenmaler der 80er- und 90er-Jahre wurde das «nordische Licht» weltberühmt: Anna und Michael Ancher, Christian Krogh, Viggo Johansen, Maria und Peter Severin Krøyer.

Zu dieser Generation der in den Jahrzehnten um die Jahrhundertwende sozialisierten Personen gehört eine weitere, die es in die Weltliga der hervorragendsten Künstler geschafft hat, aber zugleich eine der nationalsten Figuren Dänemarks geblieben und beispielsweise auf dem 100-Kronen-Schein abgebildet ist: der Komponist Carl Nielsen (1865–1931). Nielsen war gleichaltrig mit dem Finnen Jean Sibelius, von dem er stilistisch so weit entfernt nicht liegt. Er begründete seinen musikalischen Ruf als Geiger und Dirigent. Seine sechs Sinfonien, das Violin-, das Flöten- und das Klarinettenkonzert sowie sein umfangreiches Kammermusikœuvre haben ihn rasch zu einem der Großen und Nachgefragten im In- und Ausland gemacht; in Dänemark wird er bisweilen wie ein Volksheld gefeiert: Die zuletzt erschienene Biografie bezeichnet ihn im Untertitel schlicht als «der Däne». Nielsen gehörte zu einer Generation, zusammen mit den oben Genannten, die sich durchaus als in einem neuen Goldenen Zeitalter lebend interpretiert haben, ausgehend von der Kultur des Symbolismus in den Neunzigern. Er gehörte zu denen, die sagen konnten: «Höre mit den Augen, sieh mit den Ohren, rieche mit den Händen, denke mit dem Herzen und fühle mit dem Hirn.»

### KORRESPONDENZPRINZIP

Carl Nielsen ist nicht nur eine dänische musikalische Portalgestalt, er stand nicht nur mitten zwischen Malern, Schriftstellern und Musikern dieses zweiten Goldenen Zeitalters, er war nicht nur eine europäische Musikerpersönlichkeit, nein, er war auch insofern ein Mittler zwischen den Kulturen, als er, wie viele seiner Zeitgenossen, die moderne Physik in sich aufnahm und deren Denkprinzipien für seine Musik umzusetzen versuchte. Dies war möglich, weil eine andere dänische Portalgestalt, diesmal diejenige der Physik, gleichzeitig mit Nielsen in Kopenhagen lebte und arbeitete: der Atomphysiker Niels Bohr (1885–1962), Nobelpreisträger von 1922 für die Entdeckung der Struktur der Atome («Bohr'sches Atommodell»). Der Name Bohr steht aber auch für das «Bohr'sche Korrespondenzprinzip», die Vermittlung zwischen der klassischen Physik und der modernen Quantentheorie – ein Begriff, der auch für Nielsen wichtig war und den er auf die Vermittlung klassischer Musikstile mit den modernen Tonlagen münzte: mit Augen hören und mit Ohren sehen.

Bohr arbeitete mit den Berlinern Max Planck und Albert Einstein zusammen, bei Bohr wiederum arbeitete lange Zeit ein junger Deutscher: Werner Heisenberg (1901–1976), er erhielt 1932 den Nobelpreis. Heisenberg entwickelte unter Bohrs Einfluss die «Unschärfe relation», Bohr andererseits in der Zusammenarbeit mit Heisenberg das «Komplementaritätsprinzip» – dies waren die «Kopenhagener Deutungen» der Quantentheorie von 1927. Was sich hier in den Naturwissenschaften abspielte, wird als kennzeichnend für das Kopenhagener Wissenschaftsmilieu insgesamt in der Zwischenkriegszeit interpretiert, nur in Kopenhagen hätte sich dieses ereignen können. Der Begriff «Korrespondenzprinzip» ist hierfür wohl sehr treffend. Er ist wohl auch treffend für die deutsch-dänischen Beziehungen insgesamt.

Das Korrespondenzprinzip zerbrach auf tragische Weise. Wie genau dies geschah, wissen wir bisher aber immer noch nicht genau: Während der deutschen Besatzung Dänemarks hat Heisenberg im Herbst 1941 seinen alten Mentor Bohr in Kopenhagen besucht, er kam mit dem abenteuerlichen Gedanken, mit ihm über die deutsche Atombombe sprechen zu können und «Friedensgespräche» zu führen. Bohr hielt Heisenberg aufgrund der ihm vorher zugetragenen Nachrichten für einen *agent provocateur* und war im Glauben, dass Heisenberg am Atomprogramm Nazi-Deutschlands arbeitete und das deutsche Atombombenprojekt verantworte. Tatsächlich arbeitete Heisenberg am Uranprojekt des Heereswaffenamtes. 1943 floh Bohr über Schweden in die USA. Robert Jungk hat in seinem Bestseller «Heller als tausend Sonnen» von 1956 darüber referiert, Michael Frayn hat aus den Verwicklungen 1998 ein faszinierendes Theaterstück gemacht: «Kopenhagen», darin üben sich drei Personen im Korrespondenzprinzip – Niels Bohr, Frau Bohr und Werner Heisenberg.

## EIN DEUTSCH-DÄNISCHER WAHLVERWANDTER

Mit einem Denkmal, das in das 19. Jahrhundert gehört, in die Zeit der kriegerischen Auseinandersetzungen um das dänische, das schleswig-holsteinische und das deutsche nationale und politische Selbstverständnis also, das dann in den europäischen Bürgerkrieg des 20. Jahrhunderts hineinreicht, kann man illustrieren, welchen Spannungsbogen der «gemeinsame Himmel» hat, welche Prinzipien Korrespondenzen bestimmen können und mit welch langer Dauer gemeinsame – traumatische – Erlebnisse im nationalen Gedächtnis nachwirken:

Der «Löwe von Idstedt» ist ein deutsch-dänischer Erinnerungsort besonderer Güte. Die Geschichte des Denkmals macht deutlich, welche Gemeinsamkeiten spätestens ab der Mitte des 19. Jahrhunderts verloren gegangen sind, wo die Ursachen liegen für die schwierigen deutsch-dänischen Beziehungen, die der Historiker Steen Bo Frandsen «eine komplizierte Nachbarschaft» nennt; bei ihm kann man nachlesen, welche Bedeutung im nationalen mentalen Haushalt die zu deutsch-dänischen Erinnerungsorten geronnenen Schlachtfelder und Ereignisse haben – das Danewerk bei Schleswig oder die Düppeler Schanzen etwa. Die Asymmetrie der Beziehungen wird in der komplizierten Nachbarschaft anschaulich.

Die deutsch-dänische Grenzregion, einstmals eine der umkämpftesten in Europa, ist heute durch Transnationalität geprägt; bis vor ein, zwei Generationen war das noch anders. Von einem friedlichen, ungestört nachbarschaftlichen Zusammenleben konnte nicht die Rede sein. Die Transnationalität der Region war und ist eine politische, eine kulturelle und eine sprachliche; sie war selten eine wirtschaftliche, nie eine religiöse Grenzüberschreitung. Ein Praktiker und Aktivist in und aus der Region beschreibt dies in seinen Lebenserinnerungen als «Zweiströmigkeit». Seine Erinnerungen tragen den treffenden Titel: «Aus einem Leben in zwei Kulturen», einem Leben, das von der preußischen Periode am Ende des 19. Jahrhunderts bis in die Zeit nach dem Zweiten Weltkrieg reichte.

Wenn immer wieder darauf hingewiesen wird, dass die deutsch-dänische Grenzregion heute eine der vorbildlichsten und friedlichsten in Europa ist, dann geschieht dies zumeist mit dem Hinweis auf die Bonn-Kopenhagener Erklärungen von 1955, mit denen die gegenseitige Kulturzugehörigkeit nach Jahrzehnten, ja Jahrhunderten der Konflikte vorbehaltlos anerkannt wurde. Bezeichnenderweise sind es *zwei*, aber annähernd gleich lautende Erklärungen, kein einheitliches deutsch-dänisches Dokument – zehn Jahre nach Ende des Zweiten Weltkrieges und zehn Jahre nach dem Ende der deutschen Besetzung Dänemarks war die Zeit für ein *gemeinsames* Dokument noch nicht reif; Dänemark hatte ja nicht die besten Erfahrungen mit gemeinsamen Verträgen gemacht. Die beiden Erklärungen stellen in gewisser Weise die deutsch-dänischen Grundgesetze dar, erklären die kulturelle Zugehörigkeit für unabhängig von der Staatszugehörigkeit. Mit dieser Regelung, die aus der Opportunität der Stunde geboren war, war es Dänemark möglich – auch um innenpolitische Spannungen zu überwinden –, der deutschen Mitgliedschaft in der NATO zuzustimmen.

Das Symbol für die Erinnerungswiderstände unter Dänen und Deutschen ist der «Löwe von Idstedt», auch hin und wieder als «Löwe von Flensburg» bezeichnet. Er ist ein zentrales Symbol der dänisch-deutschen Wahlverwandtschaft geworden, die von Anziehung und Abstoßung durchaus im Goethe'schen Sinne geprägt ist. Von dem deutschsprachigen Dänen Herman Wilhelm Bissen (1798–1868), einem Schüler Bertel Thorvaldsens (1770–1844), zur Erinnerung an die von Dänen gegen die Schleswig-Holsteiner gewonnene Schlacht bei Idstedt (nahe Schleswig) am 25./26. Juli 1850 im Ersten Schleswigschen Krieg entworfen, ist der Löwe ein dänisches Siegesdenkmal. Die Schlacht von Idstedt gilt als eine der blutigsten Nordeuropas überhaupt: 3798 Tote soll es auf dänischer Seite gegeben haben, 2828 auf schleswig-holsteinischer; von Idstedt blieb nur ein einziges Haus übrig. Der Löwe wurde 1862 trotz Warnungen vor nationalistischen Protesten auf dem Alten Friedhof in Flensburg aufgestellt; auf der gegenüberliegenden Gedenkstätte waren 51 gefallene Dänen beigesetzt. Nur zwei Jahre später wurde er von preußenfreundlichen Flensburgern kurz vor dem Einmarsch der preußischen Truppen im Februar 1864 gestürzt. Flensburg wurde deutsch, wurde preußisch. Die Siegreichen verbrachten den Löwen bzw. seine Überreste 1867 auf Anweisung Bismarcks als Trophäe nach Berlin, er wurde im dortigen Zeughaus (dem heutigen *Deutschen Historischen Museum*) aufgestellt.

Der Löwe von Idstedt an seinem neuen Platz auf dem Søren-Kierkegaard-Platz in Kopenhagen.

## DÄNISCHE SEHNSUCHT IN BERLIN

Der reiche Berliner Bankier und Kaufmann Wilhelm Conrad (1822–1899) ließ um 1870 im neuen Alsen-Viertel am Wannsee eine Zinkkopie des Löwen aufstellen – «Alsen» heißt die dänische Insel, vor der die Düppeler Schanzen liegen, bei denen 1864 der entscheidende preußisch-österreichisch-deutsche Sieg errungen wurde. Ein Schwager Conrads hatte am Krieg teilgenommen: Insofern kann man die Berliner Kopie des Löwen als ein preußisches Siegesdenkmal von 1864 über die Dänen interpretieren. Die Kopie ist ebenfalls mehrmals umgezogen und verlotterte bis 2005 ziemlich, der Löwe verlor beispielsweise 1919 seinen Schwanz. Nach Heckeshorn, wo sie heute steht, kam die Kopie 1938.

Der kopierte Löwe schaut von diesem Standort, neben der Gedenkstätte «Haus der Wannsee-Konferenz», weiterhin sehnsüchtig nach Norden, dorthin, wo man Dänemark vermuten kann und wo das Original steht, wiederum mit souveränem Blick nach Süden gewendet. Fast könnte man meinen, Georg Brandes (1842–1927) hätte den Blick des Wannsee-Löwen auf sich selbst bezogen, als er 1881 aus seinem Berliner Exil nach Kopenhagen schrieb: «... schön lässt sich von diesem breiten Fenster [seiner Wohnung im Tiergarten] aus träumen. Unwillkürlich bleibe ich täglich daran stehen, stütze meinen Arm am kräftigen Fenstergriff ... und lehne den Kopf in die Hand; dann richte ich wie Svend Vonved meinen Blick in die Weite und starre hinaus, bis ich nichts mehr wahrnehme, und empfinde nur noch Sehnsucht. Bis Dänemark kann ich nicht sehen; nicht einmal in Dänemarks Richtung, und doch sehe ich viele in Dänemark vor meinem geistigen Auge.» In den Blick des großen Löwen am Wannsee kann man viel Sehnsucht der Brandes'schen Art hineinlesen. Er wurde 2005 aufwendig restauriert.

In Berlin steht noch ein weiteres Erinnerungsstück an den Schleswigschen Krieg, das von Dänen durchaus als Ärgernis empfunden werden kann: Die 1864–1873 erbaute Siegessäule (seinerzeit auf dem Königsplatz) wird in drei Ringen von vergoldeten Kanonenrohren ummantelt, zur Erinnerung an die drei siegreichen deutsch-preußischen Einigungskriege – einer dieser Ring besteht aus dänischen Rohren …

Der originale freundliche, stupsnäsige Löwe hat viel gesehen und erlebt. Den Sturz und die Demontage 1864 hat er überstanden, den Transport nach Berlin und den dortigen Triumphzug über die Linden auch. Im Zeughaushof blieb er aber nicht lange; sein Berliner Standort wurde 1878 die Lichterfelder Kadettenanstalt. Die kaiserlichen Kadetten haben mit ihrem Maskottchen so manchen Spaß getrieben. Im «Tausendjährigen Reich» wurde die Anstalt zur Herberge der «Leibstandarte Adolf Hitler».

Nach dem Zweiten Weltkrieg wurde das originale Monument von General Dwight D. Eisenhower dem dänischen König geschenkt (so geht die schöne, aber nicht ganz wahre Geschichte) und nach Kopenhagen transportiert. Die «Eisenhower'sche Schenkung», von einem findigen dänischen Journalisten (Henrik V. Ringsted) eingefädelt und organisiert, war unter denkmalpflegerischen Gesichtspunkten ein barbarischer Akt: In der «Operation Löwe» wurde selbiger zersägt und auf LKW verladen. Welche Symbolik steckt nicht in dieser Tat!

In der dänischen Hauptstadt, wo er ja eigentlich nichts zu suchen hat, war der Löwe bis 2002 auf einem hölzernen Sockel im Hinterhof des dortigen Zeughaus-Museums postiert und fristete ein recht unbeachtetes Dasein. Mit dem Um- und Neubau der Königlichen Bibliothek und der Neugestaltung des Areals direkt am Hafen wurde dann endlich ein Steinsockel auf dem Søren-Kierkegaard-Platz vor der Bibliothek errichtet, wo er, so scheint es, seine letzte Ruhestätte, besser: seinen letzten Stehplatz gefunden hat. Man darf sich fragen, welches die größere kulturelle Errungenschaft von beiden ist: dass der Löwe nun endlich einen würdigen Platz oder dass der größte dänische Philosoph am Beginn des 21. Jahrhunderts endlich auf der Straßenkarte seiner Heimatstadt einen Ort gefunden hat – bis 2002 gab es Søren Kierkegaard im Kopenhagener Straßenverzeichnis nicht, keine Straße, kein Platz war nach ihm benannt. Man wird sich allerdings auch fragen dürfen, was der Philosoph denn mit dem Löwen gemein hat, was Kierkegaard denn zu dieser Verbindung gesagt hätte …

Seit den 80er-Jahren des vorigen Jahrhunderts ist eine bisweilen hitzige Debatte über die Erinnerungskultur der deutsch-dänischen Grenzregion aufgekommen und die Rolle des Bissen'schen Löwen darin. Von dänischer Seite gab es viele Vorschläge für einen neuen sinnvollen Standort für das Denkmal – darunter auch, es nach Flensburg zurückzugeben. Das bisherige Ende der Debatten ist traurig, denn die Chance, ihn im zusammenwachsenden Europa, vor allem aber nach dem Ende der dänisch-deutschen Rivalitäten von Kopenhagen wieder nach Flensburg zu bringen, blieb bislang ungenutzt. Von dänischer Seite gibt es nämlich eine Bedingung für die Rückkehr an den Ursprung: Der Flensburger Stadtrat müsse sich für die Rückkehr entscheiden. Die Mehrheit der Ratsherren und -frauen sieht dazu aber keinen Anlass – der Flensburger Löwe gilt in Flensburg mehrheitlich noch als ein dänisches Siegesdenkmal.

Damit ist *diese* Geschichte einer *gemeinsamen* deutsch-dänischen Erinnerungskultur zu Ende – es gibt sie ganz offenbar nicht.

# 8 DÄNEMARK UND EUROPA

## DER SCHWIERIGE WEG NACH EUROPA

Dreimal hat Dänemark einen Antrag auf Mitgliedschaft in der Europäischen Gemeinschaft gestellt (1961, 1967 und 1972), zweimal scheiterte dieser am Veto des französischen Präsidenten Charles de Gaulle, der den Mitbewerber Großbritannien nicht dabeihaben wollte, ohne den Dänemark aber nicht in die Gemeinschaft konnte und wollte. Als die Dänen dann 1972 nach der de-Gaulle-Ära und nach erfolgreichen Verhandlungen abstimmten, sprachen sich 63,3 Prozent der Bevölkerung dafür und 37,7 Prozent dagegen aus. Dieses sollten die besten Zahlen bleiben, die in den folgenden Jahrzehnten *für* Europa abgegeben wurden. Dänemark sollte ein loyales, aber zurückhaltendes Mitgliedsland werden.

Das Beitrittsersuchen hatte eindeutig wirtschaftliche Gründe: Großbritannien war Dänemarks Haupthandelspartner, ihm musste das Land aus ökonomischer Rationalität in die Gemeinschaft folgen; die politischen Vorbehalte, zunächst gegenüber Deutschland, dann gegenüber der Integrationspolitik der Gemeinschaft, ließen die Animositäten wachsen, vielleicht sollte man fairerweise besser von Vorbehalten sprechen. Diese Vorbehalte machen sich in Meinungsumfragen geltend, sie werden aber auch im politischen und kulturellen Alltag offenbar, etwa in dem fast vollständigen Fehlen Europas im dänischen Alltag. In Politik und Wirtschaft hatte man die Zweiteilung des europäischen Marktes immer mit Sorge betrachtet (Freihandelszone auf der einen Seite, zu der Großbritannien und Dänemark gehörten, die Europäische Gemeinschaft auf der anderen Seite), da Dänemarks große Handelspartner, Deutschland und Großbritannien, sich in unterschiedlichen Blöcken befanden, der Zugang für den dänischen Agrarexport aber gerade auf die kontinentalen Märkte für das Land so wichtig war. Bereits am Beginn der europäischen Zusammenarbeit war ein dänisches Dilemma offensichtlich: die wirtschaftliche Notwendigkeit der Kooperation und die politische Skepsis gegenüber dieser Kooperation. Der dänische Außenminister Per Hækkerup drückte dieses Dilemma in den 60er-Jahren einfacher aus: Dänemark habe drei große politische Probleme: «Deutschland, Deutschland und noch einmal Deutschland.» Und noch 1992 bekräftigte eine sozialdemokratische Zentralgestalt wie Ritt Bjerregaard, dass Deutschland auch in Zukunft für seine Nachbarn ein Problem darstellen würde. Deutschland sei eben zu groß für Europa.

Der dänische Weg nach Europa war schwierig, kein Zweifel. Mit der Mitgliedschaft in der Gemeinschaft ab 1973 war eine Etappe erreicht, aber eben nur eine Etappe. Der Chor derjenigen, die den Weg zurück gerne antreten würden, ist nach wie vor unüberhörbar.

## WO LIEGT DÄNEMARK AUF DER POLITISCHEN LANDKARTE?

Während sich in den Namen vieler Städte und Personen politische Ereignisse und Pläne metaphorisch zusammenziehen, fehlte «Kopenhagen» bisher auf dieser Landkarte – «Helsinki» beispielsweise steht für den Ost-West-Ausgleich, «Schengen» für die europäische Grenzenlosigkeit, «Bologna» für die Bildungsharmonisierung und «Oslo» für die Nahost-Friedensverhandlungen. Auch Namen charismatischer politischer Führer, die sich in das Gedächtnis der Weltöffentlichkeit wie ein politischer Begriff eingeschrieben hätten, hat Dänemark nicht hervorgebracht, vergleichbar jenen der Nachbarländer: Einen dänischen Olof Palme, eine Gro Harlem Brundtland, einen Urho Kekkonen wird man nicht ausfindig machen können. Allein der Begriff «Dänemarkisierung» hielt sich in den 70er- und 80er-Jahren einige Zeit in politischen und in NATO-Kreisen. Er meinte die abschätzige Charakterisierung der dänischen Politik, den Schutz der Nato im Allgemeinen und der Vereinigten Staaten im Besonderen in Anspruch zu nehmen, aber dafür keinen angemessenen Teil der Kosten und des Risikos mittragen zu wollen. Dänemark hatte damals eine Reduzierung der Wehrdienstzeit und der Mannschaftsstärken beschlossen. Diese Begriffsleerstelle wurde erst während der dänischen EU-Ratspräsidentschaft 1993 und definitiv zehn Jahre später in der zweiten Hälfte 2002 behoben: Seither sind die «Kopenhagener Kriterien» ein fester Begriff in der europäischen politischen Terminologie. Dass ausgerechnet der Name der Hauptstadt der europaskeptischen Dänen mit der Umsetzung der hehrsten Ambitionen der Europäischen Union verbunden ist, nämlich der größten Erweiterung ihrer Geschichte, muss ambivalent interpretiert werden, wenn es nicht überhaupt ein Paradox im europäischen Einigungsprozess darstellt.

Hatte man sich auf dem Brüsseler Gipfel im Oktober 2002 auf die wesentlichen Punkte im Verlauf der ambitiösen Ost- und Süderweiterung der EU geeinigt, so ging dann mit der endgültigen Einigung auf dem Kopenhagener Gipfel im Dezember zu Ende, was in die Geschichte eingegangen ist. Die gesamte dänische Präsidentschaftspolitik 2002 stand im Grunde unter *einem* Thema, nämlich der Erweiterung der Union. Alle anderen Politikfelder lagen im Schatten der Aufnahmeverhandlungen mit zehn überwiegend ehemals osteuropäischen Ländern. Diese europäischen «Nebenthemen» des Jahres 2002 waren die Terrorismusbekämpfung, die Durchsetzung der Menschenrechte, die Fortentwicklung des Binnenmarktes, einschließlich der ökonomischen Liberalisierung, die Reform der gemeinsamen Agrarpolitik, einschließlich der kniffligsten «Bagatelle», der Transitfrage zwischen Kaliningrad und dem russischen Mutterland. Und, man erinnere sich, auch die virulenteste Nebenfrage dieses Jahres wurde im dänischen Kopenhagen perspektivisch behandelt: Die Tür zu einer Mitgliedschaft der Türkei wurde nicht zugeschlagen.

## DIE «KOPENHAGENER KRITERIEN»

Damit kam in Kopenhagen zu einem guten Ende, was zehn Jahre vorher, nämlich 1993, bereits dort begonnen hatte – die Festlegung der «Kopenhagener Kriterien», die anzuwenden sind im Falle des Beitritts neuer Mitglieder. Die Beitrittskandidaten haben in diesen zehn Jahren gewaltige Anstrengungen der Angleichung unternommen, sie haben ihre Rechtsordnungen angeglichen, ihre Wirtschaftssysteme, ihre politische und kulturelle Ordnung. Von insgesamt 31 Verhandlungskapiteln waren Ende November mit den einzelnen Kandidaten zwischen 26 und 28 abgearbeitet – der Osten wollte Westen werden; «Ost-», «Zentral-» oder «Mitteleuropa» wurden zu historischen Begriffen.

Der polnische Präsident Aleksander Kwaśniewski drückte dies in einem überzeugenden Bild aus: «Wenn wir die europäische Flagge hochziehen können, erfüllt sich für uns ein Traum, der uns 1945 gestohlen wurde.» Mit dem Namen Kopenhagen – und deswegen lohnt es sich, diese Geschichte zu erinnern – verbinden sich die ambitiösesten Anstrengungen zur Einigung Europas. Ein maßgebliches Kapitel der europäischen Einigungsbewegung ist in Kopenhagen geschrieben worden.

Man konnte allerdings am Beginn der dänischen Präsidentschaft die Hoffnung haben, dass ein Land mit seiner in der politischen Kultur so tief verwurzelten Kompromissorientierung wie Dänemark dieses Glanzstück europäischer Einigungspolitik würde vollenden können. Wenn nicht die skandinavischen Länder mit ihrer traditionell auf Konsens ausgerichteten Politik, welche anderen Nationen wären besser gewappnet für die Vermittlung europäischer Interessen und Machtansprüche? Auf der Kopenhagener Agenda hat dabei aber immer auch die Ostsee-, die Nordeuropaperspektive gestanden; die «Nördliche Dimension Europas», von Finnland erfunden und von Brüssel substantiiert, wurde ein wichtiges Merkmal europäischer Politik, schließlich grenzten vier Kandidatenländer an die Ostsee, sind nordeuropäische.

Von Kopenhagen nach Kopenhagen: Man rufe sich die Weltlage von 1993 in Erinnerung. Es war seinerzeit noch nicht daran zu denken, dass die Europäische Union sich nach Osten würde erweitern, dass die NATO Mitglieder des ehemaligen Warschauer Paktes würde aufnehmen können, ohne dass es je zu einem schweren politischen Konflikt mit Russland gekommen wäre. Die baltischen Staaten, Polen, Tschechien, die Slowakei und Ungarn sind heute Mitglieder der NATO, die übrigen Ostblockländer westlich Weißrusslands und der Ukraine wurden auf dem Prager Gipfel 2002 zur Mitgliedschaft eingeladen. Dass Putins Russland gegen die EU-Mitgliedschaft der baltischen Staaten Einspruch einlegen würde, wurde bereits einige Zeit vorher als eher unwahrscheinlich eingestuft. Auch in der Frage der NATO-Mitgliedschaft des Baltikums konnte man manchmal den Eindruck haben, dass eher Widerstände im Westen abzubauen waren als im Osten. Die außenpolitischen Konfliktfelder hatten sich in diesen zehn Jahren dramatisch verändert – zum Positiven hin! Am Ende des Jahres konnte sich die dänische Politik zufrieden und verdient eine Erholungspause gönnen: Man hatte sich bemüht, und die politische Weltlage hatte diese Bemühungen zu einem äußerst erfolgreichen Ende kommen lassen, ein zehnjähriger europäischer Einigungsprozess kam dank erheblichen dänischen Engagements zu einem positiven Ende.

Mit dem Beitritt Polens zur NATO 1999 ergab sich eine neue politische und militärische Situation in der Ostseeregion. Bereits im Jahr davor bildeten Deutschland, Dänemark und Polen ein gemeinsames Militärkommando – wohl kaum ein Ereignis markiert deutlicher und vor allem auch symbolisch die neue Politik im Norden. Dass Dänemark ein starker Befürworter einer Integration und der Mitgliedschaft der baltischen Staaten in die westlichen Kooperationsorganisationen (NATO, EU) war, resultierte auch aus dem starken dänischen Engagement bei deren Unabhängigkeitsbemühungen am Ende der 80er- und zu Anfang der 90er-Jahre. Dänemark hat sich aktiv an den NATO-Einsätzen im ehemaligen Jugoslawien beteiligt, damit einerseits seine europäische Loyalität unter Beweis gestellt, zugleich aber auch seine atlantische Orientierung demonstriert – Letzterer dürfte die militärische Beteiligung an George W. Bushs Zweitem Irakkrieg geschuldet sein.

## DÄNISCHE «OPT-OUTS»

Dänemark demonstriert aber parallel in gleich augenfälliger Weise, dass das europäische Projekt ein *top-down*-Projekt, ein Elitenprojekt, ist: Die «europäische Seele», auf deren Suche Jacques Delors die Europäer geschickt hatte, wird man weiterhin in Europa vergebens suchen, erst recht in Dänemark und den übrigen skandinavischen Ländern halten sich Überzeugung und Begeisterung für das Einigungsprojekt weiterhin in sehr engen Grenzen. Und das ist das Ambivalente bei allem dänisch-skandinavischen Engagement für Europa. Auch innerhalb Dänemarks ist das Europa-Projekt ein *top-down*-Projekt: Die politischen Eliten sind mehrheitlich dafür, während das Volk in den Umfragen skeptisch oder gar dagegen ist und bei Volksabstimmungen gerne Nein sagt. Wenn konkrete europäische Gemeinschaftspolitik umgesetzt werden soll, ist die dänische Bevölkerung dagegen. Auffallend ist das weitgehende Fehlen europäischer Symbole in Dänemark, wenn auch die allgemeine Stimmungslage so europafeindlich nicht ist. Mit Skepsis und Gleichgültigkeit wird man diese Haltung wohl überschreiben dürfen.

Es geht also um mehr als die nach wie vor gültigen dänischen *Opt-Outs* im Prozess des europäischen Einigungsprojektes – das sind die Vorbehalte, die sich Dänemark nach der ersten gescheiterten Maastricht-Volksabstimmung 1992 (49,3 zu 50,7 Prozent) garantieren ließ. Mit diesen Einschränkungen stimmte die dänische Bevölkerung dann in der zweiten Maastricht-Abstimmung 1993 mehrheitlich mit Ja (56,8 zu 43,2 Prozent):

- die Nichtteilnahme an der dritten Phase der Wirtschafts- und Währungsunion, der Euro bleibt in Dänemark eine fremde Währung,

- die Nichtakzeptierung einer europäischen Staatsbürgerschaft,
- die Nichtbeteiligung an einer gemeinsamen europäischen Verteidigungspolitik,
- die Nichtbeteiligung an einer gemeinsamen, intergouvernementalen Justizpolitik.

An einem im Alltag praktizierten, symbolischen Vorbehalt kann man deutlich machen, was die dänische Europaeinstellung charakterisiert: 1998 führte die EU-Kommission ein EU-Kennzeichen als Standard für Kraftfahrzeuge ein, das in einigen Ländern bereits davor Anwendung fand (etwa in Irland seit 1991 und in Deutschland seit 1995). In den neuen, östlichen Beitrittsländern konnte man – dies wäre durchaus als Zustimmung zum Integrationsprozess, wenn nicht als Begeisterung für das geeinte Europa zu werten – bereits vor oder unmittelbar zum Beitrittsdatum die Europakennzeichen beobachten. Dänemark, seit 1973 Mitglied der Europäischen Union, führte das EU-Kennzeichen erst 2008 ein – als letztes europäisches Land ... Selbst im Nicht-EU-Land Norwegen benutzt man seit 2006 ein an das europäische Kennzeichen angelehntes Design. In kaum einem europäischen Land werden die europäischen Symbole so zurückhaltend ausgestellt wie in Dänemark – wo selbst die Kreditkarten national aufgeladen, in Rot und Weiß gehalten sind und «Dankort» heißen. Keine offizielle Stelle schmückt sich beispielsweise mit der europäischen Unionsfahne, während sie in anderen Ländern auf jedem Marktplatz steht.

Die *Opt-Outs* sind Resultat von sechs Volksabstimmungen zur europäischen Unionspolitik zwischen 1972 und 2000. Zwei dieser Volksvoten waren negativ (1992 gegen den Maastricht-Vertrag und 2000 gegen den Euro), die Kämpfe darum hart und unskandinavisch kompromisslos. Gleichwohl wird in Eurobarometern immer wieder festgestellt, dass die dänische Bevölkerung positiv auf Europa schaut, ja dass bisweilen die Zustimmungen in Dänemark höher liegen als im europäischen Durchschnitt – das wird wohl an der Art zu fragen liegen. Die dänische Politik jedenfalls hat die Jahre über durchgehend immer wieder festgestellt – und bewiesen (!) –, dass sie das europäische Projekt befürwortet und fördert. Es stand nie infrage, dass Dänemark Europa erweitern will und maßgeblich am Erweiterungsprozess mitarbeitet. Wie die Eliten aller anderen europäischen Länder wissen auch die dänischen (und skandinavischen), dass das europäische Projekt allen Gewinn bringt – Wirtschaftsforscher etwa bezifferten den Wohlfahrtsgewinn für Deutschland im Jahr 2002 aufgrund des erweiterten freien Handelsraumes auf 5,5 Milliarden Euro, das deutsche Bruttosozialprodukt sollte dadurch um 0,4 bis 0,5 Prozent steigen.

### DIE DÄNISCHE KRONE HEISST IN WIRKLICHKEIT EURO

Dänemark ist insofern auch loyales Mitglied der europäischen Gemeinschaft, als es seine Währung an die Bedingungen der Währungsunion gebunden hat – aber nicht Mitglied der Euro-Gemeinschaft ist. Im Jahr 2000 stimmten bei der maßgeblichen Volksabstimmung 53 Prozent der dänischen Bevölkerung gegen den Euro und für das Überleben der Krone. Die Gründe waren nationale, die Befürchtung eines Souveränitätsverlustes nämlich. Man kann den Umstand mit Ironie oder mit Zynismus bewerten, dass Dänemark den Euro nicht eingeführt hat, aber alle Entscheidungen der Euro-Gemeinschaft vollzieht – das Land entscheidet nur nicht mit. Die Vertreter der Nationalbank von Malta im Direktorium der Europäischen Zentralbank in Frankfurt, so wird gewitzelt, befinden über die dänische Wirtschaft und Währung, während Dänemark keine Mitsprache- und Entscheidungsbefugnisse hat. Das Anrecht auf diese wurde vielmehr demokratisch und mehrheitlich aufgegeben. Oder ist es die List der Regierung über das Volk, dass in Dänemark in gewisser Weise der Euro Krone heißt? Mit Souveränitätserhalt hat das jedenfalls nichts zu tun. Dass insbesondere die kleinen Währungsräume, einschließlich des britischen Pfundes, von der Finanzkrise 2008 hart, um nicht zu sagen: härtest getroffen wurden, sollte im 21. Jahrhundert eigentlich Überzeugungskraft gewinnen, gegen die «nationale» Argumentation. Hans Eichel, damals deutscher Finanzminister, sagte nach der dänischen Abstimmung im September 2000, dass die Dänen ihrem stark ausgebildeten Sinn für Souveränität einen Bärendienst erwiesen hätten – spätestens 2008 sollte er recht bekommen. Der dänische Regierungschef will 2011 erneut über die Einführung des Euro abstimmen lassen – wenn es dann nicht zu spät sein sollte.

Man kann also nicht häufig genug wiederholen, dass die dänische EU-Haltung eine geteilte ist, eine regierungsamtliche und eine öffentliche. Während die regierungsamtliche das Projekt begünstigt, konterkariert die öffentliche sie und setzte beispielsweise darauf, dass sich die EU kaputterweitern würde. Der Slogan der Gegner – «Ja zu Europa, Nein zur EU» – erweist sich als ein Votum für die Teilung Europas und eine Absage an die Solidarität von Nachbarn.

Neben den offiziellen dänischen *Opt-Outs* ist das grundsätzlichere Problem der Nichtanerkennung Europas also «an der Basis» anzusprechen. Bekanntermaßen hält sich die Zustimmung zu Europa in den skandinavischen Ländern sehr in Grenzen, je weiter man nach Norden kommt, desto spür- und messbarer werden die Skepsis und die Gegnerschaft. Die Gründe hierfür liegen unter anderem darin, dass die politischen Eliten Dänemarks und die der anderen skandinavischen Länder es nicht verstanden haben, das *top-down*-Projekt mit einer *bottom-up*-Legitimität zu versehen. Die Gründe liegen aber auch darin, dass heute vergessen ist – und das haben die Eliten auch zugelassen –, dass das europäische Einigungsprojekt einmal ein Friedensprojekt gewesen ist; dies ist insbesondere ein Generationenproblem, es ist aber auch darin gegründet, dass die skandinavischen Länder auch in den Kriegszeiten des 20. Jahrhunderts relativ peripher gelegen haben. So konnte das Missverständnis passieren, dass Europa heute überwiegend unter nationalen, unter pragmatischen und funktionalen Aspekten diskutiert wird. Europa ist in Dänemark und Skandinavien kein Thema der «Seele», aber man muss auch konzedieren, dass das Wissen über Europa und die Union wohl in keiner Region des Kontinentes so umfassend ist wie in Skandinavien: Die jahrelangen Auseinandersetzungen, die vielen Informationskampagnen ließen ein überdurchschnittliches Wissen zu Europa wachsen. Dass hierbei die negativen Aspekte überwogen, ist Dilemma der politischen Klasse in Skandinavien im Allgemeinen, in Dänemark im Besonderen.

Die Nachkriegsidee eines wirtschaftlich geeinten (und später dann politisch zu einenden) Europa resultierte sicherlich aus den fürchterlichen Kriegserfahrungen und dem Bedürfnis, Deutschland nachhaltig zu domestizieren. Die westlichen Nachbarn Deutschlands betrieben daher eine aktive Europapolitik und eine Einbindung des einstigen Kriegsgegners in diese Prozesse.

Die skandinavischen Länder hingegen, Dänemark und Norwegen besonders, wandten sich nach innen, allenfalls nach Westen, zu einer deutschen Nachbarschaftspolitik, wie sie etwa typisch wurde für Frankreich und die Niederlande, konnte und wollte man sich nicht durchringen. Dass zwischen Deutschland und seinen Nachbarn nie wieder Krieg sein sollte, diese Grundidee der europäischen Einigung hat man in Skandinavien eigentlich nie richtig verstanden. Den deutschen Aufbruch zu einer postnationalen Nation erfassten die nördlichen Nachbarn nicht, sondern sie misstrauten der politischen und kulturellen Hoffnung, die sich daraus ergeben konnte. Das europäische Projekt ist nie als ein Friedensprojekt begriffen worden, sondern immer als eine Art Haftpflicht- und Rückversicherung: In guten Zeiten brauchen wir die Solidarität der anderen nicht, in schlechten Zeiten können wir gleichwohl darauf rechnen. Wenn man die Ergebnisse der Volksbefragungen und der Meinungsumfragen nimmt, dann ist die Gemeinschaft vor allem, wenn nicht ausschließlich eine wirtschaftliche, man ist Mitglied aus ökonomischen Gründen. Gute Nachbarschaft: Ja – aber nur das Allernötigste gemeinsam. Als die Finanz- und Wirtschaftskrise nach 2007 auch in Dänemark Spuren hinterließ, da gingen in den Meinungsumfragen die Zahlen der Euro-Befürworter in die Höhe, ja sie überrundeten die der Neinsager.

Aus der Perspektive der Skandinavier ist das europäische Zivilisationsmodell ein minderwertiges, das skandinavische hat in der selbstbewussten Eigenwahrnehmung die superiore Position. Hier ist alles besser, der schlechten Erfahrungen gibt es ja genügende, etwa mit den Deutschen 1864 und 1940. Das Thema hat allerdings nicht nur akademisches Interesse, sondern einen recht hohen Erklärungswert bei der Beurteilung der gegenwärtigen politischen Optionen und Politiken im Hinblick auf die Erweiterung der Europäischen Union und die Verstetigung und Ausweitung der inneren Strukturen – bis hin zu Fragen der weiteren Demokratisierung der Europäischen Union, ihrer politischen Prozesse und der Ausweitung des Euro-Raumes.

Die Hinwendung zum Westen nach dem Zweiten Weltkrieg, ablesbar auch an der Amerikanisierung der Kultur und der akademischen Welt in den skandinavischen Ländern, die sich politisch in der Abwendung von Europa äußerte, hat aparte Skizzen der *mental maps* hervorgebracht: Befragt nach ihrer räumlichen und politischen Nähe, haben die Skandinavier immer zuerst ihre nördlichen Nachbarn genannt, dann die überseeische Kooperation hervorgehoben, Europa landete regelmäßig und frühestens auf dem dritten Platz. Die große Welt lag dichter an Skandinavien als das kleine Europa. Kontinentaleuropa ist nie sonderlich gut begriffen worden. Deutschland war Transitland auf der Durchreise in den Süden, immer nur rechts von der Autobahn zu finden, wenn es nicht schon die Autobahnraststätte überhaupt war, die die Sehnsucht nach Deutschland hinreichend befriedigte.

Für viele, nicht nur für nichtdänische Beobachter, sondern auch für manchen Dänen selbst, sind das «europäische Dänemark» oder gar das «dänische Europa» Widersprüche in sich. Das hat etwas zu tun mit Größe, mit geografischer Größe. Europa aus der dänischen und der skandinavischen Perspektive, das sind immer die Anderen, die Größeren, die Stärkeren, diejenigen, die Misstrauen wecken bei einer kleinen Nation, die allerdings eine große Vergangenheit hatte.

Für Missverständnisse gibt es daher immer Anlässe. Die skandinavischen Missverständnisse über Europa haben aber einen weiteren Horizont, sie wurzeln nicht erst in den Erfahrungen mit den bürokratischen Strukturen der Europäischen Union oder mit den politischen Erfahrungen mit «großen» Nachbarn, sie haben nicht nur mit der peripheren Lage zu tun. Darüber lohnte es sich weiter nachzudenken.

Natürlich gibt es *die* dänische, *die* skandinavische oder *die* europäische Haltung nicht, natürlich gibt es Sympathisanten Europas auch in Skandinavien. Wenn eine dänische Stimme beispielsweise nach der Humboldt-Rede Joschka Fischers vom 12. Mai 2000 feststellte, dass er die «Krankheit zum Tode, die Eurosklerose», besiegt habe, dann ist das keine einzelne Stimme, repräsentiert aber doch eine Minderheit in Dänemark.

Der selbstbewusste Glaube an die eigene kulturelle und politische Superiorität und die Minderwertigkeit der anderen, vor allem der größeren Nachbarnationen, ist kein Phänomen der Gegenwart oder gar des 21. Jahrhunderts. Nimmt man für Skandinavien einen einzelnen dänischen Fall heraus, der sich vor langer Zeit ereignet hat, so bestätigt sich die These von der *longue durée* von Geschichte und Bewusstseinsablagerungen im kollektiven Gedächtnis.

## STRUENSEE, EIN EUROPÄISCHER BESUCHER IN KOPENHAGEN

Am 29. April 1772 wurde der Altonaer Arzt und dänische Staatsbevollmächtigte Johann Friedrich Struensee (1737–1772) unter dem Gejohle des Kopenhageners Pöbels, 30 000 an der Zahl, öffentlich gerädert, gevierteilt und gepfählt. Der 34-Jährige und sein Kompagnon Enevold Brandt hatten sich des Verbrechens der politischen Reformen schuldig gemacht. Struensee war Friderícianer, ein Anhänger Friedrichs des Großen. Erfüllt vom Geist der europäischen Aufklärung, brachte er knapp 20 Jahre vor der Französischen Revolution die Menschenrechte nach Dänemark. Sein Fehler war, dass er alle däni-

**Der 1772 hingerichtete Politiker Johann Friedrich Struensee (1737–1772), Porträtstich von Anton Wachsmann (1765–1836) nach einem zeitgenössischen Bild, um 1810.**

schen Vorurteile gegenüber Deutschen erfüllte, er war arrogant, überschätzte sich selbst, war beratungsresistent und recht egozentrisch, Dänisch hat er nie gelernt. Schwerer aber wog, und deshalb konnte man ihn wegen Majestätsbeleidigung juristisch belangen (alle anderen «Delikte» waren nicht justiziabel), dass er mit der 18 Jahre jungen Königin Caroline Mathilde allerhand sexuelle Interessen und ein Kind gemein hatte.

Der tatsächliche Grund seiner Verurteilung und Hinrichtung war aber, dass er der gutsherrlichen Willkürherrschaft auf dem Lande ein Ende bereitet hatte, dass er der Kopenhagener verschwenderischen Hof- und Adelsherrschaft zu Leibe rückte, die Beamtenherrschaft in Kopenhagen einschränkte, Herrschaft überhaupt legalisierte, die bäuerlichen Frondienste abschaffte, die Pressefreiheit nach Dänemark brachte, das Schulwesen und die Universitäten reformierte – dies alles zählte nicht, sondern machte ihn ganz im Gegenteil verdächtig. 1800 Kabinettsordres hat er in seiner 18-monatigen Amtszeit erlassen – mit Billigung und teilweise tatsächlich unterschrieben vom schwachsinnigen König Christian VII. Am Fall Struensee und seiner Art zu regieren wird eine schwere Verfassungskrise offenbar, in die die dänische Form des Absolutismus geraten war. Die persönliche Herrschaft des Königs und die Herrschaft der von ihm «Ermächtigten» gerieten in Widerspruch, da sowohl Christian VII. als auch sein Vater schwachsinnig waren.

Nach der Hinrichtung Struensees und Brandts wurden ihre sterblichen Überreste auf dem Friedhof der deutschen Kirche St. Petri verscharrt (ohne Kopf jeweils) und die Reformen rückgängig gemacht. Erst mehr als zwölf Jahre später führte der Kronprinz nach einem Staatsstreich wieder vorsichtig den liberal-aufgeklärten Geist in Dänemark ein. Er leitete 1787/88 die Befreiung der leibeigenen Bauern ein und setzte der Gerichtsbarkeit der Gutherren ein Ende. Mit diesem Akt begann in der Tat so etwas wie eine Befreiung der Bauern und eine Aufhebung von Knechtschaft, die dem Land insofern guttat, als damit ein Überspringen des Revolutionsgedankens aus Frankreich 1789 verhindert, vielleicht gar obsolet wurde.

Im Selbstbild Dänemarks hat sich dieses reformatorische Ereignis tief eingeprägt. Viele Denkmäler und Gedenksäulen wurden rundum im Lande der Bauernbefreiung gewidmet – damit wäre auf eine ungewollte Rehabilitierung Struensees hingewiesen. Dass die Gutsherren und die Kaufmannschaft nicht unbedingt selbstlos handelten, sondern die Freiheit der Bauern als ökonomischen Movens entdeckt hatten, dass das Militär auf die Schollenbindung der Bauern aufgrund anderer moderner Rekrutierungspraktiken nicht mehr angewiesen war, wurde in der Überlieferung geflissentlich übersehen. Man kann diese Konstruktion der gutsherrlichen und der königlichen Benevolenz an einer kolportieren Legende illustrieren: Als Frederik VI. im Dezember 1839 starb, sollen die dankbaren Bauern im Januar den Sarg mit seinen Überresten auf den Schultern von Kopenhagen in die Grabeskirche nach Roskilde getragen haben – ca. 30 Kilometer bei klirrender Kälte. Tatsächlich hatte die Polizei Mühe, den aufgebrachten Kopenhagener Pöbel vom Leichenzug fernzuhalten, 250 Bauern wurden schließlich abkommandiert, den Zug vor den Toren Roskildes zu empfangen und den Sarg in die Kirche zu tragen. Die Idee von den dankbaren Bauern war einfach zu schön, als dass sie aufgegeben worden wäre.

Das Land, zu dem bis 1814 auch Norwegen gehörte, hatte inzwischen mit dem abrupten Ende der Struensee-Zeit etliche Jahre der Aufklärung verpasst. Was aber mehr zählen dürfte: Im dänischen Vielvölkerstaat – sozusagen eine veritable multikulturelle Gesellschaft – zog nun die Fremdenfeindlichkeit ein, festgemacht an einem «Deutschen». Struensee war Deutscher, sprach Deutsch, seine Erlasse waren in deutscher Sprache verfasst. Dabei war all dies eigentlich keine Besonderheit in Dänemark, denn die Oberschicht und die Dynastien entstammten häufig holsteinischen und sonstigen deutschen Familien, die Sprache bei Hof und beim Militär war traditionellerweise die deutsche, Dekrete erschienen auf Deutsch.

Mit der öffentlichen Hinrichtung dieses Musterdeutschen und der dann folgenden Geschichte verspätete sich die Nation bei der Einführung der europäischen politischen Zivilisation und legte sich erstmals ein veritables Bewusstsein der Selbstüberschätzung zu: Die europäische Zivilisation, die am Ende des 18. Jahrhunderts in Dänemark Deutsch sprach und Französisch dachte – zudem war die junge, unglückliche Königin Engländerin –, setzte etliche Jahre aus, was allerdings der Selbsteinschätzung, die beste aller Nationen zu sein, in den folgenden Jahrzehnten und Jahrhunderten keinen Abbruch tat.

Dass Struensee «lebt» – und insofern ist die *longue durée* tatsächlich untermauert –, kann man an dem großen, zunächst innerskandinavischen Erfolg des Meisterromans des in Dänemark lebenden Schweden Per Olov Enquist, «Der Besuch des Leibarztes», ermessen: Der Roman von 1999, gelesen mit politischen Augen, ist eine einzige Anklage angesichts der verpassten zivilisatorischen Chancen im Kopenhagen des 18. Jahrhunderts, der Leibarzt war eben nur auf Besuch gewesen, die Menschenrechte haben nur 18 Monate hereingeschaut …

Enquist stellt seinem Roman das berühmte Zitat Kants voraus, wonach Aufklärung den Austritt des Menschen aus seiner selbstverschuldeten Unmündigkeit darstellt. Dass der dänische König irrsinnig war, also in einer Unmündigkeit allerhöchsten Grades lebte, dass er gleichwohl am Pariser Hofe der europäischen Aufklärung empfangen und von Diderot und den Enzyklopädisten verehrt wurde und mit Voltaire im Briefwechsel stand, stellt eine Pointe besonderer Art dar. Der Fall Struensee, heute ziemlich vergessen, hat die Europäer in höchster Spannung gehalten. Dies war kein singuläres Ereignis an der Außenkante Europas, selbst Goethe reagierte darauf.

Vielmehr stellte sich den Zeitgenossen die Frage, inwieweit Revolutionen von oben eine Realisierungschance haben können – sie hatten keine, 16 Jahre später fegte in Frankreich die Revolution von unten vielmehr den Absolutismus hinweg. Im Jahr der Hinrichtung Struensees putschte der schwedische König Gustav III. gegen das marode, desavouierte semidemokratische System und breitete dem aufgeklärten Absolutismus in Schweden den Weg – einen grandiosen, auf dem Wissenschaft und Kunst erblühen sollten. Er war ein Jahr vorher auf den Thron gekommen und verfolgte das Struensee-Experiment der Nachbarn mit großem Interesse. – Und die Boston-*tea-party* führte Amerika in die Unabhängigkeit. Das gescheiterte dänische politische Experiment, von Preußen und Frankreich inspiriert, blieb Episode. Struensee wird hingerichtet, der irre König und die verführte «englische» Königin werden unmündig interniert bzw. exiliert, Dänemark schaffte den Absolutismus erst 1848/49 mit einer der zur damaligen Zeit liberalsten Verfassungen in Europa ab.

## DAS ASTERIX-SYNDROM

Dass sich Geschichte auf die eine oder andere Weise wiederholt, muss man nicht glauben: Die Geschichte der skandinavisch-europäischen Beziehungen ist allerdings ein Beispiel für eine immer wiederkehrende Geschichte der verpassten Gelegenheiten, der Missverständnisse, der Selbstüberheblichkeiten – und des Rücktritts vom Wettbewerb miteinander: 1992 gewann Dänemark – zufällig und verdient – die Fußballeuropameisterschaft gegen den Weltmeister

Deutschland; die untrainierte dänische «Urlaubsmannschaft» verschaffte der kleinen Nation erhebliches Selbstbewusstsein (höflich ausgedrückt) und stürzte die internationalen Fußballverbände in eine Krise. Wenige Wochen, ja Tage zuvor hatten die Dänen den Vertrag von Maastricht mehrheitlich abgelehnt und damit bereits die «große» Politik in eine schwere Krise gestürzt. Wäre, kontrafaktisch gedacht, die zeitliche Reihenfolge der Ereignisse umgekehrt gewesen, hätte die dänische Mannschaft *zunächst* die Deutschen besiegt und wäre *danach* über Europa abgestimmt worden, dann hätten die Dänen sich sicherlich mit mehr Selbstvertrauen auf den Wettbewerb eingelassen und dem europäischen Vertrag zugestimmt.

Mit dem dänischen Votum gegen den Maastrichter Vertrag kamen nicht antieuropäische Aggressionen zum Ausdruck, sondern die Zweifel an der politischen Logik der nationalen und der europäischen Eliten und Institutionen. Das oben geschilderte Abstimmungsverhalten vom Juni 2002 wie aber auch der nationale Freudentaumel über den Sieg in der Europa-Fußballmeisterschaft 1992 ließen jene spezifischen Elemente der politischen Kultur Dänemarks deutlich werden, die mit den Begriffen Antiheroismus, nichtaggressiver Nationalstolz, Asterix-Syndrom und Humor zu beschreiben sind.

Wie sich auch bei späteren Wahlentscheidungen der Dänen zeigen sollte, ging es dabei häufig nicht um die Sache selbst, sondern um eine besondere Form des politischen Humors, nämlich einer kollektiven Verabredung, die Regierung abstrafen zu wollen – dem Gefühl, es «denen da oben» mal zeigen zu können. Christoph Bartmann, seinerzeit Chef des Kopenhagener Goethe-Institutes, ein Kenner der dänischen Kultur, fasste die Bewertungen nach der Euro-Abstimmung 2000 darin zusammen, dass das dänische Nein eher ein kollektives «Scherbengericht über die sozialdemokratisch geführte Regierung» war denn eine Antipathiemanifestation gegen Europa; der September klang in einer «Zivilschutzübung in Unbotmäßigkeit» aus: «Es gibt eine Folklore des Neinsagens in Dänemark.» Das Asterix-Syndrom, eine den Franzosen zugeschriebene Verhaltensweise, gehört unbedingt zum Repertoire der Dänen: Die Kleinen werden es den Großen schon noch zeigen! Diese Attitüde wird belegt durch die Meinungsumfragen: *Vor* der September-Abstimmung glaubten 74 Prozent der Dänen, dass es kurze Zeit nach dem zu erwartenden Nein einen neuen Urnengang geben werde; 30 Prozent von diesen rechneten mit einer Frist von nur einem Jahr – die Umfrage zeigte, dass es nicht um Europa gehen würde, sondern um Kopenhagen.

Für diese Daffke-Interpretation der Wählerrationalität unter Heranziehung der spezifischen politischen Kultur spricht die Tatsache, dass gerade Dänemark nach mehr als einem Jahrzehnt harter Austerity-Politik, die insbesondere nach der Regierungsübernahme durch die bürgerlichen Parteien seit 1982 durchgeführt wurde, zu den wenigen EG-Staaten gehörte, die in finanz- und wirtschaftspolitischer Hinsicht die Bedingungen für den Beitritt zur Europäischen Wirtschafts- und Währungsunion tatsächlich auch erfüllte.

Die fast zweihundertjährige Neutralität der meisten nordischen Länder, verletzt nur von außen, eine schwedische Gewissheit, niemals von fremder Macht besetzt worden zu sein und sich gleichwohl beständig von Russland bedroht zu sehen, eine dänische Selbstgenügsamkeit, die zugleich als bewundernswert wie beschränkt eingeschätzt werden kann und wird, eine norwegische Eigenbezüglichkeit, die sich unter anderem darin offenbart, dass das Wort «norwegisch» das in dieser Gesellschaft am häufigsten gebrauchte Wort ist – alles dies macht den Fond eines skandinavischen Desinteresses an Europa aus. Selbstgenügsamkeit gewinnt, Wettbewerb wird gehemmt, politisches wie ökonomisches Überleben wird schwerer. Dabei ist die skandinavische Europa-Skepsis je national nur in Nuancen unterschieden: Die dänischen Gegner und Skeptiker äußern sich, genau wie die Norweger, wir-bezogen, emotional, heben die dänischen nationalen Besonderheiten und Vorzüge hervor; während die schwedischen politischer argumentieren, bei ihnen überwiegen in Polemik und Argumentation eher die Nachteile der europäischen

Einigung, als dass sie auf die Vorzüge des Eigenen verweisen – die Schweden sind weniger eigenbezüglich.

Sven-Erik Tychsen, Journalist beim dänischen Fernsehen, beschrieb die dänische Attitüde der Verliebtheit in sich selbst und in die eigene Machtlosigkeit mit einem ironischen Unterton, als er sagte: «Wir genießen die Machtlosigkeit ... Wir tragen keine Verantwortung für das Böse in der Welt ... Dänisch ist etwas Gutes ... Wir lieben unser kleines Land und uns selbst.» Diese besondere Form des dänischen Humors sollte den meisten Zeitgenossen nach der sogenannten Karikaturenkrise – den Mohammed-Karikaturen in der dänischen Provinzzeitung *Jyllands-Posten* und ihren tödlichen Folgen im Nahen und Mittleren Osten – vergehen und eine neue Interpretation des Selbstbildes hervorrufen. Die Einschätzung eines schwedischen Europa-Gegners liest sich dagegen ganz anders, emotional distanzierter, wenngleich nicht weniger deutlich, ja aggressiv: Die EU sei eine «zentralbürokratische militarisierte Supermacht unter französisch-deutschem Direktorat» – verächtlicher und fremdenfeindlicher lässt sich die Haltung zur EU eigentlich nicht ausdrücken.

Die europaskeptischen Skandinavier müssten sich ihren Mangel an kreativer politischer Vorstellungskraft eingestehen. Dies wäre die Voraussetzung dafür, dass ihre Länder aus ihrer (vermeintlichen) politischen Irrelevanz heraustreten und bei den Entscheidungen der anderen mit eigener Autorität mitbestimmen könnten. Die populistischen Slogans, mit denen in Norwegen und Dänemark beträchtliche Wählerstimmen gewonnen werden konnten und können – «Ja zu Europa, Nein zur Union» –, verraten nichts weiter als das, was Johannes V. Jensen im ersten Jahr des 20. Jahrhunderts bereits festgehalten hatte: Dummheit und Mangel an politischer Vorstellungskraft, im günstigsten Falle Populismus, aber das ist gleich viel. Christoph Bertram, Chef des deutschen politischen Thinktanks «Stiftung Wissenschaft und Politik», parierte zwei Tage vor der Euro-Abstimmung das dänische Asterix-Syndrom mit der lakonischen Feststellung, dass ein dänisches Nein Europa völlig gleichgültig sei, dass es vielmehr höchste Zeit sei, dass die Dänen die Frage beantworteten, warum sie überhaupt in der EU seien – anstatt die EU als innenpolitischen Fußball zu benutzen.

# 9 KANON UND IDENTITÄT

## AUF DER SUCHE NACH IDENTITÄT

Nicht erst seit den vehementen, immer wieder um die nationale Identität und ihren befürchteten Verlust zirkulierenden Debatten um die Mitgliedschaft in der Europäischen Gemeinschaft findet in den skandinavischen Ländern eine Auseinandersetzung darüber statt, was denn das typisch Dänische, Norwegische oder Schwedische sei, was diese Länder von anderen unterscheidet. Der Nationsbildungsprozess im 19. Jahrhundert markiert diese Selbstfindungssuche ganz deutlich, aber bereits im späten 17. und dann im 18. Jahrhundert kann man einem dänischen Diskurs darüber nachspüren, dessen Elemente sich in allen nachfolgenden Debatten wiederholen und ergänzen sollten. Die Breite und die Heftigkeit dieser Selbstfindungsversuche sind einzigartig und wohl nur mit dem deutschen Selbstfindungsdiskurs vergleichbar. Und wo die deutsche Debatte durch die Wiedervereinigung am Ende des 20. Jahrhunderts eine Verstärkung erfahren hat und auf dem Buchmarkt die Publikationen zur deutschen Selbstvergewisserung die Regale füllten, hat es in Dänemark eine ganz bewusste Politik der Rückbesinnung auf dänische Traditionen und Werte gegeben.

Der konservative Kulturminister Brian Mikkelsen hatte im Jahr 2004 sieben Kommissionen eingesetzt, die sich auf sieben Feldern über einen dänischen «Kulturkanon» verständigen sollten. Seit dessen Veröffentlichung im Jahr 2006 weiß die dänische Öffentlichkeit nun – die Zusammenstellungen wurden in 150 000 Exemplaren an alle Schulen und öffentlichen Einrichtungen verteilt –, welches die Traditionsbestände der dänischen Nation sind: in der Architektur, der Malerei, Design und Kunsthandwerk, Film, Literatur, Musik, Schauspiel und Kinderkultur (die Kinderkultur hatten die Kulturgelehrten auf eigene Initiative hinzugefügt). Der Bildungskanon belehrt das Publikum, dass die Kopenhagener Kathedrale dazugehört, nicht aber die typische dänische, weiß gekalkte Dorfkirche mit dem Treppengiebelturm, die Oper von Sydney gehört dazu, vom dänischen Architekten Jørn Utzon (1918–2008) gebaut, aber nicht La Grande Arche de la Défense in Paris, gebaut von Johan Otto von Spreckelsen (1929–1987). Es gehört zum klassischen «dänischen» Design das Lampensystem von Poul Henningsen (1894–1967), dem «Lichtmacher», aber kein Stück vom international anerkannten Designklassiker Arne Jacobsen (1902–1971) – die Leerstellen in Film, Musik und Literatur sind Legion. Warum Lego zum «dänischen» Kinderkanon (!) gehört und auch Donald Duck, bleibt ein Rätsel.

**Typisch dänisch: die Dorfkirche von Elmelund.**

Lamentierten auch in Dänemark die bürgerlichen Parteienvertreter über die Jahrzehnte hinweg, dass die Kulturdebatte, dass die Kulturarbeit im Lande wenn nicht nur links, dann sträflicherweise aber sozialdemokratisch dominiert sei und dass linke Geschmackstyrannen die Kulturhoheit beanspruchten und auslebten, so liegt nun von ebendiesen bürgerlichen Kritikern ein Bekenntnis zu den von ihnen für herausgehoben gehaltenen Werken dänischer Kultur vor, an die man sich doch bitte halten möge. Kanonnah, so hatte Mikkelsen den Zeigefinger schon erhoben, sollten die Schulen und die Kulturinstitutionen zukünftig arbeiten. Ob es auch die jungen Kreativen tun werden? Jedenfalls hat eine Vielzahl von ihnen Dänemark schon den Rücken gekehrt, lebt und arbeitet in Berlin ...

Damit nicht genug – seit dem Jahre 2008 liegt der dänischen Öffentlichkeit ein schick gemachter, reich bebilderter «Demokratiekanon» vor, erarbeitet von einer neunköpfigen Kommission, herausgegeben vom Unterrichtsministerium und versehen mit einem Vorwort des Regierungschefs. Die 35 «Kanonpunkte» reichen von den «Wurzeln der Demokratie» bis zu den «Europäischen Verträgen», vom dänischen Grundgesetz des Jahres 1849, der Volkshochschulbis zur Frauenbewegung, von der Magna Charta bis zu den Europäischen Verträgen. 25 000 Exemplare sind frei an Bildungseinrichtungen verteilt worden. Auch sie beleuchten unter Rückbezug auf dänische politische und kulturelle Traditionen und unter Bezug auf die westliche Wertegemeinschaft die Werte der dänischen Kultur und Gesellschaft.

Die Kanondebatte, das wird in den Einleitungen angesprochen, das ist aber seit einigen Jahren vor allem Gegenstand der öffentlichen Selbstverständigung im Lande, ist Reaktion auf eine *gefühlte* und teilweise auch *erfahrene* Infragestellung der kulturellen, aber auch der demokratischen Werte und Traditionen des Landes. Globalisierung und Multikulturalismus werden als etwas völlig Neues und Bedrohliches für die eigene, nationale Identität empfunden. Der dänische Außenminister spricht es an, wenn er sagt: «Derzeit erleben wir weltweit eine intensive Wertedebatte, bei der universelle Menschenrechte und Demokratiebegriffe im Spiel sind. Diese Debatte ist eine unvermeidliche Folge der Globalisierung. Es ist eine Debatte, die wir in Dänemark willkommen heißen.» Dänemark stellt sich damit in einen globalen politischen Diskurs – verschreibt sich also einer «Normalität», mit der die Diskutanten sich selbst aus den Höhen der dänischen traditionellen «Besonderheit» herunterholen. Dieser Interpretation würde man gerne folgen, wenn die innenpolitische Gegenwart in Dänemark nicht auch ihre hässliche Seite hätte.

Ganz sicher ist nämlich die Rolle der populistischen und fremdenfeindlichen Dänischen Volkspartei, die im Parlament, aber nicht in der Regierung sitzt und die selbst den Sozialdemokraten ihren traditionellen internationalistischen Schneid abgekauft hat, in Betracht zu ziehen. Insofern ist die politisch initiierte Kanondebatte keine bloße Fingerübung in Demokratiefertigkeit, sondern auch eine der Opportunität. Nimmt man den dänischen, *ungeschriebenen* Wertekanon und die gesellschaftliche Verständigung darüber ernst, dann sind es wohl vor allem diese Partei und die von ihr bediente diskursive Lufthoheit, die vor allem *undänisch* sind. Insofern sind Kanon und Kanondebatten handgreifliche Belege für eine tiefe Verunsicherung dieser Gesellschaft in Zeiten von Multikulturalismus und Globalisierung. Der konservative Minister hatte bereits auf einem Parteikongress im Jahr zuvor einen «langen und zähen Kulturkampf» gegen zugewanderte Minoritäten mit «mittelalterlichen Normen» angekündigt. Bezeichnenderweise aber kommen im Demokratiekanon weder der 11. September 2001 noch die Karikaturenkrise der Jahre 2005 und folgende vor, Themen, die eng mit Demokratieverständnis und Meinungsfreiheit zusammenhängen und die im Zentrum der politischen Kanoninitiative standen. Insofern sind die Kanones viel interessanter zu lesen unter Erwägung dessen, was sie nicht nennen, als dessen, was sie vorstellen.

### MOHAMMED MIT DER BOMBE

Die Kanondebatte in Dänemark fiel zusammen mit einer Provokation durch eine dänische Provinzzeitung, die zugleich die größte Tageszeitung des Landes ist: Der Kulturchef von *Jyllands-Posten* wollte das hehrste Prinzip dänischer Demokratietradition vorführen und forderte – der Mord am holländischen Filmregisseur Theo van Gogh im Jahr vorher spielte eine Rolle – in der spätsommerlichen Saure-Gurken-Zeit des Jahres 2005 etwa 40 Karikaturisten des Landes auf, ihre Sicht auf den Islam und den Propheten Mohammed bildlich umzusetzen, zwölf von ihnen griffen die Idee auf, die Serie hieß: «Das Gesicht Mohammeds». Die Aktion weckte zunächst wenig Aufsehen, ja wurde von den dänischen Medien kaum beachtet, breitete sich dann aber aufgrund politischer Interventionen der Imame, bewusster Steuerungen und diplomatischen Drucks aus der arabischen Welt zu einem wütenden Proteststurm nicht nur von islamistischen Fundamentalisten aus – was zu erwarten gewesen war. In Dänemark leben ungefähr 200 000 Muslime.

Die Wut über die Karikaturen in der islamischen Welt – sie wurden Mitte Oktober nur in einer ägyptischen Zeitung abgedruckt, Mohammed wurde unter anderem als Selbstmordattentäter dargestellt – beschäftigte die Medien über Monate, ja hatte nachhaltige politische und wirtschaftliche Folgen: Anfang des Jahres 2006 kam es zu Massenprotesten in allen arabischen Ländern. In Damaskus gingen die dänische, norwegische, schwedische und chilenische Botschaft in Flammen auf, in der Türkei, in Afghanistan, in Nigeria und an anderen Orten kamen Menschen bei Protesten ums Leben; die Demonstration vor der italienischen Botschaft in Libyen endete mit elf Toten (ein italienischer Minister hatte sich mit einem T-Shirt und Mohammed-Karikaturen gezeigt und musste zurücktreten). Bis zum Februar 2006 waren 139 Menschen getötet worden. In Deutschland wurden die Karikaturen Anfang Februar 2006 in einigen Zeitungen abgedruckt, 5000 Muslime gingen hierzulande im Protest gegen die Karikaturen auf die Straße. Die Produkte dänischer Unternehmen wurden in den arabischen Ländern boykottiert, dortige dänische Produktionsstätten wurden geschlossen, die Unternehmen erlitten Millionenverluste. Die Chefs von Bang & Olufsen, Arla Foods, Novo Nordisk traten irritiert und besorgt zugleich an die Öffentlichkeit. Im Februar 2006 offenbarte Arla, dass die Firma sich seit Jahren schriftlich verpflichtet habe, keine Waren in Israel zu produzieren, keine israelischen Rohwaren zu verarbeiten und auf den Exportwegen in die arabische Welt keine israelischen Häfen zu nutzen. Der Konzern betonte, dass nur dänische Rohstoffe zur Verarbeitung kämen; in ganzseitigen Zeitungsannoncen im Nahen Osten verurteilte die Firma die Karikaturen und lobte den Islam als Religion der Vergebung und der Gerechtigkeit. Noch im Sommer 2008 sind in Islamabad bei einem mit den Karikaturen begründeten Anschlag auf die dänische Botschaft sechs Menschen ums Leben gekommen. Der journalistische Flügelschlag in der dänischen Provinz hatte weltweit einen Orkan zur Folge. Und die befreundeten Mächte in Europa und Amerika sagten, dass dies Dänemarks Angelegenheit wäre …

Zum Ärger sehr vieler hat der tschechische Künstler David Cerny ein europäisches Gesamtkunstwerk geschaffen, mit dem er die 27 Mitgliedsländer in je überdimensionalem Format auf eine ironisch-provozierende Kernaussage reduziert. Die verfremdeten Umrisslinien der Staaten sind unschwer zu erkennen, die Botschaften ebenso: Ungarn wird als Wurst metaphorisiert, Irland als Dudelsack, Luxemburg als zum Verkauf angebotener Goldklumpen, Schweden als IKEA-Kiste, Deutschland mit sich kreuzenden Autobahnen, die unschwer als nationales Hakenkreuz zu lesen sind. Dänemark wurde als Legoland fabriziert, in das ganz offensichtlich die bekannteste der Mohammed-Karikaturen hineinprojiziert wurde, «Mohammed-Legoland» – nach Protesten wurden die Legosteine umgeschichtet … Das satirische Kunstwerk «Entropa» hängt seit Januar 2009 im Brüsseler Ministerratsgebäude mit der Botschaft zu zeigen, «wie fragmentiert und beschwerlich Europa wirkt». Mit anderen Worten – Dänemark wird heute in der europäischen und der Weltöffentlichkeit nicht mehr als Musterland der Gemütlichkeit, Weltoffenheit und Überschaubarkeit wahrgenommen, sondern als fragmentiert und kompliziert, als relativ normal also.

Interessant an dieser Affäre ist eigentlich nicht, dass die dänische Zeitung und die dänischen Karikaturisten sich über das islamische Abbildungsverbot hinwegsetzten, interessant ist auch nicht, dass die dänischen Zeitungen und die dänische Politik das hohe Gut der Meinungsfreiheit buchstabengetreu auslegten und geradezu fundamentalistisch verteidigten – wo kommen wir hin, wenn wir Gott, Kirche und die Propheten nicht kritisieren dürfen –, nein, interessant wurde die Debatte dadurch, dass sie ein ehernes Gesetz im dänischen politischen und kulturellen Selbstverständnis zum Wanken brachte: Wir sind ein kleines Land, so das dänische Selbstbescheidungsgesetz, niemand hört auf uns, wir haben keine Bedeutung in der Welt, dänische Aktivitäten sind daher unnütz. Mit der Mohammed-Krise, wie die Ereignisse euphemistisch genannt werden, kehrte sich das Gesetz um: Im globalisierten Zeitalter spielt die Größe eines Landes keine Rolle mehr, und Dänemark sah sich gezwungen, über sein Auftreten in der Welt nachzudenken, eine neue nationale Marketingstrategie zu entwickeln. Heerscharen von Diplomaten und Marketingexperten stellten Meinungsumfragen an, berieten über ein neues nationales *Branding. Public diplomacy* wurde zum Zauberwort in der dänischen Nach-Mohammed-Zeit.

Wenn die Auseinandersetzung der Jahre nach 2005 ihr Gutes gehabt hat, dann dass Dänemark aus der eineinhalb Jahrhunderte gepflegten Selbstbeschränkung und dem Rückzug nach innen herausgetreten ist, dass es einem größeren Teil der Öffentlichkeit bewusst geworden ist, dass die mit der eigenen Bedeutungslosigkeit – und dem unbedingten Recht auf die eigenen Souveränität – begründete *Opt-Out*-Politik schon längst hinfällig ist. In der globalisierten Medien- und Informationsgesellschaft sind Souveränitätsgewissheiten Reste einer vergangenen Zeit. Auch das kleine Dänemark hat seine Rolle und Bedeutung im Weltsystem. Insofern ist Dänemark am Beginn des 21. Jahrhunderts wieder in der Zeit des Multikulturalismus des 18. Jahrhunderts angekommen und könnte die kulturellen Erinnerungsreste des Konglomeratstaates selbstbewusst und frei genießen. Um das zu verstehen, um die vehemente Suche nach nationaler Identität zu begreifen, ist der Prozess der nationalistischen Beschränktheit und des beleidigten Rückzuges seit dem frühen 19. Jahrhundert offenzulegen. Die Kanondebatte ist eine Strategie auf dem Weg dieser Selbstfindung. Die Gründlichkeit, mit der die Politik diese Strategie angelegt hat, könnte man geradezu eine deutsche nennen – der Vorwurf der Manipulation, immer schnell zur Hand bei Unternehmen auf dem Feld der Deutungshoheit, wird nur leider erhärtet durch die vielen Leerstellen.

Dass in Dänemark alles besser ist als im übrigen Europa, wie die EU-Gegner es vielen weiszumachen verstehen und was eigentlich ja die Botschaft der Kanones ist, dass es allenfalls noch im Norden vergleichbar Gutes gibt – Umweltschutz, Gleichberechtigung, Arbeitsplatzsicherheit, keine Ausbeutung, überschaubare lokale und nationale Politikfelder –, ist im Rahmen einer nationalen Identität als Glaubensangelegenheit sicherlich verständlich, wenn auch nicht legitim vor dem Hintergrund einer abscheulichen europäischen Nationalismusgeschichte. Dass Dänemark immer wieder auf den vorderen Plätzen, wenn nicht auf dem ersten Platz der Antikorruptionsskala von Organisationen wie Transparency International landet (im Jahr 2008 teilen sich Dänemark, Schweden und Neuseeland den ersten Rang, Somalia kommt auf den letzten, den 180.), gibt Auftrieb für die Gute-Dänemark-Sicht im Lande. Wenn diese Überzeugung allerdings zur politischen Handlungsmaxime wird, wird es für das politische und ökonomische Überleben einer Gesellschaft gefährlich. Denn dann steuern nicht rationale Überlegungen (und Interessen) Politik und Gesellschaft, sondern Irrationalität und Angst. Das Minderwertigkeitsgefühl wird zur vorherrschenden Identität, die Schlafmützigkeit zur Bremse im sozialen und ökonomischen Prozess. Insofern war es nur eine Frage der Zeit, dass es *dänische* Karikaturisten sein würden, die dem Islam und der ganzen Welt zeigen mussten, wie buchstabengetreu man im Lande die Meinungsfreiheit dekliniert: Dass man in einer ideologisierten Situation mit den verbohrten Fundamentalisten des Islam in Konflikt kommen würde, dass dänische Botschaften in Flammen aufgehen würden, dänische Produkte in den arabischen Ländern boykottiert würden, dass es Tote geben würde, damit konnte nicht rechnen, wer nach innen gewinnen will, was nach außen verloren worden ist.

Respektlosigkeit wird zu den dänischen Tugenden gerechnet. Wie politisch klug war doch der sozialdemokratische Regierungschef Thorvald Stauning gewesen, der in den 30er-Jahren angesichts von deutschen Drohungen aus Berlin die dänische öffentliche Meinung darauf aufmerksam machte, dass Pressefreiheit zu haben auch bedeuten könne, dass man sie nicht nutze. Journalisten und Karikaturisten in Dänemark heute – von Morddrohungen verfolgt und vom Geheimdienst geschützt – würden es wieder machen: «Auch wenn meine Frau und ich seit der Veröffentlichung der Zeichnungen einige Unannehmlichkeiten erleben mussten: Kann einem Zeichner etwas Besseres passieren, als mit einer seiner Zeichnungen weltberühmt zu werden? Davon träumen wir doch alle.» Immerhin hat der Traum von der Weltberühmtheit in der Provinz der dänischen Wirtschaft Umsatzeinbußen gebracht und Tote gekostet, aber die gab es ja im Ausland. Wenn 2008 auch die Kopenhagener Banlieues brannten und es einen Toten gab, dann waren das Nachbeben der Karikaturenaffäre *und* der sozialen Zustände in den Vorstädten.

Zu den Mohammed-Nachbeben gehört, dass das NATO-Land Türkei sich Anfang 2009 beim internen Nominierungsverfahren für einen neuen Generalsekretär des Bündnisses der Kandidatur des dänischen Ministerpräsidenten Anders Fogh Rasmussen mit dem Hinweis auf die Karikaturen widersetzte. Dass er beim Jubiläumsgipfel Anfang April dennoch auf den Schild gehoben werden konnte, wurde nur mit erheblichen Zugeständnissen an die Türkei erkauft. Dänemark ist nun nach Jahrzehnten der Selbstisolation auf der ganz großen politischen Bühne angekommen, der Preis für die internationale Politik aber auch für die dänische war sehr hoch – er war vermeidbar hoch.

## DER NATIONALISTISCHE NABEL

Der deutsch-böhmisch-französisch-britische Anthropologe Ernest Gellner hat in seinem letzten, posthumen Buch über den Nationalismus von 1997 das Rätsel nach dem Identitätsursprung von Nationen mit einer ironischen Provokation zu klären versucht, die nicht auf Dänemark gemünzt war, aber auf Dänemark angewendet werden kann: Er stellte die Frage, ob Nationen einen Nabel haben, ein Zentrum und einen Ursprung ihrer nationalen Identität. Er schloss damit an die scholastische Frage des Mittelalters an, ob Adam einen Nabel hatte (oder haben musste), ist er doch nicht von einer Menschenmutter geboren, sondern von Gott aus Lehm geschaffen. Die Antwort der Anhänger der Schöpfungstheorie ist eindeutig: So wie Flüsse nicht mit dem Schöpfungsmoment angefangen haben können zu fließen, so wird in Analogie Adam einen Nabel gehabt haben müssen, denn die göttliche Schöpfung ist erfolgt, als ob sie schon immer existiert hat: Flüsse sind nicht mit einem Mal gefüllt worden, sondern geschaffen, als ob sie immer schon geflossen wären. Und so ist Adam mit einem Nabel geschaffen worden, als ob er bzw. die Gattung schon immer gelebt hätte, als ob er von einer Mutter geboren wäre. Wenn, wie Gellner feststellt, Kulturen (und Nationen) schon immer bestanden haben, sich allerdings verändern, welches ist dann der Ursprung – der Nabel – dieser Kulturen und Nationen, ihres Nationalismus?

Gellner unterscheidet Nationen, die einen originären, genuinen identitären Nabel haben, von solchen, bei denen der Nabel von Nationalisten erfunden (also konstruiert) worden ist, sowie solche, die ganz und gar ohne Nabel sind. Dänemark gehört ganz sicher zur ersten Kategorie, was aber nicht ausschließt, dass Originalität und Konstruktion auch zusammengehen können – auch dafür wäre

Dänemark ein gutes Beispiel. Die Gellner'sche Frage auf Dänemark gewendet, lautete also: Welches ist der kulturelle Traditionskanon der Nation? Aus welchen Elementen ist die dänische kulturelle Identität konstruiert? Wo aber liegt der Ursprung der nationalen Identität? Was macht das Spezielle einer dänischen nationalen Identität aus? Ganz gewiss ist, dass diese Suche nicht in den abgegrenzten Zirkeln der nationalen intellektuellen Netzwerke stattfand, sondern unter Einbeziehung mindestens des weiteren europäischen Horizontes, sicherlich aber dem des südlichen Nachbarn. Die Kanonlisten belegen dieses eindrücklich.

## DIE KANONVÄTER: HOLBERG UND GRUNDTVIG

Die skandinavischen Länder waren nicht erst seit Johann Gottfried Herder (1744–1803) – aber ganz gewiss be- und verstärkt durch seinen Einfluss – auf der Suche nach ihrem nationalen Nabel. Erst recht während der Krisen am Beginn des 19. Jahrhunderts ist die kulturelle Elite Dänemarks auf der Suche danach, und hier ist es vor allem eine Person, die ganz ohne Zweifel den Verdienst hat, einen maßgeblichen Einfluss bei der Suche gehabt zu haben. Es ist der bereits er-

**Der Gründervater: Nikolaus Frederik Severin Grundtvig um 1850.**

wähnte Theologe, Dichter und Politiker Nikolai Frederik Severin Grundtvig (1783–1872), der zum dänischen nationalen *founding father* wurde. Sozusagen in der Schule Herders erzogen, gebildet an und in England wie an der eigenen nationalen Geschichte, in Opposition zur französischen Aufklärung (und der lateinischen Klassik!) und in heftiger Abneigung zum deutschen Idealismus schuf dieses Multitalent die zentralen sprachlichen und politischen Symbole des Dänentums. Um in der Metaphorik Gellners zu bleiben: Grundtvig erfand den dänischen nationalen Nabel.

Der im buchstäblichen Sinne visionäre Grundtvig, in einem außergewöhnlich langen Leben mit außergewöhnlicher Schaffenskraft ausgestattet, formulierte in der ersten Hälfte des 19. Jahrhunderts, wozu am Anfang des 21. Jahrhunderts viele Kommissionen eingesetzt werden mussten: Die Dänen sind etwas Besonderes, eine außergewöhnliche Nation! Er lebte und erkannte seine Zeit als eine der Krise. Daraus wuchs ihm die Gewissheit zur nationalen «Nabelschau» der Dänen. Ihre Denkungsart, ihre Sprache, ihr Gefühlshaushalt unterscheiden sich grundlegend, so das Postulat, von denen der Nachbarn; mit den Dänen können allenfalls noch die Engländer mithalten und, natürlich, die nördlichen Brüder.

Es gibt allerdings eine Schwierigkeit bei Grundtvigs Exegese von Geschichte und Eigenart der Dänen: Er war zu klug oder doch zu sehr im Denken der Romantik verhaftet, als dass er seiner Nachwelt einen «Kanon» an abfragbarem, identitätsstiftendem Wissen hinterlassen hätte. Der Vielschreiber Grundtvig sprach *von* und füllte viele Seiten *über* Dänentum, über Muttersprache und dänische Kulturleistung. Es war aber nach heutigen Maßstäben ein *gefühltes* Wissen, eine nach Rückwärts begründete, sich auf Evidenzen gründende Vision der nationalen Identität der Dänen; er hat der Nachwelt keine definitorischen Gewissheiten hinterlassen. Er hat Begriffe gefunden und propagiert, die so hybrid waren, dass auch kommende Generationen sie verwenden und mit aktuellem Wissen, mit aktuellen Erfahrungen füllen konnten. Das Verfahren hat Erfolg gehabt, denn Grundtvig wurde zu einem der meistzitierten Dänen, auf ihn können sich buchstäblich alle berufen.

Zentraler Begriff bei Grundtvig ist der der *folkelighed* – eine Vokabel, die nicht übersetzt werden kann und nicht übersetzt werden sollte, schon deshalb, weil es in den Zeiten, als Blut und Boden bei uns Konjunktur hatten, missratene Übersetzungsversuche gegeben hat und weil daher im Deutschen aufgrund dieser politischen Vergangenheit alle Begriffe kontaminiert sind, die mit «Volk» zu tun haben: *völkisch, Volkstümlichkeit, Volkstum, Volkheit* u. Ä. Was Grundtvig meinte, ist die auf Geschichte, Literatur, aber auch auf der Existenz des Einzelnen gründende Erfahrung von Gemeinschaft und von politischer wie gesellschaftlicher Verantwortung. Mir scheint, dass die passendste Umschreibung eine Anlehnung an Abraham Lincoln ist: «*aus* dem Volk, *für* das Volk».

Mit der Grundtvig'schen *folkelighed* ist das dänische politische Selbstverständnis auf den Begriff gebracht. Auch heute hat er seine Aktualität nicht verloren, er steht vielmehr weiterhin im Zentrum der dänischen politischen Debatten. Die *folkelighed* hat mit all jenem zu tun, was «dänisch» ist: die Mythen, die Geschichte, die Sprache, die gemeinsamen Erfahrungen der Nation, die Normen und Werte dieser Gesellschaft. Im Begriff der *folkelighed* ist zusammengezogen, was die Summe der Werte, Normen und das Benehmen des dänischen Volkes in Religion, Politik, Wirtschaft, Erziehung und Arbeit ausmacht – ohne dass dies die Festschreibung einer orthodoxen Erstarrung meint, daher bleibt sie offen für die Einfügung neuer Erfahrungen und neuen Wissens. Eine wesentliche Komponente des Begriffs ist jedoch Grundtvigs Unterscheidung zwischen dem deutschen idealistischen Wesen, das auf die reine Vernunft baut, und dem dänisch-nordischen, dem Erfahrung und Empirie, kurz das Leben, die Grundlage ist. Mit dem Begriff der *folkelighed* wird Grundtvig zum herausragenden Repräsentanten des dänischen Politikverständnisses. In dem bewussten Rückgriff auf die gemeinwestliche Tradition politischen Denkens – jüdisch-mosaisch, antik-griechisch, christlichprotestantisch und dann auch nordisch – artikuliert er einen Bewusstseinsmodus, der als dänisch-skandinavisch bezeichnet werden kann und der zur Grundlage der nationalen Identität wurde.

Grundtvigs Vielseitigkeit darf man nicht verwechseln mit Opportunismus. Er hat es sich und seinen Zeitgenossen nie leicht gemacht, er hat niemandem nach dem Munde geredet; insofern war er Visionär, aber kein Ideologe. Die Amtskirche und ihre Vertreter hat er scharf attackiert und wurde deshalb unter Zensur gesetzt. Auf ihn geht zurück, dass die dänische Staatskirche seit der Mitte des 19. Jahrhunderts Volkskirche heißt, sich mithin als eine demokratische Institution versteht, die sich auf ein aktives Gemeindeleben gründet und auf das Engagement des je einzelnen Gläubigen. Durch Grundtvig wurde die dänische Kirche zu einer liberalen und demokratischen Institution.

Wo immer man in den Diskurs über das dänische Selbstverständnis einsteigt, da wird Grundtvig als der Vater der Nation auf dem Altar der zivilen Theologie aufgebaut. Der dänische Demokratiekanon – das ministeriell abgesegnete Grundgesetz zum dänischen Politik- und Demokratieverständnis – nennt Grundtvig dementsprechend an zentraler Stelle. Grundtvigs summierenden Begriff, den der *folkelighed*, konnten die Kanonautoren als identitätsbildende Kraft aber offenbar nicht entdecken, kommt er doch weder im Politik- noch im Kulturkanon vor. Dänemark hat sich in den letzten vierzig Jahren, wie seine Nachbarn auch, stark verändert. Für die jüngere Generation ist Grundtvig daher trotz des Demokratiekanons heute zu einer Vatergestalt geworden, die man allenfalls dort aufsucht, wo viele die Väter gerne hätten: im Museum.

Aber nicht nur und nicht erst Grundtvig ist bei der identitären Nabelsuche als Kanonvater zu entdecken. Es ereignete sich in Dänemark der Glücksfall, dass die nationale Literatur und Philosophie nicht mit einer plätschernden Adaption europäischer Einflüsse beginnt, sondern mit einem Big Bang, der so viel Hall erzeugt, dass sein Nachklang bis heute zu vernehmen ist: Ludvig Holberg (1684–1754) gilt als der Vater der dänischen Literatur, er war Historiker, Philosoph, Essayist. Vor allem aber als Komödiendichter ist er weit über die Landesgrenzen hinweg bekannt geworden. Seine Bücher werden heute auch in Deutschland aufgelegt, seine Komödien gelegentlich aufgeführt. Holberg war eine der Gründerfiguren des dänischen Theaters, er war der erste dänische Stückeschreiber. Gottsched schätzte ihn, Goethe ebenso. Die Kanonisten im 21. Jahrhundert aber haben ihn ignoriert, jedenfalls nicht gelistet. Dies ist umso verwunderlicher, als mit Holberg die dänische Literatur bereits an ihrem Beginn launig und ironisch ist – von welcher Nationalliteratur könnte man das schon sagen. Er ist einer der witzigsten Autoren der Weltliteratur. Der *ironic turn* – ein traditionelles Charakteristikum der dänischen Nation – steht bereits am Beginn der dänischen Hochkultur im 18. Jahrhundert. Seine Komödien, und nur solche Stücke schrieb er, sind durchsäuert von Bauernschläue, nehmen die Affigkeiten der höheren Stände (im Holberg'schen «Perückenzeitalter» wurde mehr Mehl zum Pudern der Perücken verwendet als zum Backen von Brot) und die der realitätsverlorenen Akademiker auf die Schippe. Seine pädagogische Absicht: Bediene dich deines Verstandes, vor allem aber nimm dich selbst nicht so ernst! Glaubwürdigkeit gründet sich in kritischem Geist, Ironie ist ein überlebensnotwendiges Kommunikationsvehikel.

Die mittelalterlichen Wahrheitsfinder, sie hat es gegeben. Da Dänemark aber kein gelehrtes Land war, keine gelehrte Anstalt hatte, zogen die klugen Mönche unter anderem nach Paris, studierten und lehrten dort die Scholastik. In der übernächsten Epoche, der der Aufklärung, sollte der große europäische Däne Ludvig Holberg seinen beißenden Spott über diese Wahrheitsfinder ausgießen. Mit ihm kam die politische Aufklärung über Dänemark nach Skandinavien.

Holberg, im norwegischen Bergen geboren (deswegen reklamieren die Norweger ihn als ihren Nationaldichter und haben ihn vor dem Osloer Nationaltheater aufgestellt, deswegen haben die Kannisten ihn aus politischer Korrektheit vielleicht auch übersehen), Holberg kommt 1702 an die Kopenhagener Universität, studiert hier, wird hier Professor, beginnt seine literarische Karriere mit einer ungemein witzigen Äneas-Persiflage in Hexametern auf Dänisch («Peder Paars») – witzig ist dieses Epos wegen der Sprache, aber auch wegen der absurden Handlung –, er schreibt eine Unmenge von Komödien, wird in der Professorenlaufbahn befördert, wird schließlich Chef der Universitätsverwaltung, ob seiner Verdienste in den Adelsstand erhoben. Wie nebenbei verfasst er die für die Zeit grundlegenden Abhandlungen zum Naturrecht, zur dänischen und norwegischen Geschichte, philosophische Essays und Epigramme; er nimmt an wissenschaftlichen und literarischen Fehden teil, schreibt einen utopischen Roman, der europäisches Aufsehen erregt, und so weiter und so fort. Es ist überliefert, dass selbst die unteren Schichten in den entfernteren Gegenden des dänischen Reiches Lesen und Schreiben lernten mit dem Katechismus, mit der Bibel – und mit Ludvig Holbergs Komödien. Diese drei Bücher waren der Kanon der Gelehrsamkeit bis ins 19. Jahrhundert hinein, jedenfalls in der Peripherie.

Holberg bereiste als angehender Kopenhagener Ästhetikprofessor England und den europäischen Kontinent (zu einem Gutteil zu Fuß), bekam in Holland Kontakt mit dem aufgeklärten Geist Europas, den er nach Dänemark und Norwegen brachte. Er erlebte kopfschüttelnd die geistigen und die geistlichen Streitigkeiten in Paris und Rom, wo Bücher angekettet wurden, weil sie den neuen Geist propagierten. Mit ihm begann das unorthodoxe Denken zugleich auf einem hohen, also europäischen Niveau – das die Kritik am eigenen Denken und Tun mit einschließt. Holberg erfand das dänische Theater in Verlängerung von Molière, aber zugleich in Opposition zu diesem Großen – er erfand das Theater für die kleinen Leute, für das Gesinde, die Bauern, die Mittelschicht. «Erasmus Montanus» (der arrogante, gerade fertig gewordene Magister versucht in seinem Dorf vergebens, die einfachen Bauern mit seiner weltfremden Gelehrsamkeit zu überzeugen), «Jeppe auf dem Berge» (der dem Alkohol verfallene und von seiner Frau kujonierte Bauer wacht im Bett des Grafen auf und versucht selbstherrlich, die Welt zu verbessern), der «Politische Kannengießer» (der einfache Handwerker verirrt sich in die Politik, wo er Gutes tun will, aber das Gegenteil erreicht) – dies sind Stücke, die noch heute gespielt werden, nicht nur in Dänemark. Mit ihnen transportiert Holberg seine Apologie der Mitte, nicht Revolutionen verändern die Welt positiv, sondern das beharrliche Bohren von dickeren Brettern. Die Ironie ist ihm dabei ganz im Sinne der klassischen Antike ein methodisches Hilfsmittel, welches Ohren öffnet und Geister sensibilisiert. Kierkegaard verfeinert dieses Instrument, er promoviert über den Begriff Ironie – und ist selbst ein begnadeter Ironiker.

Der dänische nationale Identitätsstrom beginnt zu fließen – so wird es seit Grundtvig und den Romantikern des 19. Jahrhunderts postuliert – mit der alten Geschichte, mit der nordischen Mythologie. Holberg aber legte bereits im 18. Jahrhundert das Fundament zu einem modernen nationalen Selbstverständnis, weniger visionär, weniger luftig, dafür brauchbar und bodenständig, am *Common Sense* orientiert, mit Humor durchsäuert. Holberg ist der Philosoph der «Mitte», seine «praktische Philosophie» gründet sich auf den einzelnen Menschen und seine Erfahrung.

## NATIONALE KULTUR ALS POLITISCHE KULTUR

Interessanterweise ist in der dänischen Nationalgeschichtsschreibung und über die Auseinandersetzung mit Deutschland das Bewusstsein dafür verloren gegangen, dass Dänemark um die Wende vom 18. zum 19. Jahrhundert ein Vielvölkerstaat war, dessen ethnische und damit nationale Identität unsicher war; in der ersten Hälfte des 19. Jahrhunderts war ein Drittel der dänischen Bevölkerung des Reiches Deutsch sprechend. Die Multikulturalität war eher die Regel denn die Ausnahme. Die Konfrontation mit dem anderen im eigenen Land vor dem Hintergrund politischer und wirtschaftlicher Niederlagen bestärkte jedoch das Bedürfnis nach einer eindeutigen Identität erheblich.

Die heftigen Auseinandersetzungen über Beschreibungen des Landes seit dem 17. Jahrhundert etwa durch Molesworth und Mallet, die Reaktionen und Selbstbeschreibungen Holbergs im 18. Jahrhundert, hatten bereits ein historisches Bewusstsein für die Strukturen der Nabelsuche geschaffen; sie waren immer auch Abgrenzungsversuche zu den Nachbarn, zu anderen europäischen Nationen.

Der Nationsbildungsprozess der skandinavischen Länder im späten 18. und frühen 19. Jahrhundert ereignet sich zwischen den Ideen der Aufklärung und der Romantik. Allerdings hatten diese in Skandinavien andere Ausprägungen als zum Beispiel in Deutschland oder gar in Frankreich: Sie hängen zusammen mit nationalen, politischen, sozialen und ökonomischen Krisen, von denen, wie das gesamte Alteuropa, auch Skandinavien nicht verschont blieb. Wenn also eine in der Aufklärung wurzelnde staatsbürgerliche Nationsbildung, die ihr Vorbild in der Amerikanischen und der Französischen Revolution hat, auf das sich selbst regulierende und bestimmende Individuum setzt, so steht diesem auf der anderen Seite die Nationsauffassung auf der Grundlage von besonderen Qualitäten gegenüber – Rasse, Blut, Kultur, Sprache, Geschichte. Herder und Fichte, die dieses deutsche, das ethnische Paradigma repräsentieren, hatten in den skandinavischen (und baltischen) Ländern einen großen Einfluss. Wenn man Grundtvig liest, hört man Herder heraus, ohne dass er ihn zitierte.

Die skandinavische Koalition von liberalem Nationalismus und politisch-nationaler Identität, die insofern Herder mühelos adaptieren konnte, hatte ihren Humus in der bereits durch Ludvig Holberg begründeten Interpretation der Aufklärung. In Opposition zu Montesquieu stellte er die kulturellen Umstände, das Klima und ähnliche Basiskonstrukte für die Eigenarten von Völkern zurück zugunsten der je besonderen Ausbildung des politischen Regimes. *Nationale* Kultur ist insofern *politische* Kultur, weil sie in Politik ruht. Politik, politische Kultur sind die Grundlagen der skandinavischen Nationen, nicht wie bei Herder Sprache und Poesie. Herder, der die Politik hasste und sie als kaltes Monstrum sah, legte insofern den Grund für den deutschen Antagonismus von Staat (=böse) und Gemeinschaft (=gut). Ein Antagonismus, der der skandinavischen Politik und Sprache bis weit in das 20. Jahrhundert hinein fremd blieb, «Gemeinschaft» (*samfund*) ist das Synonym für «Staat» *und* «Gesellschaft». Wenn der einflussreiche Göttinger Historiker August Ludwig Schlözer (1735–1809), ein Zeitgenosse Herders, in seinem *Allgemeinen Staatsrecht* von 1793 die soziale Existenz des Menschen auf die Rolle des Untertanen einschränkt, so ist damit genau die deutsche Misere von Politik und Gesellschaft der nachrevolutionären Zeit beschrieben: «Politik wird ... mit Herrschaft über den Untertan identifiziert», Staat und Gesellschaft sind getrennt, die Krise Alteuropas ab dem 19. Jahrhundert führt in Deutschland zum Verlust des *sensus communis*, ohne den Politik abgründig wird.

Die Suche nach dem «symbolischen Universum» eines Volkes und der Dingbarmachung im «Volksgeist», wie sie von Herder während seiner Reise von Riga nach Nantes bzw. Paris als Selbstfindung beschrieben wird, führte aber in den skandinavischen Fällen im 20. Jahrhundert nicht zu einem exklusiven Nationalismus wie in anderen Regionen der Welt, sondern verstärkte eher die zivilgesellschaftlichen Traditionen des Denkens und Handelns. Die Frage, warum in den skandinavischen Ländern Nationalismus und Zivilgesellschaft Alliierte blieben trotz des starken Herder'schen Einflusses *und* der Beeinflussungen aus dem Süden, muss und kann nur vor dem Hintergrund der erwähnten Traditionen erklärt werden, die ihren Immunisierungseffekt behielten; inwieweit die periphere Lage und der frühzeitige politische Abschied vom europäischen politischen Theater eine Rolle gespielt haben, muss hier offenbleiben.

## ERINNERUNGSORT SPRACHE

Kein Gedanke der Herder'schen Spekulation hat eine so tief greifende und nachhaltige Wirkung in Skandinavien hinterlassen wie der von der zentralen Bedeutung der Sprache für die nationale Identität und das politische und kulturelle Selbstverständnis. Die Nachwirkungen Herders, seit Grundtvig gepflegt, sind immer dann nachzuspüren, wenn auf die Schönheit und Einzigartigkeit der je eigenen ‹Muttersprache› verwiesen wird, nur in dieser könne die Vielfalt der Gefühle und Gedanken ausgedrückt werden. Der Sprachgeist wird zum Volksgeist stilisiert, der Volksgeist manifestiert sich im Sprachgeist, die Seele eines Volkes ist in der Sprache offenbar. Die *Anderen* sind die, die die Seele der je eigenen Sprache nicht verstehen, ihre emotionalen Tiefen nicht ergründen können. Sprache wird zum *corpus mysticum* der Nation. Bei Herder ist diese Verdinglichung noch nicht ausgeprägt, sie kommt erst bei Fichte und seinem gelehrigen Schüler Ernst Moritz Arndt hinzu, bei Grundtvig ist sie offenbar – und wird politisch handfest im norwegischen Sprachenstreit. Nicht nur Grundtvig schreibt seine schönsten Gedichte über die dänische Muttersprache, auch Hans Christian Andersen und viele andere dänische Größen lassen nicht davon ab, das Dänische zur schönsten aller Sprachen zu stilisieren, nur im Dänischen könne man die tiefsten Gefühle und die höchsten Gedanken zum Ausdruck bringen und anderen mitteilen. An dieser nationalen Überzeugung haben auch die spitzen und ironischen Zwischenrufe der skandinavischen Nachbarn nichts ändern können, die das Dänische für eine, gelinde gesagt, sehr aparte, auf jeden Fall aber unverständliche Abart des Skandinavischen halten, weit entfernt davon, von den Verwandten jenseits der Grenze verstanden werden zu können.

Doch bereits zu Herders Zeit war evident, dass weder Sprache von Natur aus eine Seele hat noch dass es einen genetischen Zusammenhang zwischen Sprachbildung und Nationsbildung gibt oder gab: Es gab weder in Frankreich noch in Italien, noch in Deutschland, von multikulturellen Landstrichen wie dem Baltikum ganz abgesehen, homogene Sprachen, die eine regionale oder gar nationale Verständigung ermöglichten, schon gar nicht eine über die sozialen Standesgrenzen und Klassen hinweg.

## DER GESTOHLENE NABEL

Es gehört zum skandinavischen, zumindest zum dänischen Allgemeinwissen, dass die literarische und kulturelle Epoche der Romantik exakt im Jahre 1803 begann, im Todesjahr Johann Gottfried Herders. Der junge dänische Dichter mit dem deutschen Namen Adam Oehlenschläger (1779–1850), der ein dänischer, ja europäischer Goethe werden wollte, gab in diesem Jahr eine Gedichtsammlung heraus, deren epochaler Anspruch daran abzulesen ist, dass hinfort so manch ein junger dänischer Dichter seine erste Poesiesammlung unter dem einfachen Oehlenschläger'schen Titel kurz und bündig herausgibt: *Digte* (d. i. Gedichte). Der Titel signalisiert seither: Hier kommt jemand, der ehrgeizig ist und selbstbewusst eine Epoche prägen will! Oehlenschläger schrieb diese Sammlung nach einem legendären (und wohl auch konstruierten) 17-stündigen Diskussionsmarathon mit dem norwegisch-dänischen Naturphilosophen Henrik Steffens (1773–1845), der 1802/03 seine schon erwähnten Vorlesungen zur Philosophie hielt, denen praktisch die ganze Kopenhagener intellektuelle Nomenklatura beiwohnte.

In Oehlenschlägers Sammlung *Digte* befindet sich auch das Poem «Die Goldhörner». Sie sind quasi der gestohlene Nabel der dänischen Nation. Es hat mit ihnen folgende Bewandtnis: 1639 bzw. 1734 waren beim südjütischen Gallehus, in der Nähe von Møgeltønder, benachbart der heutigen deutsch-dänischen Grenze, zwei 3,1 und 3,7 Kilogramm schwere Goldhörner aus der Zeit um 400 n. Chr. gefunden worden, das längere von beiden war 71 Zentimeter lang. Die vermeintlichen Trinkhörner (man versah sie später mit Verschlüssen, um sie als solche zu markieren) waren mit menschlichen und tierischen Abbildungen ausgeschmückt, mit mysteriösen Fabelwesen und teilweise nicht entzifferbaren Schriftzeichen. Die Hörner wurden im Kopenhagener Nationalmuseum aufbewahrt, sie stellten schon zur damaligen Zeit einen nationalen Schatz von hoher symbolischer Aussagekraft dar. Ihre Bedeutung muss im Zusammenhang mit der Entdeckung historischer Schätze gesehen werden, mit der

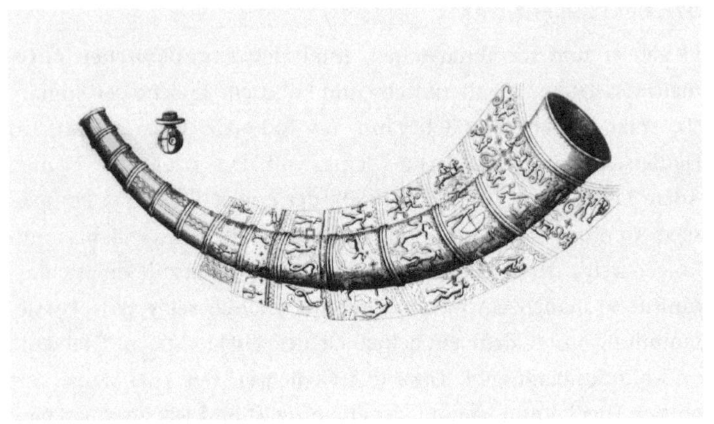

**Das größere der beiden bei Gallehus gefundenen Goldhörner in einer Zeichnung von Olaus Wormius (1588–1654), 1641.**

Genese des Museums als identitätsstiftender Einrichtung, speziell aber mit der Entdeckung der nationalen Geschichte und der nordischen Mythologie im 18., vor allem dann im 19. Jahrhundert, die Epochen der Aufklärung und der Romantik sind hier zentral; auch andere Funde etwa der altisländischen Handschriften spielten eine Rolle, sie fanden eine wachsende Aufmerksamkeit der Sprachforscher, der Literaturwissenschaftler und Historiker. Geschichte, Mythologie, Literatur, Sprache wurden zu Erklärungsfeldern für die Nachweise der Entstehung von Nation und von Identität. Geschichte und Sprachwissenschaft wurden zu Leitwissenschaften – Rasmus Rask (1787–1832) etwa gilt bis heute im internationalen Maßstab als eine führende Gestalt der indoeuropäischen und nordischen Sprachforschung, wie auch sein Kollege Carl Christian Rafn (1795–1864), der als Erster darauf aufmerksam gemacht hat, dass Amerika von dem Wikinger Leif Erikson entdeckt worden war.

Die Goldhörner wurden 1802 – im Jahr der Steffens-Vorlesungen und der nationalen romantischen Erweckung folglich – von Niels Heidenreich, einem minderbegabten und resozialisierungsresistenten Goldschmied, aus der Kunstkammer des Museums gestohlen, eingeschmolzen und zu seinerzeit modischen ‹indischen› Goldmünzen und Modeschmuck verarbeitet. Heidenreich wurde mehrfach verhaftet, schließlich überführt und verurteilt, im Jahr 1840, 79-jährig, entlassen und starb vier Jahre später im Armenhaus. Das Gold, das Heidenreich nicht verarbeitet hatte, wurde vom Staat konfisziert und ging im dänischen Staatsbankrott 1813 in die Konkursmasse ein.

Im Sommer 2004, also mehr als zweihundert Jahre später, wurde dem Nationalmuseum ein Paar geschmackloser Ohrgehänge geschenkt, die nach der 200-jährigen Familiensage der Kopenhagener Besitzer sowie der Expertise des Nationalmuseums aus dem Schmelzgut der Goldhörner von Gallehus stammen. Die Geschichte der Goldhörner aber ist, wie es scheint, eine unendliche: Mitte des 19. Jahrhunderts, als die verschwundenen Preziosen bereits zum dänischen Kanon gehörten, ließ König Frederik VII. Blattgoldkopien anfertigen, die seither im Nationalmuseum ausgestellt wurden – im Herbst 2007 wurden auch diese Kopien aus einer Filiale des Museums geraubt und zwei Tage später bei den Dieben wiedergefunden.

Was Oehlenschläger, Steffens und die dänische Öffentlichkeit 1802 von den Hörnern wussten, konnte sich nur auf Diebstahl und endgültigen wie unersetzlichen Verlust eines nationalen Kleinods beziehen: Ein jütisches Bauernmädchen findet ein vor 1200 Jahren gegossenes Kult- und Kunstwerk, dessen Symbolwert für die nationale Einheit und Gemeinschaft seither beständig zugenommen hatte – in umgekehrter Proportionalität zur Zunahme von Verständnis und Wissen für und um die Bedeutung der Hörner, dazu wusste man zumindest wissenschaftlich gar nichts. Ein Kunstwerk aus paganer Zeit, mit ausgereiftem handwerklichen Können hergestellt, dunkel in seiner Bedeutung und seinem Nutzen, greift es in die christliche Zeit hinüber – die Leerstelle, die Diebstahl und Zerstörung im dänischen Bedeutungs- und Symbolhaushalt hinterlassen, ereignete sich zudem in politisch bedrängten Zeiten, denen der Napoleonischen Kriege.

In der dänischen Geschichte, in der politischen wie in der kulturellen, hat es viele tief greifende Krisensituationen gegeben, das lange erste Jahrzehnt des 19. Jahrhunderts ist geprägt von schweren politischen und mentalen Niederlagen – vor diesem Hintergrund ist das Verlangen nach nationaler Identität und Gemeinschaft am größten, zu einer Zeit, als es auch im übrigen Europa zu Auseinandersetzungen und zu Konstruktionen dessen kommt, was Nationen ausmacht. Der Diebstahl und der anschließende endgültige Verlust der Goldhörner führen bei den Zeitgenossen zu einem Epochenbewusstsein, das überdauern sollte und eine Zäsur in der dänischen Kulturgeschichte bedeutete, zu einer Zäsur in der politischen Geschichte sowieso. Grundtvig benennt alle politischen Ereignisse im ersten Jahrzehnt des Jahrhunderts als ihn motivierende und seine Kräfte freisetzende Erschütterungen, er bezieht seine politischen und kulturellen Visionen aus den Erfahrungen der Traditionsbrüche und Kulturschocks: die Schlachten der Engländer vor Kopenhagen, das Bombardement, die Trennung von Norwegen: «... als das Band riss, da fühlte ich mich erst richtig dänisch, und sicherlich ging es vielen so wie mir», sagt er 1838. Für Steffens und Oehlenschläger sind es die mentalen Einschnitte und die neuen philosophischen Moden aus Deutschland, die ihnen zu Antrieben werden – ein neuer Kanon entsteht.

## DIE DOPPELTE HYMNE

Zur Mitte des 19. Jahrhunderts inmitten aller Krisen erfuhr der dänische nationale Kanon eine Wende, dessen Neuerung bis heute nachwirkt, die aber in den aktuellen ministeriellen Kanones keine Erwähnung findet – Dänemark hat zwei offizielle Hymnen: «König Christian stand am hohen Mast» und den bereits erwähnten romantischen Hymnus von Adam Oehlenschläger «Es ist ein lieblich Land», den dieser 1823 dichtete und der 1835 von Hans Ernst Krøyer (1798–1879) vertont wurde. Als am Ende der Napoleonischen Kriege auch ein dänisches Truppenkontingent an der Besetzung Frankreichs teilnahm, setzten die frustriert in Paris weilenden Offiziere eine größere Geldsumme für einen Wettbewerb um das schönste nationale Lied aus und forderten die Kopenhagener Literaturgesellschaft auf, diese Konkurrenz zu organisieren. Die dänischen Offiziere hatten in Paris erleben müssen, dass sich ihre Kameraden bei allfälligen Feiern mit je nationalem Liedgut präsentieren konnten – die Dänen hatten eine solche nationale Weise aber nicht, vor allem kein Lied und keinen entsprechenden Text, die nach dem Wiener Kongress und nach dem Sieg über Napoleon dem Zeitgeist, dem Zeit*gefühl* entsprachen. Die dänischen Offiziere litten unter dem Hymnenmangel in Paris und entwickelten so etwas wie ein nationales Minderwertigkeitsgefühl gegenüber ihren alliierten Kameraden. Man verlangte nach einem nicht zu langen Lied, aber einem kräftigen und die Seelen begeisternden, mit dem die Liebe zum Vaterland ausgedrückt würde und die Treue zum König. Der Text solle zu allen Anlässen passen, die Musik habe original und charakteristisch zu sein. Der Wettbewerb 1818/19 ging etwas kläglich aus; die Juroren bekannten, dass sie die am wenigsten schlechte Eingabe ausgewählt hätten … Der Wettbewerb lieferte aber zumindest den Anlass für eine dänische Debatte über eine eigene, adäquate Nationalhymne, als welche sich im Laufe der Zeit – ohne dass es ein entsprechendes Dekret gegeben hätte – das Lied Oehlenschlägers durchsetzen sollte. Spätestens mit der Revolution von 1848 und der neuen demokratischen Verfassung von 1849 war sein Lied das in der Bevölkerung bevorzugte, das volksbewegte Dänemark konnte sich mit dieser romantischen Verherrlichung des Landes bestens identifizieren. Es wird seither als dänische Nationalhymne gespielt und gesungen.

Die Hymne auf Christian IV. blieb die des Königshauses, sozusagen die konservative Variante für die Fest- und Feiertage des königlichen Gebrauchs, jedenfalls wird diese gesungen, wenn ein Mitglied des Königshauses anwesend ist. Der Text verherrlicht den großen Christian, dessen Regierungszeit, wie erwähnt, von verheerenden Niederlagen gekennzeichnet war und während der Dänemark seine Großmachtrolle verlor, und war spätestens ab der Mitte des 19. Jahrhunderts nicht mehr zeitgemäß, die politische Stimmung ging gegen den Absolutismus. Im Verlaufe des Jahrhunderts verlor das Königshaus immer mehr Sympathisanten. Gleichwohl gingen die revolutionären Umtriebe in Kopenhagen nicht so weit, dass man auf die Tradition des Königshymnus verzichten wollte oder konnte – auch auf diesem Feld setzte sich eine klassische Kompromisshaltung durch, die Doppelhymne ist ein Merkzeichen der dänischen nationalen Selbstrepräsentation. Der Text der Königshymne stammt von Johannes Ewald (1743–1781) aus einem seiner patriotischen Singspiele aus dem Jahr 1772, der Komponist ist unbekannt. Daniel Friedrich Rudolf Kuhlau (1786–1832) hat die heute gebräuchliche Version 1817 als Klavierstück herausgegeben und in der Ouvertüre zu seiner Oper *Elverhøj* («Elfenhügel») 1828 verwendet. Wer mit Egon Olsen und seiner Bande vertraut ist, weiß, dass in einem der Filme die zentrale Szene in der Kopenhagener Oper bei der Aufführung von *Elverhøj* spielt: Der mit viel Aufwand betriebene Coup konnte gelingen, während das Orchester alles Blech und alle Pauken aufwendet und damit die nötige Krawallkulisse aufbietet, um die Presslufthämmer der Bande zu übertönen …

## KULTURRADIKALISMUS

Es hat drei Kopenhagener Vorlesungsreihen gegeben, die eine Wende für Kultur und Wissenschaft Dänemarks bedeuteten, sie gaben dem dänischen Geistesleben einen eigenen Rhythmus, der noch in der Kanondebatte nachschwingt. Die erste war die von Henrik Steffens 1802/03. Die zweite hielt der junge Theologe Hans Lassen Martensen (1808–1884) 1837 zur spekulativen Philosophie, mit der der Hegelianismus in Dänemark systematischer bekannt wurde. Martensen wurde 1840 Professor und 1854 Bischof, er war Zielscheibe für

Søren Kierkegaards heftige und letzte Attacken gegen die Amtskirche.

Die Rede soll hier sein von der dritten Vorlesungsreihe, die Georg Brandes (1842–1927) 1871 an der Kopenhagener Universität begann. Auch er machte sich begründete Hoffnung auf eine Professur an der Alma Mater Hafniensis. Brandes, definitiv ein Mitglied der Kanonfamilie, ist der Erfinder des «Modernen Durchbruchs» in der Literatur. Er formulierte in seiner Einleitung zur Vorlesung, die den harmlosen Titel hatte: «Die Hauptströmungen in der Literatur des 19. Jahrhunderts», dass Literatur «Probleme zur Debatte» zu stellen habe, und wandte sich damit gegen ein gängiges Literaturverständnis, das – vereinfacht gesagt – in der Epochenbenennung zum Ausdruck kommt. Poetischer Realismus oder auch Biedermeier. Seit der epochalen Vorlesung Brandes' stehen Freiheit, Vernunft und Aufklärung im Mittelpunkt der neuen Zeit, er hat daher den Beinamen «Voltaire des Nordens» erhalten. Mit ihm geht die Epoche des Idealismus zu Ende sowohl als Universalromantik wie als theologische Spekulation. Brandes gilt als der Förderer des Naturalismus, der zahlreiche dänische und skandinavische Literaten zum naturalistischen, zum realistischen Schreiben erweckt hat, die positivistische Naturwissenschaft erhielt höchste Wertschätzung. Brandes, um an dieser Stelle vorzugreifen, wurde zu einer der prägenden Kulturpersönlichkeiten am Ende des 19. und zu Beginn des 20. Jahrhunderts in Europa. Im Briefwechsel stand er mit allen, die Rang und Namen hatten, von Henrik Ibsen bis Sigmund Freud, von Jens Peter Jakobsen bis Friedrich Nietzsche. Mit Fug und Recht gilt er als Dänemarks erster genuiner Literaturwissenschaftler. Aufgrund seiner Vorträge und Schriften erwachte das europäische Interesse an der skandinavischen Literatur um die Jahrhundertwende. Er schrieb Aufsätze und Bücher über Shakespeare, Goethe, Cäsar, Voltaire und Michelangelo, mit ihm beginnt der eigentliche Durchbruch für Søren Kierkegaard in Dänemark und Deutschland, Nietzsche führte er in Dänemark und Skandinavien ein, der von ihm so apostrophierte «aristokratische

Radikalismus» wurde zu einem festen Terminus. Brandes stand der aufsteigenden Sozialdemokratie nahe, bewahrte sich aber mit dem von ihm selbst gepflegten aristokratischen Radikalismus eine Distanz, die ihn vor Vereinnahmung schützte.

Wenn mit der Begegnung von Steffens und Oehlenschläger 1802 in der dänischen Überlieferungsgeschichte ein Epochenwechsel markiert wird, dann gilt dieses auch für das Auftreten Brandes' ab den 70er-Jahren des 19. Jahrhunderts, bezeichnet dieses Datum doch zugleich den Beginn der Industrialisierung in Dänemark und Skandinavien. Sozial- und Ideengeschichte werden insofern kongruent, was immerhin das Zurechtfinden in den Zeitenwechseln erleichtert – und die Mythenbildung befördert. Brandes erhielt die gewünschte Professur nicht. In einer hässlichen, für das Universitätsleben aber nicht ganz ungewöhnlichen Berufungsposse wurde er, der des Publikums Liebling war, demontiert, sodass er schließlich das Weite suchte. Brandes war insbesondere dem latenten und sich dann aber auch manifest äußernden Antisemitismus der Kopenhagener Professorenschaft und eines guten Teiles der Öffentlichkeit ausgesetzt. Georg Brandes, wie vor ihm Henrik Steffens, ging ins freiwillige Exil nach Deutschland. Nachdem er in den Jahren zuvor die Stadt öfter und auch für Monate besucht hatte, lebte er von 1877 bis 1883 als Journalist im gründerzeitlichen Berlin.

Im Frühjahr 1883 kehrte er nach Kopenhagen zurück und wurde nun erst recht zur kulturellen Leitfigur der Oppositionellen im Kampf gegen die autoritäre politische Herrschaft. Als schließlich 1901 das neue Zeitalter anbrach – so darf man getrost die Einschätzung der Zeitgenossen um die Jahrhundertwende interpretieren – und die Demokratie mit einer dann nicht wieder infrage gestellten Parlamentarisierung Einzug hielt, wurde Brandes Titularprofessor an der Kopenhagener Universität, nachträglich seine Nichtberufung dreißig Jahre vorher also als eine politische interpretiert. Neben Georg Brandes waren es sein Bruder Edvard (1847–1931) und der liberale Politiker Viggo Hørup (1841–1902), die maßgeblich die demokratische Wende betrieben. Sie gründeten 1884 die noch heute existierende liberale Tageszeitung «Politiken», die zum Sprachrohr für die Oppositionellen der damaligen Zeit wurde.

Georg Brandes ist der Türöffner für die zeitgenössischen europäischen Ideen. Mit ihm kommt in Kultur und Politik eine intellektuelle Bewegung auf, die immens politisch werden sollte für die erste Hälfte des 20. Jahrhunderts: der Kulturradikalismus. Durch dessen Vertreter wird eine moderne Sozialpolitik propagiert, kommt die Freud'sche Psychoanalyse nach Dänemark, aber auch die sozialen und sozialistischen bis kommunistischen Bewegungen. Karl Marx wird zwar nicht übersetzt, seine Ideen werden aber diskutiert. Dänische radikale Denktraditionen, eine soziale Psychologie und eine neue Sozialpolitik legen in den 30er-Jahren die sozialen, politischen und theoretischen Grundsteine für den modernen Wohlfahrtsstaat. In den Jahren der (Weltwirtschafts-)Krise, in den 20er- und 30er-Jahren werden die grundlegenden Debatten zur Familien-, Gesundheits- und Wohnungsbaupolitik geführt – im buchstäblichen Sinne entsteht in dieser Zeit das moderne Dänemark: in der Literatur, auf dem Theater, in der Baukunst, im Design. Kultur und Politik «radikalisieren» sich. Der Kulturradikalismus gehört zum dänischen Demokratiekanon.

### KANON – OHNE EGON?

Eine Kanondebatte, gar die Verständigung auf einen Kanon birgt nicht nur die Gefahr, sondern endet in der Regel damit, dass für heilig und unabänderlich genommen wird, was in diesen hinein*geschrieben* wird. Darüber können auch von den Verantwortlichen noch so gut gemeinte Bemerkungen über die Unmöglichkeit der Vollständigkeit nicht hinwegtäuschen. Die Hinweise auf die Leerstellen im (ministeriellen) dänischen Kanon, die Hinweise auf den *ungeschriebenen* Kanon können die Probleme aufzeigen, wenn beschrieben werden soll, was das Typische einer Nation ausmacht. Es gibt nämlich mehr kulturelle Werte im mentalen Haushalt einer Nation, als ein Kanon benennen kann, als der jeweilige Zeitgeist für kanonisch hält. Georg Brandes war eine der umstrittensten Persönlichkeiten Dänemarks – dass er in den Kanon aufgerückt ist, belegt im einfachsten Fall die Wandelbarkeit des Kanons.

Gleichwohl ist eine nationale Kultur nicht zu verstehen ohne Kanon. Wer den Kanon nicht kennt, der kennt die Kultur nicht; der verarmt kulturell, weil die Kontexte nicht gewusst werden. Der Kanon sollte aber *gelebt*, nicht *verordnet* werden. Insofern haben die dänischen Politiker und Professoren angesichts einer gefühlten Infragestellung «dänischer Werte» das Kind mit dem Bade ausgeschüttet. Statt zu einer diskursiven Selbstverständigung über ebendiese Werte zu verhelfen, haben sie eine kontroverse Situation geschaffen: Diskutiert wird darüber, wer oder was fehlt, wie sakrosankt Personen und Werke sind und wie konform Kultur zukünftig zum Kanon sich zu verhalten hat. Eine Diskussion darüber, was Kultur in diesem Kontext überhaupt meint, wäre sicherlich auch hilfreich: Wäre nicht auch Niels Bohr ein würdiger Repräsentant im dänischen Kulturkanon?

Dies wird in dem Maße deutlicher, in dem die Kanoniker sich der Gegenwart nähern, einige Beispiele habe ich gegeben. Hans Christian Andersens Märchen von der kleinen Meerjungfrau steht – natürlich – im Kanon. Aber warum eigentlich? Das Stück hat mit Dänemark nichts zu tun, es sei denn, man nimmt seine internationale Reputation und den internationalen Ruhm seines Autors, die Licht auf Dänemark geworfen haben, als Kriterium. Nichts ist *von draußen* so sehr mit Dänemark verbunden wie die kleine Meerjungfrau. Andererseits ist in den Filmkanon eine – zugegebenermaßen in Dänemark sehr populäre – 27-teilige Fernsehserie aufgenommen worden, die den historischen Gang Dänemarks in die Moderne von 1929 bis 1947 entlang einer Reihe von Biografien schildert, nicht zuletzt die Zeit der deutschen Besatzung. Eine wahre *Soap Opera*, sie wurde ein Riesenerfolg: «Matador» (1978–1982). Im Ausland ist dieses Werk hingegen nicht bekannt – im Ausland bekannt indessen, aber nicht im Kanon aufgenommen ist die Olsen-Bande, jene legendären

14 Kriminalkomödien, die zwischen 1968 und 1998 den immer wieder scheiternden Versuch von drei Ganoven und ihrem familiären Anhang zeigen, einen großen Coup zu landen: «Egon hat einen Plan.» Die Serie errang Kultstatus vor allem in der DDR, war aber auch in Polen und Österreich sehr erfolgreich.

Diese Situation ist – nimmt man den dänischen Kulturkanon ernst – eine zutiefst undänische, weil sie polarisiert. Man wird sicherlich sagen können, dass die dänische Kanondebatte gegen den oben zitierten Demokratiegrundsatz verstoßen hat, nämlich auf *anständige* Weise unterschiedlicher Meinung zu sein, zumindest war die Debatte unschön. Der Ernst, mit dem das Kanongeschäft betrieben wurde, war schon ein sehr deutscher.

# 10 DÄNEMARK IST ÜBERALL

Wenn William Shakespeare geahnt hätte, welche Wellen der Marcellus in den Mund gelegte Satz über die Zustände in Hamlets Heimatland schlagen würde – er dürfte gewünscht haben, er hätte ihn nie geschrieben:

Something is rotten in the state of Denmark.

In der Tat, Hamlets Dänemark ist verrottet – weil die Gesellschaft auf der Terrasse von Schloss Kronborg von einem Geist verfolgt wird, dem Geist von Hamlets Vater. Es ist der Geist der Vergangenheit, der die Verhältnisse durcheinanderrüttelt.

Mit der Realität hat das von Shakespeare entworfene Bild aber nichts gemein, auch wenn es von späteren Kommentatoren immer wieder heraufbeschworen wurde. Dänemark ist durch die europäischen Katastrophen der letzten 150 Jahre gegangen und hat kräftigen Anteil genommen an dieser europäischen Geschichte der Kriege und Bürgerkriege. Dänemark hat Blessuren davongetragen, ist aber noch vergleichsweise glimpflich durch diese Katastrophen gekommen. Nicht zuletzt hat es dank einer traditionellen Ideologieimmunität die großen Massenverführungen des 20. Jahrhunderts ausgelassen. Weder Faschismus oder Nationalsozialismus noch Sozialismus und Kommunismus haben bei den dänischen Wählern sonderlichen Eindruck hinterlassen. Der dänische Umgang mit «denen da oben», aber auch mit den Großen in der Nachbarschaft war geprägt von einer manchmal selbstmörderisch anmutenden Respektlosigkeit, das Asterix-Syndrom ist allgegenwärtig. Andere Gesellschaften, etwa die deutsche, werden von den Geistern der Vergangenheit sehr viel stärker verfolgt als die dänische.

Wenn das Shakespeare-Wort in der Gegenwart bemüht wird, dann handelt es sich durchweg um Petitessen, um politische Skandale oder wirtschaftliche Katastrophen, die mit den bei Shakespeare geschilderten Verwicklungen wenig zu tun haben. Der Schluss ist zugelassen, dass der Satz allenfalls etwas über die Gedankenarmut dessen aussagt, der ihn anwendet, als dass damit etwas zur Klärung der Sachverhalte beigetragen wäre (es sind bei Google 8,8 Millionen Einträge verzeichnet). An der Lust, den Satz fürderhin zu zitieren, wird das nichts ändern. Man solle aber Vorsicht obwalten lassen: Dänemark ist überall.

Sind es wirklich nur *dänische* Töne, die aus der die gegenwärtige bürgerlich-konservative Regierung stützenden Dänischen Volkspartei klingen, wenn es bei ihr heißt, dass «die dänische Kultur der Kern des Landes ist», dass «Dänemark kein Einwandererland ist»? «Die Dänische Volkspartei wird es nicht akzeptieren, dass sich das Land zu einer multiethnischen Gesellschaft entwickelt. Darum verlangen wir eine Revision aller Ausländergesetze ... wie wir auch die Aufhebung des Integrationsgesetzes fordern. Dänemark kann nicht der ganzen Welt Platz bieten ... Wir wünschen nicht, dass die Dänen im eigenen Land eine Minderheit werden. Flüchtlinge sollen ausgewiesen werden, so schnell es geht.» Die Partei steht stramm zur dänischen Mitgliedschaft in der NATO, definiert sich aber als «scharfer Widerständler der Europäischen Union, denn Volksherrschaft und Einfluss des Volkes finden sich nur in Nationalstaaten, in denen das Volk eine natürliche Zusammengehörigkeit fühlt ... Dänemark muss als selbstständige und souveräne Nation erhalten bleiben.»

Die Dänische Volkspartei sitzt nicht am Kabinettstisch, virtuell hat sie dort aber längst Platz genommen. Sie erreichte bei der letzten Parlamentswahl 2007 ein Ergebnis von 13,8 Prozent und wurde mit 25 Mandaten zur drittstärksten Fraktion im Folketing (den Rang hatte sie allerdings bereits seit 2001). Ohne ihre Unterstützung könnte die

Regierung Anders Fogh Rasmussen nicht im Amt bleiben – so rühmt sich die Partei selbst auf ihrer Homepage. Die Minderheitsregierung aus Konservativen und Liberalen hat einen Dänemark-Test für Ausländer eingeführt, die Zuzugsbedingungen für Familienangehörige verschärft. Einwanderer und Flüchtlinge erhalten erst nach sieben Jahren Aufenthalt im Land den Sozialhilfehöchstsatz, Nicht-EU-Ausländer unter 24 Jahren, die mit Dänen verheiratet sind, erhalten keine Aufenthaltsgenehmigung mehr. Im Jahr 2001, dem Antritt der gegenwärtigen Regierung, erhielten 6243 Flüchtlinge in Dänemark Asyl, im Jahr 2004 waren es 1592. Auch die Entscheidung der Regierung Rasmussen 2003, am Bush-Krieg gegen den Irak teilzunehmen, hat zu tun mit dem Getriebensein durch die Rechtspopulisten und der Überzeugung, nur durch eine Kriegsbeteiligung die dänische Souveränität retten zu können («Dänemark muss als selbstständige und souveräne Nation erhalten bleiben!»).

Aus der Opposition sind die Widerworte gegen den volkstümlichen Nationalismus der Populisten von rechts außen rar geworden. Man muss schon sehr genau hinhören, um die Stimmen gegen die Fremdenfeindlichkeit, den Ethnonationalismus und den kuranten dänischen Kulturchauvinismus wahrzunehmen. Sie gibt es im Journalismus wie an den Universitäten und in der Politik, eine politische Bewegung ist daraus aber nicht entstanden. Schaut man sich heute die dänische Sozialdemokratie im europäischen Kontext an, dann gehört sie sicherlich zum äußeren rechten Flügel. Sie und auch die Sozialistische Volkspartei würden die Ausländerpolitik des gegenwärtigen bürgerlichen Regimes bei einem Regierungswechsel fortsetzen. Dies verdrießt so sehr, dass man zu Shakespeare greifen möchte, und in der Tat lässt sich die auswärtige Kommentierung der dänischen Politik der letzten Jahre unter dem Shakespeare-Satz zusammenfassen …

Die populistischen Vereinfachungen und das politische Spiel mit den Ängsten der Bevölkerung vor Europäisierung, Internationalisierung und Globalisierung – von Finanz- und Wirtschaftskrisen ganz zu schweigen – sind nicht einmalig, sie sind nicht spezifisch dänisch. Österreich und die Schweiz haben sie vorgemacht, auch in Deutschland erleben wir sie. Links und rechts sind in die schändlichsten Verwirrungen geraten, fürwahr, auch dies wäre keine dänische Spezialität. Sie sind Ausdruck eines diffusen Ahnens, dass Wirtschaft und Gesellschaft organisiert sind für Schönwetterzeiten, dass die Wohlfahrtsstaaten auch des Nordens im Grunde nationale Konstrukte sind und die deshalb wie Festungen zu verteidigen sind.

Die Dänische Volkspartei formuliert die Rezepturen gegen die diagnostizierte Krise von Nation und Gesellschaft: «Die Entwicklung unseres Landes durch die Geschichte hindurch ist bestimmt durch unsere Kultur.» Der Satz ist so platt, wie er richtig ist, er erklärt, warum die Partei und die durch sie vertretene politische Stimmung so erfolgreich und verbreitet sind – es ist die politische Vermarktung des gesunden Menschenverstandes. Wissenschaftlich wäre der Begriff «Killerphrase» hier angemessen, das ist die Verwendung von wahren Sätzen, die aber keine weitere Wahrheitserkenntnis bringen.

Würden nämlich dänische Kultur und dänische Geschichte ernst genommen, dann wären ganz andere Schlüsse zu ziehen, als sie in der gegenwärtigen Stimmung propagiert werden. Was geschah denn, nachdem sich die traumatisierenden Katastrophen des dänischen 19. Jahrhunderts ereignet hatten, als nach 1864 Dänemark mit dem Verlust von Schleswig, Holstein und Lauenburg seine Nord-Süd-Dimension eingebüßt hatte, als in der Folgezeit Preußen-Deutschland zum mächtigen Gegner Dänemarks werden sollte? Dänemark investierte in den folgenden Jahrzehnten in eine Modernisierung von Wirtschaft und Infrastruktur: Die Eisenbahn wurde ost-westlich gebaut (anstatt nord-südlich), an der Westküste entstand ein neuer großer Hafen, Esbjerg, als Ersatz für die verlorenen Westhäfen Husum und Tönning. Dänemark öffnete seine Märkte, orientierte sich nach Westen anstatt wie bisher nach Süden. England wurde nach 1864 der große Abnehmer dänischer Produkte. Damit erhielt das Land Zugang zum Weltmarkt. Auch die dänische Wirtschaft modernisierte sich rapide, Kapital kam ins Land und lieferte die finanziellen Grundlagen für das zweite goldene Zeitalter am Ende des Jahrhunderts, ja bis zum Ausbruch des Ersten Weltkrieges. Dänemark stellte sich also den neuen Anforderungen von Internationalisierung und Globalisierung – und wurde zu einem Gewinner im politischen und wirtschaftlichen Umstrukturierungsprozess. Damals war klar, dass die Existenzgrundlage der dänischen Wirtschaft, ja die Existenzgrundlage der dänischen Nation in der Internationalisierung, in der Globalisierung beruhen – etwas näher betrachtet: in der Europäisierung, sie waren für die dänische Gesellschaft ausschlaggebend in den letzten 200 Jahren.

In der Vergangenheit wurde die dänische Geschichte nur selten aus dieser Perspektive betrachtet. Es hieß «nach innen gewinnen, was nach außen verloren wurde». Dass sich die Wirtschaft sehr wohl nach außen orientierte und Profit machte, dass Literatur und Kultur ihre Impulse von außen holten und Weltruhm erlangten, das sind im innerdänischen Diskurs selten und dann mit Verwunderung festgestellte Listen der Geschichte. Die Offenheit für neue Ideen, die Bereitschaft zur Innovation, der Freihandel für Waren und Ideen ebneten Dänemarks Weg in die Wohlfahrts- und Wohlstandsmoderne – nicht die Abschottung, nicht die Ausgrenzung. Als anderswo «Entartung» zum beherrschenden politischen Thema wurde, da entdeckte die dänische Literatur die Unterschichten, da wurde Kopenhagen zu einer Jazzmetropole. Das Lied «Wonderful Copenhagen» wurde zwar erst 1952 – im Film «Hans Christian Andersen» mit Danny Kaye – weltberühmt, ohne die Vorgeschichte der goldenen Jahre am Ende des 19. Jahrhunderts, vor allem aber ohne den kulturellen Reichtum der 30er-Jahre wäre der Schlager nicht in die Populärkultur und die Jazzgeschichte eingegangen – er wurde zum Hauptmotto der Kopenhagen-Werbung und blieb es bis in die Gegenwart: «Friendly old girl of a town».

Heute müssen die Ängste in der dänischen Gesellschaft so stark sein, die Verunsicherungen so tief, dass so etwas wie eine Traditionsamnesie eingetreten ist. Es sind nurmehr die *Begriffe* von *folkelighed,* dänischer Geschichte und Kultur, die populistische Reflexe hervorrufen, ohne dass die politischen und kulturellen *Inhalte* präsent sind. Politisches Gewicht bekommen sie dennoch. Insofern kann man sagen, dass die heutigen dänischen amtlich beglaubigten Traditionsbewahrer diese zu bewahren vorgeben, ohne ihre Inhalte noch zu kennen. Sie verkünden eine «Leitkultur», die im Grunde «undänisch» ist, ein Etikett, das in Dänemark gerne für Abweichungen von der Norm verwandt wird. Für das dänisch-deutsche Nachbarschaftsverhältnis hat die inhaltslose Traditionsbewahrung insofern ihre Konsequenzen gehabt, als die deutsche Kultur, die in Dänemark und Skandinavien einmal eine dominierende war, stark an Bedeutung eingebüßt hat, ja so gut wie bedeutungslos geworden ist. Das hat mit den Folgen der deutschen Besatzung im Zweiten Weltkrieg zu tun, das hängt aber auch – warum sollte dies in Dänemark anders sein? – mit dem Siegeszug des Englischen zusammen. Für die meisten Deutschen dürfte andererseits Dänemark geschätztes Urlaubsland sein – etwas teuer zwar, aber im Großen und Ganzen sehr akzeptabel, es gilt als kinderfreundlich, die Bewohner gelten als umgänglich und gemütlich. Die Wohlfühlerfahrungen wirken nach.

Zweifellos bedeutete das Jahr 1989 für das dänisch-deutsche Verhältnis eine Kehre. Seither ist auch bei diesem Thema die Nachkriegszeit zu Ende. Von jetzt ab wurde auf Deutschland mit freundlicheren Augen geblickt, weil zum einen die Kriegserfahrungen (nicht nur aus biologischen Gründen) verblasst waren, zum anderen aber, weil viele Dänen entdeckten, dass sie tatsächlich zu Europa gehören. Die Welt ist den Dänen zwar fremder geworden, die Nachbarn sind ihnen dafür nähergekommen, vielleicht sind sie ihnen ja auch sympathischer geworden. Dass Deutschland und speziell Berlin auf den dänischen Hitlisten stehen, hat nicht nur mit der durch die deutsche Einheit gewonnenen Attraktivität zu tun – Berlin war und ist die nächste Metropole in Dänemarks Umkreis –, sondern auch mit der Verunsicherung über die fremde ferne Welt.

# ANHANG

## ZEITTAFEL

**800–1060** Wikingerzeit; ausgedehnte Beutezüge dänischer Wikinger zu den Küstengebieten des europäischen Kontinents.

**808** Errichtung des Danewerks unter König Godfred nahe Schleswig zum Schutz der dänischen Südgrenze gegen das Frankenreich.

**811** König Hemming schließt Frieden mit Karl dem Großen, die Eider soll «auf ewig» die Grenze zwischen den beiden Reichen bilden.

**826** Ansgar beginnt seine Mission in Dänemark.

**934–940** Regierungszeit König Gorms; er eint große Teile des heutigen Dänemark und gilt als der eigentliche Staatsgründer.

**940** Nach dem Tod Gorms wird sein Sohn Harald Blåtand (Blauzahn) dänischer König; seitdem durchgängige Königsabfolge in Dänemark.

**950–970** Harald Blåtand christianisiert und eint Dänemark; aus dieser Zeit stammen auch die Runensteine von Jellinge.

**1016–1035** Machtexpansion unter Knut dem Großen, der Dänemark, Norwegen und England vereint.

**um 1200** *Jyske Lov*.

**1214** Der deutsch-römische Kaiser Friedrich II. erklärt, dass alles Land nördlich der Elbe dänisch sei; auf dem Papier wird Dänemark damit zur europäischen Großmacht.

**1219** Schlacht von Lyndanisse in Estland: Der Dannebrog, eine der ältesten Nationalflaggen der Welt, «fällt vom Himmel» (als Flagge nachgewiesen ist er aber erst um 1370); die heidnischen Esten werden von Waldemar II. bei diesem Kreuzzug vernichtend geschlagen.

**1282** *Constitutio Erici Glipping* als erstes Grundgesetz Dänemarks; die Macht teilen sich König und *Danehof*.

**1360–1370** Schwedisch-dänischer Krieg um die südschwedischen (ehemals dänischen) Landschaften Skåne, Halland und Blekinge, in den seit 1365 auch die Hanse, Mecklenburg und Holstein einbezogen sind.

1361 Gotland wird von Dänemark erobert, Visby geplündert.

1370 Friedensschluss zwischen Dänemark und der Hanse-Koalition; der Hanse wird finanzielle und politische Mitsprache in Dänemark garantiert.

1380 Dänemark und Norwegen werden unter der Herrschaft Olov Håkansons in Personalunion vereint (bis 1814); Island, Grönland und die Färöer werden Teil des dänischen Reiches.

1387 Tod des Unionskönigs von Dänemark-Norwegen, Olov Håkanson. Seine Mutter, Margrete, wird Königin in Dänemark.

1388/89 Margrete wird als Königin von Norwegen anerkannt; in Schweden wird ihr 1389 als Herrscherin gehuldigt: faktischer Beginn der Kalmarer Union.

1397 20. 7.: formelle Gründung der Kalmarer Union; Erich von Pommern wird in Kalmar von Vertretern Dänemarks, Schwedens und Norwegens zum gemeinsamen König gekrönt und die gemeinsame Union geschlossen; sie besteht mit Unterbrechungen bis zur Wahl Gustavs I. Eriksson Wasa zum König von Schweden 1523.

1429 Einführung des Sundzolls durch Erich von Pommern für alle nichtdänischen Schiffe: Dänemark kontrolliert den Zugang zur Ostsee.

1460 Schleswig und Holstein werden unter dem dänischen König Christian I. vereint: «dat se bliwen ewich tosamende ungedelt». Vertrag von Ripen.

1520 Stockholmer Blutbad von Christian II. verantwortet.

1536 Norwegen wird zur Provinz degradiert.

1536/37 Reformation in Dänemark.

1563–1570 «Nordischer Siebenjähriger Krieg»: Dänemark wird zur herrschenden Macht im Ostseeraum; verzichtet im Frieden von Stettin (1570) auf alle Herrschaftsansprüche in Schweden; es folgt eine Periode des Friedens und der Blüte.

1618–1648 Dreißigjähriger Krieg; 1625–1629: «Dänischer Krieg».

1642 Der Runde Turm in Kopenhagen wird als eines der ersten öffentlichen astronomischen Observatorien in Europa eingeweiht.

1645 Friede von Brömsebro mit Schweden: Die dänischen Provinzen Jämtland, Härjedalen, Gotland und Ösel fallen an Schweden, die Provinz Halland wird Schweden auf 30 Jahre als Pfandbesitz zugesprochen.

1648 Aus dem Dreißigjährigen Krieg geht Dänemark insgesamt geschwächt hervor; Schweden übernimmt die beherrschende Rolle in Nordeuropa, erhält Zollfreiheit im Sund; für Dänemark folgt außenpolitisch eine Zeit des Niedergangs, innenpolitisch eine Zeit der

Stadtgründungen, des Handels und der Seefahrt unter Christian IV.

**1658/60** Friedensschlüsse von Roskilde und Kopenhagen mit Schweden führen zu (dauerhaften) Gebietsverlusten an Schweden: Skåne, Halland, Blekinge und Bohus; durch die Friedensschlüsse von 1658/60 wird der Öresund zur Grenze zwischen Dänemark und Schweden; für Dänemark bedeutet dies die Niederlage im Kampf um die Vorherrschaft in der Ostsee.

**1660** Dänemark wird Erbmonarchie: Einführung des Absolutismus unter Frederik III.

**1665** Als einziges Land erhält Dänemark eine schriftliche absolutistische Verfassung: *Codex Regius/Kongeloven* (in Kraft bis 1849).

**1666** Gründung von Kolonien in der Karibik, Saint Thomas, Saint Croix, Saint John.

**1700–1721** Großer Nordischer Krieg; Dänemark erhält große Teile des Fürstentums Schleswig; es folgt eine Periode des Friedens bis zu den Napoleonischen Kriegen; durch seine geografische Lage, die ihm die Kontrolle der Seewege durch Belte und Sund ermöglicht, spielt Dänemark weiterhin eine bedeutende politische und wirtschaftliche Rolle im Ostseeraum.

**1722** Gründung der ersten dänischen Kolonie auf Grönland.

**1769** Dänemark ohne die deutschen Gebiete hat nach einer ersten Volkszählung 800 000 Einwohner.

**1770–1772** Reformen unter Johann Friedrich Struensee, Leibarzt und Geheimer Kabinettsminister Christians VII. 1772 wird Struensee hingerichtet.

**1772** Dänisch wird per Dekret Amtssprache (bis dahin dominiert Deutsch).

**1787–1800** Agrarreformen; Bauernbefreiung 1788.

**1790** Abschaffung der Zensur.

**1792** Als erstes Land der Welt verbietet Dänemark den Sklavenhandel; das Gesetz tritt 1803 in Kraft.

**1801/07** Bombardement Kopenhagens durch die Briten, Verlust der dänischen Flotte und Helgolands an England; Dänemark, das bislang neutral geblieben war, stellt sich auf die Seite Napoleons.

**1802/03** Der dänische Dichter Adam Oehlenschläger wird in einem 17-stündigen Gespräch mit dem norwegischen Naturforscher, Philosophen und Dichter Henrik Steffens «erweckt»; seine daraufhin erscheinende Gedichtsammlung markiert den Beginn der Romantik in Dänemark.

**1813** Staatsbankrott.

1814 Friede von Kiel mit Schweden: Dänemark muss nach sieben Kriegsjahren und der Allianz mit Napoleon Norwegen an Schweden abtreten, behält Island, Grönland und die Färöer, erhält das Herzogtum Lauenburg; Dänemark geht aus den Napoleonischen Kriegen stark geschwächt hervor, es folgen Jahre der Krisen, erst um 1830 hat sich das Land finanziell und wirtschaftlich wieder erholt. Einführung einer allgemeinen Schulpflicht für Kinder im Alter von 7–14 Jahren.

1815 Holstein und Lauenburg werden Mitglieder des Deutschen Bundes.

1844 Die erste Volkshochschule wird in Rødding, Nordschleswig, eröffnet.

1845 Großes Studententreffen in Kopenhagen; Ausdruck des Skandinavismus.

1848–1850 Erster Krieg um die Herzogtümer Schleswig und Holstein; die Dänen siegen 1850 in der Schlacht von Idstedt; die Schleswig-Holsteinische Frage dominiert die dänische Innen- und Außenpolitik Mitte des Jahrhunderts.

1849 Am 5. Juni, dem späteren Nationalfeiertag, erhält Dänemark eine neue Verfassung nach preußischem Vorbild, das sog. *Junigrundloven*; Einführung der konstitutionellen Monarchie mit einem Zwei-Kammer-Reichstag (*Landsting* und *Folketing*).

1852 Londoner Protokoll legt Selbstständigkeit der Herzogtümer Schleswig und Holstein fest.

1863 Die sog. Novemberverfassung bindet Schleswig näher an Dänemark und führt zum Ausbruch des Zweiten Deutsch-Dänischen Krieges.

1863/64 Zweiter Krieg um die Herzogtümer Schleswig und Holstein: dänische Niederlage an den Düppeler Schanzen; Verlust der in Personalunion verbundenen Herzogtümer Schleswig, Holstein und Lauenburg (ca. 30 % des dänischen Territoriums und ca. 40 % der Bevölkerung).

1870/71 Georg Brandes hält an der Kopenhagener Universität seine Vorlesungsreihe zum «Modernen Durchbruch».

1871 Gründung der dänischen sozialdemokratischen Partei DSP, *Dansk Socialdemokratisk Partiet.*

1898–1901 *Systemskifte* («Systemwechsel»): Einführung des Parlamentarismus.

1903 Niels Finsen erhält den Nobelpreis für Medizin.

1914–1918 Im Ersten Weltkrieg gegenüber Deutschland wohlwollende Neutralität.

1915 Unterzeichnung eines demokratischen Grundgesetzes, Einführung des Frauenwahlrechts.

1917 Dänemark verkauft die von ihm verwalteten Inseln in der Karibik an die USA.

1918 Island erhält die volle Souveränität, bleibt jedoch durch einen Vertrag für weitere 25 Jahre in Personalunion mit Dänemark verbunden.

1920 In einem durch den Versailler Vertrag initiierten Referendum wird die nationale Zugehörigkeit Schleswigs festgelegt: Nordschleswig wird dänisch, Südschleswig deutsch.

1939 31. 5.: Nichtangriffspakt mit Deutschland.

1940–1945 9. 4. 1940: Besetzung Dänemarks durch deutsche Truppen, bis 5. 5. 1945.

1943 Reichstagswahl im März trotz Besetzung; im August: Abtritt der dänischen Regierung.
Im Oktober verhilft die dänische Bevölkerung den in ihrem Land von der Deportation bedrohten Juden (etwa 7000) in einer beispiellosen Aktion zur Flucht nach Schweden.

1944 17. 6.: Die Unabhängigkeitserklärung Islands beendet die Personalunion mit Dänemark.

1945 9. 5.: Wilhelm Buhl wird erster Ministerpräsident nach der deutschen Besatzung.
Dänemark ist Gründungsmitglied der Vereinten Nationen (UNO).

1948 Dänemark gehört zu den Gründungsmitgliedern der Organisation für Europäische Wirtschaftliche Zusammenarbeit (OEEC).
Die Färöer erlangen weitgehende Autonomie.

1949 Dänemark tritt der NATO bei; Ende der Neutralitätspolitik und Beginn eines prowestlichen Kurses; Beitritt zum Europarat.

1952 Dänemark gehört zu den Gründungsmitgliedern des Nordischen Rates.

1953 5. 6.: Einführung einer neuen Verfassung, *Danmarks riges grundlov*: Einführung des *Folketing* (Ein-Kammer-Parlament) und der weiblichen Thronfolge; Abschaffung der ersten Parlamentskammer, des *Landsting*; Prinzip der Minderheitenregierungen: Zwang zum Kompromiss.
Grönland verliert den Status einer Kolonie und wird Bestandteil des dänischen Königreiches.

1955 Bonn-Kopenhagener Erklärungen: Anerkennung der kulturellen Identität der deutschen und dänischen Minderheiten beider Länder.

1959 Dänemark gehört zu den Gründungsmitgliedern der Europäischen Freihandelsorganisation (EFTA).

1971 Beginn der dänischen Erdölförderung in der Nordsee.

1972 15. 1.: Thronbesteigung Margrete II.

1973 Beitritt zur Europäischen Gemeinschaft (EG) nach Referendum 1972 (ohne die Färöer).

1979 1. 5.: Grönland erhält Selbstverwaltung.

1982 Grönland entscheidet sich für den Austritt aus der Europäischen Gemeinschaft (EG); er wird 1985 wirksam.

1990er In den 1990er-Jahren umfangreiche Arbeitsmarktreformen, die unter dem Stichwort «Flexicurity» Modellcharakter in Europa gewonnen haben.

1992 6. 3.: Dänemark gehört zu den Gründungsmitgliedern des Ostseerates.
Ablehnung des Vertrages von Maastricht durch Referendum.
Dänemark gewinnt im Finale 2:0 gegen Deutschland und wird Fußballeuropameister.

1993 Annahme des Vertrages von Maastricht mit den vier Vorbehalten von Edinburgh (innere und äußere Sicherheit, Euro, Staatsbürgerschaft), Gipfel von Kopenhagen.

1998 Eröffnung der Brücke über den Großen Belt.

1998 Gründung des multinationalen deutsch-dänisch-polnischen Korps in Stettin.

2000 1. 7.: Eröffnung der Brücke über den Öresund von Kopenhagen nach Malmö.
Ablehnung der Einführung des Euro durch Referendum.

2003 Militärisches Engagement Dänemarks an der Seite der USA im Irakkrieg und Mitwirkung beim Wiederaufbau des Irak.

2004 13. 5: Hochzeit von Kronprinz Frederik und Kronprinzessin Mary.

2005 8. 2.: Vorgezogene Neuwahlen des *Folketing* enden mit der Bestätigung der Minderheitsregierung aus Liberaler Partei (*Venstre*) und Konservativer Volkspartei unter Ministerpräsident Anders Fogh Rasmussen und der sie parlamentarisch stützenden Dänischen Volkspartei.
30. 9.: Veröffentlichung einer Serie von zwölf Mohammed-Karikaturen in der Tageszeitung *Jyllands-Posten*, die Anfang 2006 den «Karikaturenstreit» mit weltweiten Protesten muslimischer Organisationen, dem Boykott dänischer Produkte und gewalttätigen Auseinandersetzungen zur Folge hat und zu einer intensiven Diskussion über die Religions-, Presse- und Meinungsfreiheit führt.

2007 13. 11.: Die Regierung von Anders Fogh Rasmussen wird im Amt bestätigt.

**Am Ende der Wikingerzeit erstreckte sich die «dänische» Herrschaft bis nach Schweden, Norwegen, England und die nordatlantischen Inselgruppen.**

**Von ca. 1180 bis 1380 war Dänemark zu einer Ostseemacht geworden, die westlichen Eroberungen waren verloren gegangen, im Osten konnten Gewinne erzielt werden.**

**Während der Kalmarer Union 1397–1520/23 war Dänemark zur nordeuropäischen Großmacht geworden: Unter der dänischen Krone waren alle drei Reiche vereint – aber nicht geeint –, es war eine Epoche der Bürgerkriege, der Begriff «Union» hat seither im Norden keinen guten Klang.**

**Dänemark zwischen 1658 und 1814. Island, die Färöer und Norwegen verblieben nach dem Ende der Kalmarer Union bei Dänemark. Im Frieden von Roskilde musste Dänemark 1658 die Provinzen Schonen, Halland und Blekinge an Schweden abtreten: Der Öresund wurde zur Grenze zwischen Schweden und Dänemark. Norwegen musste 1814 im Frieden von Kiel an Schweden abgetreten werden.**

**Der Konflikt um Schleswig, Holstein und Lauenburg im 19. Jahrhundert.**

## LITERATURHINWEISE

Adriansen, Inge, Birgit Jenvold: Dänemark. In: Flacke, Monika (Hg.): Mythen der Nationen – ein europäisches Panorama. Berlin 1998.

Bartmann, Christoph: Kopenhagen. Stadt der Dichter. Literarische Streifzüge. Düsseldorf, Zürich 2005.

Bohn, Robert: Dänische Geschichte. München 2001.

Bohnen, Klaus, Sven-Aage Jørgensen (Hgg.): Der dänische Gesamtstaat. Kopenhagen. Kiel. Altona. Tübingen 1992.

Detering, Heinrich, Anne-Bitt Gerecke, Johan de Mylius (Hgg.): Deutsch-dänische Doppelgänger. Transnationale und bikulturelle Literatur zwischen Barock und Moderne. Göttingen 2001.

Findeisen, Jörg-Peter: Dänemark. Von den Anfängen bis zur Gegenwart. Regensburg 1999.

— Poul Husum: Kleine Geschichte Kopenhagens. Regensburg 2008.

Frandsen, Steen Bo: Dänemark – der kleine Nachbar im Norden. Darmstadt 1994.

Gellinek, Christian: Kultursolidarität über Grenzen: Dänemark und Deutschland. Münster 2008.

Gläser, Manfred, Ingrid Sudhoff, Palle B. Hansen, Thomas Roland (Hgg.): Nicht nur Sauerkraut und Smørrebrød: Deutschland und Dänemark im 19. und 20. Jahrhundert. Lübeck 2005.

Gläßer, Ewald: Dänemark. Stuttgart 1980.

Hallet, Mark: Staat und Kirche in Dänemark. Frankfurt am Main (u. a.) 2001.

Heinzelmann, Eva, Stefanie Robl, Thomas Riis (Hgg.): Der Dänische Gesamtstaat. Ein unterschätztes Weltreich? Kiel 2006.

Janssen, Jan, Erik Thorud: Deutsche Spuren in Kopenhagen. Greve 2000.

Jørgensen, Jesper N.: Wonderful Copenhagen: aktuelle Kunst aus Dänemark. Kiel 2000.

Klose, Olaf: Dänemark. Handbuch Historischer Stätten. Stuttgart 1982.

Königlich Dänisches Ministerium des Äußeren (Hg.): Dänemark. Kopenhagen 1998.

— Jenseits von Berlin. Dänen und die deutsche Metropole – eine Anthologie. Kopenhagen 1999.

— Blickpunkt Dänemark. Kopenhagen 2001.

— Dänemark – das Tor zur Ostsee. Kopenhagen 2001.

— Ihr und wir. Dänemark aus der Sicht des Auslands – von 845 bis 2001. Kopenhagen 2002.

Meincke, Inga: Vox Viva. Die «wahre Aufklärung» des Dänen Nikolaj Frederik Severin Grundtvig. Heidelberg 2000.

**Meissner, Gustav**: Dänemark unterm Hakenkreuz. Die Nord-Invasion und die Besetzung Dänemarks 1940 – 1945. Berlin (u. a.) 1991.

**Mix, Karl-Georg**: Deutsche Flüchtlinge in Dänemark 1945–1949. Stuttgart 2005.

**Mix, York-Gothart**: Deutsch-dänischer Kulturtransfer im 18. Jahrhundert. Wolfenbüttel 2001.

**Ørbaek Jensen, Anne**: Wahlverwandtschaften: zwei Jahrhunderte musikalischer Wechselwirkungen zwischen Dänemark und Deutschland. Kopenhagen 2004.

**Pelc, Ortwin**: Deutschland und Dänemark im 19. und 20. Jahrhundert: ein historischer Überblick. Lübeck 2005.

**Petersen, Klaus**: Legitimität und Krise. Die politische Geschichte des dänischen Wohlfahrtsstaates 1945–1973. Berlin 1998.

**Poulsen, Bjørn, Ulrich Schulte-Wülwer (Hgg.)**: Der Idstedt-Löwe. Ein nationales Denkmal und sein Schicksal. Herning 1993.

**Riis, Thomas**: Das mittelalterliche Dänische Ostseeimperium (= Studien zur Geschichte des Ostseeraums; IV). Odense 2003.

**Scavenius, Bente (Hg.)**: Das Goldene Zeitalter in Dänemark. Kunst und Kultur in der ersten Hälfte des 19. Jahrhunderts. Kopenhagen 1994.

**Schwarz Lausten, Martin**: Die Reformation in Dänemark. Gütersloh 2008.

**Seidelin Jacobsen, Helge**: Dänemark. Kurzfassung seiner spannenden Geschichte. Kopenhagen 1991.

**Siewertsen, Randy**: Grenzgeschichten: Frauen aus dem deutsch-dänischen Grenzland erzählen aus ihrem Leben. Flensburg 2004.

**Snell, Gesa**: Deutsche Immigration in Kopenhagen 1800–1870. Eine Minderheit zwischen Akzeptanz und Ablehnung. Münster u. a. 1999.

**Einzelne der in diesem Band behandelten Themen hat der Verfasser auch an anderen Stellen erörtert:**

— Die Politik des Einzelnen. Studien zur Genese der skandinavischen Ziviltheologie. Ludvig Holberg, Søren Kierkegaard, N. F. S. Grundtvig. Göttingen 1977.

— Dänemark (zus. mit Fritz Dressler (Fotos)). München, Luzern 1981 (weitere Auflagen).

— «Der Deutsche wird nie ein guter Däne». Zum Bild der Deutschen in Dänemark. In: Trautmann, Günter (Hg.): Die häßlichen Deutschen? Darmstadt 1991.

— «O Danmarck!» Det danske ved den danske politiske tradition. In: Uffe Østergaard (Hg.): Dansk identitet? Aarhus 1993.

— Die Welt verändern? Die Antwort des Søren Kierkegaard. In: Gerhardt, Volker (Hg.): Eine angeschlagene These. Die 11. Feuerbach-These. Berlin 1996.

— Das dänisch-deutsche Verhältnis in politischer Perspektive. In: Süssmuth, Hans (Hg.): Deutschlandbilder. Baden-Baden 1996.

— Jante or the Scandianvian law of mediocrity. In: Almqvist, Kurt, Kay Glans (Hg.): The Swedish Success Story? Stockholm 2004.

— Johann Gottfried Herder und der Norden. In: Huse, Petra, Ingmar Dette (Hg.): Abenteuer des Geistes. Baden-Baden 2008.

— Dänemark. In: Riescher, Gisela, Alexander Thumfart (Hg.): Monarchien. Baden-Baden 2008.

## BILDNACHWEIS

akg-images: S. 66; 143, 148, 171
bpk: S. 189
Bundesarchiv / Bieling: S. 41
flflickr.com S. 155
interfoto / ZEIT Bild: S. 103
picture-alliance / dpa: S. 77
SMK Foto Statens Museum for Kunst: S. 60
ullstein bild / AP: S. 26/27
ullstein bild / Kanus: S. 125
Wikipedia Commons: S. 87, 180, 200

Karten © Peter Palm, Berlin: S. 223–227

Leider war es nicht in allen Fällen möglich,
die Inhaber der Rechte zu ermitteln.
Wir bitten deshalb gegebenenfalls um Mitteilung.
Der Verlag ist bereit, berechtigte Ansprüche abzugelten.

2. Auflage. 2023
Unveränderter Nachdruck

Wilhelmstraße 9, 80801 München, info@beck.de

www.chbeck.de
Umschlaggestaltung: roland angst, Berlin + stefan vogt, München
unter Verwendung einer Zeichnung von Reinhard Blumenschein
Gestaltung und Satz: a.visus, Michael Hempel, München
Gesetzt aus Stone und Gill
Druck und Bindung: Druckerei C.H.Beck, Nördlingen
Gedruckt auf säurefreiem und alterungsbeständigem Papier
Printed in Germany
ISBN 978 3 406 80125 9

verantwortungsbewusst produziert
www.chbeck.de/nachhaltig
produktsicherheit.beck.de